公共治理研究丛书

人才强国战略研究

陈振明 等 ／ 著

中国人民大学出版社
·北京·

图书在版编目（CIP）数据

人才强国战略研究/陈振明等著．--北京：中国人民大学出版社，2024.1
（公共治理研究丛书）
ISBN 978-7-300-32529-3

Ⅰ.①人… Ⅱ.①陈… Ⅲ.①人才-发展战略-研究-中国 Ⅳ.①C964.2

中国国家版本馆CIP数据核字（2024）第022512号

公共治理研究丛书
人才强国战略研究
陈振明 等 著
Rencai Qiangguo Zhanlüe Yanjiu

出版发行	中国人民大学出版社		
社　　址	北京中关村大街31号	邮政编码	100080
电　　话	010-62511242（总编室）	010-62511770（质管部）	
	010-82501766（邮购部）	010-62514148（门市部）	
	010-62515195（发行公司）	010-62515275（盗版举报）	
网　　址	http://www.crup.com.cn		
经　　销	新华书店		
印　　刷	唐山玺诚印务有限公司		
开　　本	720 mm×1000 mm 1/16	版　次	2024年1月第1版
印　　张	19.5 插页2	印　次	2025年9月第2次印刷
字　　数	329 000	定　价	99.00元

版权所有　侵权必究　印装差错　负责调换

代　序

深入实施人才强国战略
着力夯实现代化建设人才基础[*]

党的二十大报告提出"强化现代化建设人才支撑",对深入实施新时代人才强国战略作出了新的部署,人才强国战略及其实施站到了新的历史起点上。聚焦中国式现代化背景下的人才战略研究以及公共治理的学科及专业发展,对于全面推进现代化国家建设、深入实施人才强国战略具有重要意义。

一、为现代化国家建设提供强有力的人才支撑

实现社会主义现代化是中国共产党人始终不渝的奋斗目标和全国各族人民的共同愿望。党的二十大报告指出:"从现在起,中国共产党的中心任务就是团结带领全国各族人民全面建成社会主义现代化强国、实现第二个百年奋斗目标,以中国式现代化全面推进中华民族伟大复兴。"党的二十大报告第五部分以"实施科教兴国战略,强化现代化建设人才支撑"为题,将教育、科技、人才以及创新提到更加重要的位置,并加以系统化论述与一体化部署。报告还将"建成教育强国、科技强国、人才强国"列为到 2035 年我国发展的总体目标,并部署了办好人民满意的教育、完善科技创新体系、加快实施创新驱动发展战略、深入实施人才强国战略四项基本任务。这些重大

---

[*] 原载《中国社会科学报》2022 年 12 月 21 日第 7 版。

战略议题，明确了中国式现代化或现代化国家建设基础性支撑性战略的内涵、地位和作用，提出了新要求新任务，指明了发展方向与实现路径。

人力资源是国家发展的第一资源，人才强国是国家治理的基本方略。习近平总书记指出，"发展是第一要务、人才是第一资源、创新是第一动力""人才越来越成为推动经济社会发展的战略性资源""人才资源作为经济社会发展第一资源的特征和作用更加明显""人才竞争已经成为综合国力竞争的核心""人才是衡量一个国家综合国力的重要指标"。习近平总书记反复强调"聚天下英才而用之"，要求"牢固确立人才引领发展的战略地位，全面聚集人才，着力夯实创新发展人才基础"。

千秋基业，人才为本。党的十八大以来，以习近平同志为核心的党中央站在党和国家事业发展全局的战略高度，就做好人才工作、实施人才强国战略作出了一系列重要论述，明确了人才强国战略的含义、地位和作用；阐明了人才强国战略的指导思想、根本原则和基本要求，人才战略的制定、实施与评价，人才工作的具体任务和战略抓手——人才的培养、引进、使用和评价，人才市场体系建设，人才激励和保障，高层次人才队伍建设及创新性人才培养等一系列重大理论与实践问题，形成了系统的人才观及人才战略观。这对于推进现代化国家建设以及中国式现代化的实现具有重大的理论与实践意义和深远的历史意义。

功以才成，业由才广。党的十八大以来，以习近平同志为核心的党中央坚持党管干部、党管人才原则，强调人才是第一资源，作出实施人才优先发展战略及人才强国战略的重大部署，有力地推动了人才工作的全面发展与人才队伍的快速壮大。各类人才各得其所、各施所长，人才资源对经济社会发展的基础性战略性地位不断增强，为党和国家事业取得历史性成就、发生历史性变革以及社会主义现代化国家建设的推进提供了强有力的人才支撑。

二、以国家治理现代化引领社会主义现代化强国建设

国以才立，政以才治，业以才兴。党的二十大报告强调坚持教育优先发展，加快建设教育强国，坚持为党育人、为国育才，全面提高人才自主培养质量，着力造就拔尖创新人才。这就对发挥教育在全面建设社会主义现代化国家中的支撑作用，建设教育强国，培养高质量创新性人才提出了更高要求。

国家治理体系和治理能力现代化被称为"第五个现代化",对社会主义现代化强国建设具有引领作用。公共治理(公共管理与政治学)属于国家治理或治国理政之学,是一个典型的综合性及应用性的跨学科、交叉学科领域,大量学科为公共治理的研究提供了科学理论和方法基础。随着网络化、数字化、智能化、量子化以及"第四范式""融合科学""开放科学"时代的到来与数智化驱动的社会科学新革命的奇点临近,公共治理的研究范式、知识体系和人才培养模式正在发生深刻改变。

针对迅速变化的中国和全球公共治理的理论与实践,必须植根历史,立足现实,着眼问题,直面中国和全球公共治理的新场景、新实践与新趋势,拓展公共管理的学科视野与主题,强化公共治理的科学基础,构建中国公共治理的自主知识体系,展现公共治理的新知识图景,彰显公共治理的时代内涵与中国特色。必须推进作为交叉学科和新文科的公共治理学科和专业建设以及人才培养模式改革,全面提升人才培养质量,夯实国家治理现代化的人才基础。因此,有必要围绕"公共治理学科专业建设""公共治理的实践进展及趋势""全面提高中国公共治理人才自主培养质量"等课题加以讨论。

三、以人才战略创新研究助推人才强国战略深入实施

党的二十大报告强调深入实施人才强国战略,凸显了当前加强人才战略与政策研究的重要性、必要性和紧迫性,为人才战略与政策研究这一交叉学科领域的发展提供了新场景、新机遇和新动力,也提出了新挑战、新要求和新课题。必须高度重视与大力推进这一交叉学科发展,以高质量的人才战略与政策研究成果助力人才强国战略的深入实施,服务国家和地方的重大实践需求。

人才战略创新研究,应突显交叉学科的特点与优势。如厦门大学公共事务学院和公共政策研究院,一直重视人力资源、人才战略及人才政策的研究,尤其是将人才发展战略作为交叉学科领域设置。其人才战略与政策研究以公共管理、公共政策、工商管理、政治学、教育学以及领导学、预测学、战略研究和人力资源等相关学科为基础,突出人才战略的制定、实施与评价,干部人事制度改革,国际人才的流动和引进等方向或主题的研究。

人才战略创新研究,应坚持以问题为导向,重视实践应用,为党和政府提供决策参考。具体课题如习近平的干部管理与人才战略思想,高层次人才战略

实施效果评估方法及应用，高层次人才战略实施效果评价体系建构，人才战略有效执行的影响因素与强化方法，创新型科技人才队伍建设的战略与策略，地方"十四五"时期人力资源发展战略与政策，地方宣传干部与人才队伍建设发展规划，基于产业发展需求的城市人力资源适配策略，地方人力资源协同发展，地方人才流动及其影响因素，人才政策执行的理论建构与实践应用，人才政策实施效果评价，人才住房政策实施评价与优化，公共服务动机与公务员情绪，公务员使命效价与工作热情关系，高校高层次人才引进的地区性差异，"一带一路"人才发展战略，国际人才发展战略比较等。

在中国式现代化的新场景之下，教育、科技、人才工作必将大有可为、大有作为。教育系统是科技和人才的集聚地，教育是科技创新和人才培养的基础工程。作为国家治理人才培养的重要学科专业之一，中国公共管理学必须担负起新时代新征程的使命，直面公共治理的现实实践，主动回应新时代和新征程的新需求，研究和解决包括人才发展战略在内的公共治理的重大而复杂问题，推动中国公共治理学科的转型与自主知识体系构建，全面提高中国公共治理人才自主培养质量，为中国式现代化以及国家治理现代化作出应有贡献。

目 录

专题一 高层次人才战略实施效果评估方法及应用 ………………… 1
 一、文献综述 ……………………………………………………… 4
 二、高层次人才战略实施效果评估方法 ………………………… 8
 三、高层次人才战略实施效果评估方法应用：院士制度的效果评估…… 11

专题二 高层次人才战略实施效果评价体系建构 ………………… 25
 一、引言 …………………………………………………………… 27
 二、高层次人才战略实施效果评价体系的建构原则 …………… 28
 三、高层次人才战略实施效果评价模型 ………………………… 30
 四、高层次人才战略实施效果评价指标体系 …………………… 36
 五、结语 …………………………………………………………… 70

专题三 高层次人才战略实施的影响因素与优化策略 …………… 73
 一、引言 …………………………………………………………… 75
 二、高层次人才战略实施效果的关键影响因素 ………………… 75
 三、我国高层次人才战略实施存在的问题与成因分析 ………… 84
 四、推动我国高层次人才战略优化实施的政策建议 …………… 104

专题四 高校高层次人才引进的地区性差异研究 ………………… 123
 一、引言 …………………………………………………………… 125
 二、文献综述 ……………………………………………………… 126
 三、研究设计 ……………………………………………………… 133
 四、高校高层次人才引进数量的地区性差异 …………………… 142
 五、高校高层次人才引进质量的地区性差异 …………………… 144
 六、高校高层次人才引进政策的地区性差异 …………………… 151
 七、研究结论、讨论与政策启示 ………………………………… 159

专题五 人才引进政策执行的理论建构 ······ 167
　　一、人才引进政策执行的研究进展 ······ 169
　　二、理论建构 ······ 178

专题六 人才住房政策实施评价与优化 ······ 195
　　一、引言 ······ 197
　　二、文献综述 ······ 198
　　三、人才住房政策现状分析 ······ 201
　　四、人才住房政策成效与问题 ······ 207
　　五、人才住房政策优化路径 ······ 213
　　六、结论 ······ 219

专题七 "一带一路"人才发展战略研究 ······ 221
　　一、引言 ······ 223
　　二、文献综述 ······ 223
　　三、"一带一路"人才跨区域配置研究 ······ 227
　　四、"一带一路"人才库建设研究 ······ 236
　　五、"一带一路"人才培养战略研究 ······ 250
　　六、结语 ······ 258

专题八 公务员使命效价与工作热情关系研究 ······ 261
　　一、引言 ······ 263
　　二、理论回顾与研究假设 ······ 265
　　三、研究设计 ······ 270
　　四、实证结果与讨论 ······ 273
　　五、研究结论与启示 ······ 302

后　记 ······ 306

专题一
高层次人才战略实施效果评估方法及应用 *

一、文献综述

二、高层次人才战略实施效果评估方法

三、高层次人才战略实施效果评估方法应用：院士制度的效果评估

---

* 本专题为中央高校基本科研业务费专项资金项目"高层次人才发展战略的执行效果评估研究"（项目编号：20720151202）研究成果，作者为孟华、林陈聃。

近年来，我国从中央到地方实施了多层次、多领域的高层次人才战略，推出了一系列高层次人才发展政策。在中央层面，有院士制度、"长江学者奖励计划"、"国家杰出青年科学基金"、"万人计划"，等等。在地方层面，各省市也纷纷出台针对高层次人才的优惠政策，着力于高层次人才的引进、培养与使用，致力于在发展空间、发展平台、生活福利、后勤保障等方面给予高层次人才极大支持，从而提升地方在人才竞争中的总体吸引力水平。以福建省为例，在高层次人才引进方面，2010年出台了《福建省引进高层次创业创新人才暂行办法》，为高层次创新创业人才提供资金补助、工作环境保障、生活保障等各种优惠条件；2013年出台了《福建省"海纳百川"高端人才聚集计划（2013—2017）》，力图在五年内引进一批高层次人才（团队），支持一批领军人才，并且激励一批优秀人才；2015年根据工作开展需要以及发展形势，又出台了《福建省引进高层次人才评价认定办法（试行）》，明确了引进高层次人才的主要对象、引进方式与条件、引进高层次人才的分类及评价认定标准以及政策支持等。在高层次人才培养与使用方面，2009年福建省教育厅参照国家"长江学者奖励计划"实施了"闽江学者奖励计划"，通过资助入选闽江学者特聘（讲座）教授，支持高校吸引、培养和造就具有国际或国内领先水平的中青年学科领军人才。从政策设计初衷来看，实施这些高层次人才发展政策意在通过强有力的政策措施加强人才队伍建设，提高国家和地方人才占有率，进而推动经济与社会的持续发展。

那么，高层次人才战略的实施给国家和地方带来了怎样的影响？这是不可回避的现实问题。然而，目前国内学术界对于高层次人才战略实施效果评估问题的关注还不够，虽有学者进行了初步探讨，但多限于对一个地方政府人才项目的分析。同时，学者对人才战略的评估研究所采用的政策影响评估方法仍然相对局限，只是对人才计划入选者引进前后的相关数据进行简单比较，采用类似于方差分析等方法，既未能很好地识别出非政策因素的影响，也未能通过控制非政策因素来判断政策产生的净效果。

本专题将基于我国高层次人才战略的实施特点，探讨可行的高层次人才战略实施效果评估方法，并将评估方法应用于我国院士制度，以便大致估测我国当前高层次人才战略的实施效果。

一、文献综述

(一) 公共政策与个人绩效之间关系的相关研究

一国政府经常期望通过公共政策实现社会和经济的发展绩效。但是，公共政策与社会经济发展之间的关系并不明朗。学者们对研发税收减免政策推动企业发展绩效方面的研究就得出了不同的结论。一些研究发现，虽然研发税收减免政策能够推动企业发展[1]，但是，该政策对处于不同阶段和不同规模的企业产生的影响是不同的。对于处于停滞阶段的企业来说，政策效果最佳，而对于处于发展阶段的企业来说，政策效果最差[2]；同时，研发税收政策在大公司中会促进创新活动，中小企业却较少使用这些政策[3]。类似地，2008—2009 年金融危机之后，西方国家普遍制定政策向小型公司提供公共信贷项目以帮助它们度过危机，实现社会经济的稳定发展。然而，格里姆斯比（Grimsby）[4]指出，虽然很多研究表明这些财政资助政策确实推动了小微企业的发展，但是不同的声音一直都存在着。

在个人绩效层面上，特定的公共政策或制度也会被设计出来激励个人行为。在制度经济学家的视野中，政策作为一种制度安排能够形成特定的组织刺激，激励组织中个人的经济努力行为，从而形成有效率的经济组织，并最终实现经济增长（绩效）。[5]公共部门的管理者也寄希望于通过出台有效的激励政策来提升个人绩效。为此，理论家进行了多年的研究，围绕组织制度设计与下属绩效的关系提出了一系列著名的激励理论。从赫茨伯格（Herzberg）对组织管理中激励因素与保健因素的区分，到波特（Porter）和劳勒（Lawler）的综合激励模型中对工作绩效与外在奖励之间关系的揭示，都暗含着对组织管理制度设计

---

[1] Ravselj D, Aristovnik A. The impact of private research and development expenditures and tax incentives on sustainable corporate growth in selected OECD countries. Sustainability, 2018, 10 (7): 1-16.

[2] Chiang S L, Lee P C, Anandarajan A. The effect of R&D tax credit on innovation: a life cycle analysis. Innovation-Management Policy & Practice, 2012, 14 (4): 510-523.

[3] Corchuelo B, Martínez-Ros E. Who benefits from R&D tax policy?. Cuadernos De Economia Y Direccion De La Empresa, 2010, 13 (45): 145-170.

[4] Grimsby G. Partly risky, partly solid-performance study of public innovation loans. Research Policy, 2018, 47 (7): 1344-1365.

[5] 道格拉斯·诺斯，罗伯特·托马斯. 西方世界的兴起. 北京：华夏出版社，1999: 5.

与个人绩效关系的探讨。但是,从目前的研究进展来看,学界对于组织制度设计能否影响个人工作绩效尚未取得一致意见。以绩效付酬制度为例,美国在1978年将其引入政府高级别公务员的管理中,随后其他OECD国家纷纷效仿。该制度广泛应用于卫生服务领域,但是,对于绩效付酬制度能否提高健康照护服务的质量,一方面,很多研究者[①]发现,这种激励政策在不同的健康照护服务背景条件下影响很小甚至没有什么影响;另一方面,也有学者[②]通过对不同指标赋权,发现赋予诊所结果更高权重会导致更大的结果改善。不过,考虑到研究设计相对完善的论文数量有限,即使诸多研究数据显示绩效付酬制度影响了健康照护服务绩效,仍然无法得出绩效付酬制度能够正向影响个人绩效的结论。[③] 政府部门绩效付酬制度对个人绩效的影响同样未能提供令人振奋的图景。英格拉哈姆(Ingraham)[④]对美国和其他OECD国家绩效付酬制度的效果检验发现,绩效付酬制度对个人绩效的提升作用未能达到人们的预期。

公共政策对科研人员创新活动和科研成果的影响也是学界感兴趣的研究主题。研究者首先关注作为一种环境条件的社会政策可能对科研活动产生的影响。瓦基利(Vakili)和张(Zhang)[⑤]针对美国各州自由主义或反自由主义的社会政策对公民创新活动(专利申请)的绩效影响进行研究后发现,自由主义政策能够提高专利数量,而反自由主义政策则会降低专利数量。当然,研究者更为关注直接推动科技发展的公共政策所产生的效果,但目前并未获得一致结论。一方面,有些研究成果支持政策与研发创新之间的关联性。普兰克(Plank)和多布林格(Doblinger)[⑥]的研究发现,德国政府提供的公共资金的绝对货币价

[①] Petersen L A, Woodard L D, Urech T, et al. Does pay-for-performance improve the quality of health care?. Annals of Internal Medicine, 2006 (4): 265-272.

[②] Konetzka R T, Skira M M, Werner R M. Incentive design and quality improvements: evidence from state medicaid nursing home pay-for-performance programs. American Journal of Health Economics, 2018, 4 (1): 105-130.

[③] Eijkenaar F, Emmert M, Scheppach M, et al. Effects of pay for performance in health care: a systematic review of systematic reviews. Health Policy, 2013 (2): 115-130.

[④] Ingraham P. Of pigs in pokes and policy diffusion: another look at pay-for-performance. Public Administration Review, 1993, 53 (4): 348-356.

[⑤] Vakili K, Zhang L. High on creativity: the impact of social liberalization policies on innovation. Strategic Management Journal, 2018, 39 (7): 1860-1886.

[⑥] Plank J, Doblinger C. The firm-level innovation impact of public R&D funding: evidence from the German renewable energy sector. Energy Policy, 2018, 113 (2): 430-438.

值以及过去政府资助的密集程度能够显著推动企业专利数量攀升。有学者对中国政府提供的研发税收激励政策的考察也证明，研发税收激励政策能够显著刺激私人公司的研发活动（Jia & Ma, 2017）[1]。不过，他们同时指出，研发税收激励政策无法刺激公共部门的研发活动。对于公共政策在公私部门之间的影响差异，西方学者得出了不同的结论，他们发现，政府政策支持下的研发活动的社会回报率明显高于私人部门。[2] 另一方面，也有学者对公共政策能够正向影响科研人员研发绩效提出了质疑。古尔斯比（Goolsbee）[3] 发现，美国政府以工资或补贴形式为科研人员提供的研发资金不但未能保证科研人员投入更多的研究时间，还可能会导致私人部门科研人员的"挤出"性流失。梅里多（Merito）、詹南杰利（Giannangeli）和博纳科西（Bonaccorsi）[4] 对意大利的研究也发现，政府提供的研发补贴对于企业中科研人员的创新绩效只能起到暂时的影响，而且受资助者与未受资助者之间的创新绩效差异并不显著。德国的情况则更甚，研究者[5]发现，德国政府对个人研究所提供的资助既未能对研发活动产生明显影响，也未能对专利申请产生明显影响。

（二）高层次人才政策的激励效能研究：以院士制度为例

在审视具体的高层次人才政策时，我国学者就政策能否激励人才的科研活动提出了不同的意见。在高层次科研领域内，院士制度作为"科学奖励系统"中的重要组成部分，具有长期的历史且日趋完善，其所起的激励效能一直广受各方的重视。一方面，部分学者认为我国院士制度在总体上起到了足够的激励作用，其激励效能突出、明显。娄伟在文章中提及，院士制度作为终身荣誉的

---

[1] Jia J, Ma G. Do R&D tax incentives work? firm-level evidence from China. China Economic Review, 2017, 46: 50-66.

[2] Hall B. The private and social returns to research and development. In Smith B, Barfield C. Technology, R&D, and the economy. Washington DC: The Brookings Institution, 1995: 140-183.

[3] Goolsbee A. Does government R&D policy mainly benefit scientists and engineers? . American Economic Review, 1998, 88 (2): 298-302.

[4] Merito M, Giannangeli S, Bonaccorsi A. Do incentives to industrial R&D enhance research productivity and firm growth? evidence from the Italian case. International Journal of Technology Management, 2010, 49: 25-48.

[5] Czarnitzke D, Ebersberger B, Fier A. The relationship between R&D collaboration, subsidies and R&D performance: empirical evidence from Finland and Germany. Journal of Applied Econometrics, 2007, 22 (7): 1347-1366.

象征，对我国高层次科技人才起到很大的激励作用[①]；潘家铮院士认为院士制度对我国科学技术的发展和国际学术交流的加强起到了良好的促进作用[②]；万汝洋则从"马太效应"和"科学奖励系统"两个方面比较中国院士制度的运行，指出中国院士制度对科学家献身科学事业的积极性和主动性起到了极大的鼓舞作用[③]。除学者以外，胡锦涛同志也曾在两院院士大会上指出，中国特色的院士制度有利于激发、鼓励广大科技工作者为中华民族的伟大复兴作出贡献。另一方面，也有一部分学者认为我国院士制度在发展过程中滞后、异化问题严重，制度激励效能弱化甚至消失。顾海兵认为，背离了优胜劣汰原则的院士终身制减弱了推动创新的竞争强度，并且在专利制度和版权制度产生后，院士制度似乎变得多余[④]；王选院士也曾表示，实际上，院士在当选之后早已失去创新的能力和动力，也不再拥有学术最高水平。我们认为，在我国科学技术事业乃至社会经济事业的发展过程中，院士及院士制度都起到了不可磨灭的作用，虽然在市场经济发展的过程中，院士制度异化现象愈发严重，原有制度的弊端也逐渐显露，但完全否定院士制度的激励效能并不可取。

正是因为认识到了院士制度曾发挥的重要作用，大多数学者对院士制度激励效能持有折中的观点——中国院士制度曾具有极高的激励效能，然而在当今中国，院士制度出现变异，激励效能已大大减弱。顾海兵在文章中提及，院士作为一种学术荣誉称号，在历史上的确在尊崇科学、引导科学进步等方面发挥了重要作用，然而在市场经济条件下，院士制度正在不断地显现出虚化、弱化、异化、有害化的趋势，对科技创新与科技进步产生愈来愈强的束缚和阻碍[⑤]；王扬宗认为，当前我国的院士实际上已经成为中国科技界的一个特殊阶层，但这并不能磨灭院士制度曾经对科技工作者进行科学研究的积极性和创造性所起到的调动作用[⑥]。当今中国，社会主义市场经济体制逐步完善，尤其是在2003年颁布《中共中央关于完善社会主义市场经济体制若干问题的决定》之后，市场经济中"经济理性人""利益最大化"等理念在各个领域层层渗透，各方对院

[①] 娄伟. 我国高层次科技人才激励政策分析. 中国科技论坛, 2004 (6): 5.
[②] 潘家铮. 潘家铮: 我给院士制度提五点建议. 中国科学院院刊, 2006 (5): 368-369.
[③] 万汝洋. 院士制度在中国的发展. 上海: 复旦大学, 2009.
[④] 顾海兵, 金开安, 李慧, 等. 改革我国的院士制度. 科学决策, 2004 (1): 28-32.
[⑤] 顾海兵, 李国盛. 院士、导师制度及其他. 社会科学论坛 (学术评论卷), 2009 (10): 67-77.
[⑥] 王扬宗. 中国院士制度的建立及其问题. 科学文化评论, 2005 (6): 5-22; 王扬宗. 院士制度改革: 让院士头衔回归本位 (热点辨析). 人民日报, 2015-03-17 (7).

士的过度追捧，似乎使得院士制度的激励效能逐渐被利益、特权和金钱所掩盖。

在院士制度存废之争出现之后，持有废除院士制度观点的多数学者都认为，院士制度的存在，使得院士在当选之后不再具备足够的动力进行科学研究，更多地将院士视为一个最高学术荣誉称号，而不再是一个学术荣誉性激励称号。中国科学院原院长周光召院士也曾在采访中表示，很多院士由于年事较高，在当选院士之后几乎没有新的学术贡献，他还表示有些一线院士的学术成果可能是学生帮忙达成的；顾海兵也曾多次在文章中提及，赋予创新者一个所谓的代表最高学术荣誉称号的院士头衔，会减弱其创新的动力，并且在一定程度上会阻碍其他创新者的超越[1]，拥有院士称号的人或许有辉煌的过去，但他们现在可能名非所值，简言之，拥有院士称号的人并不一定优于没有院士称号的优秀科学家，拥有院士称号的人也许不如未拥有院士称号时优秀。邱均平和余厚强[2]的研究也指出，两名有能力作出同样研究成果的科学家，如果职称评定的先后顺序不同，那么较早获得职称的科学家会因为累积效应的作用大大降低科研动力。院士制度或者说院士称号，对于那些参评院士称号的优秀科学家来说，其激励作用远远超过了已经拥有院士称号的人。

二、高层次人才战略实施效果评估方法

（一）未排除干扰作用的评估方法

目前国内学界对于人才政策的评估研究既包括政策本身吸引力水平的评估[3]，也包括政策执行过程与实施效果的评估。不过，学界关注的重心在于政策执行过程与实施效果的评估，所使用的主要是一些无法排除非政策因素影响的评估方法。

政策执行过程评估是对政策绩效的运行监控，它关注政策绩效指标的开发以及基于指标的截面数据收集，通常通过所收集的数据与政策阶段性目标的比

---

[1] 顾海兵，金开安，李慧，等. 吸取发达国家经验教训 改革我国院士制度（下）. 民主与科学，2003（6）：5-8.
[2] 邱均平，余厚强. 科学家黄金年龄影响因素的综合分析. 情报杂志，2014，33（3）：11-15，5.
[3] 孟华，刘娣，苏娇妮. 我国省级政府高层次人才引进政策的吸引力评价. 中国人力资源开发，2017（1）：116-123.

较来判断政策执行是否符合政策预期。在海外人才引进项目评估中，学者通常基于不同的概念框架开发绩效评估指标，并收集政策实施后某一时点的指标数据，以评估政策实施效果。一些学者从投入-产出角度，从科学研究、人才培养和学术综合方面构建国家高层次人才计划评估指标体系。在这些指标基础上，他们又借助问卷调查、履历分析等方法收集相关指标数据，并对实施效果进行评估，结果发现总体上高层次人才计划的收益大于成本。针对高层次人才计划的政策绩效测量，学者所开发的测量指标更多地集中于政策影响方面，如杨芳娟、刘云[1]从科学论文的计量分析角度，将年均 SCI 发文量、国家、机构、作者以及基金资助机构作为测量指标，通过对入选者论文进行计量分析，指出高层次人才计划入选者整体具有较高的学术发展力。

政策实施效果评估通常借助历时性数据实现政策实施前后的比较，进而判断政策是否产生了预期效果。在对历时性数据进行政策实施前后比较时，可以采用不同的评估手段。目前我国学者常用方差分析或 t 检验的方法进行高层次人才引进政策前后数据的均值比较，以辅助判断政策实施效果。这种评估方法的前提假设是：政策实施前后的数据变化均源于政策实施，非政策因素的影响可以忽略不计。而在评估高层次人才计划的政策实施效果时，一些学者以前三批 30 位入选者为研究样本，比较入选前后他们的学术成果，发现 40% 的入选者在引进后 3 年内发表的论文数量超过了引进前 3 年，16.7% 的入选者论文数量与引进前持平，43.3% 的入选者在引进后发表的论文数量少于引进前。

无论是通过绩效测量还是政策实施效果评估，研究者的结论是类似的，即政策实施效果总体上是良好的，政策的实施对各方面产生了正向影响，基本实现了预期效果。但是，需要指出的是，从目前国内文献来看，研究者在进行人才政策实施效果评估时，主要还是将政策视作一个外在的环境变量，并没有真正将政策作为一个自变量去分析政策与实施效果之间的因果关系。在评估时，研究者通常将政策暂时搁置一边，关注政策产出或结果数据的收集以及政策实施前后数据的比较。在这样的情况下，政策评估结论以其他因素未对产出或效果的数据产生任何干扰作用为前提，从而将数据变化简单地视为受政策影响的结果。显然，这种评估方法并不能真实反映政策实施效果，结论的得出过于草率。

---

[1] 杨芳娟，刘云．青年高层次人才引进特征与质量分析．科研管理，2016，37（S1）：238-246．

国外学者在研究学术表现的影响因素时更倾向于采用回归分析法。但是，将回归分析法用于评估政策对学术表现的影响时，需要从政策中提取一些可用于回归分析的自变量。孟华[①]对地方人才引进计划的政策实施效果进行评估时，从九个省份的人才引进政策中提取出政策自变量，进而采用回归分析法实施了政策评价。不过，在研究单一政策的影响时，政策自变量的提取相对困难，因此，目前我国高层次人才政策实施效果评估还未能很好地利用这种方法。张再生和牛晓东[②]在评估天津市人才政策实施效果时，曾尝试提取政策因素，并对政策因素与产出进行相关性检验。只是他们的产出因素使用的是人才净增量累计数，此类指标以政策设计的人才引进数量为基础，现实中难以真实反映政策实施的实际效果。

（二）评估政策净影响的事前事后准实验设计与双重差分模型

事前事后准实验设计与双重差分模型是公共政策评估中评估政策净影响的重要方法，两种方法都依赖于通过实验组与对照组的比较来排除非政策因素的干扰作用。但是，目前这两种评估方法在高层次人才战略实施效果评估中并未得到应有的重视。

1. 事前事后准实验设计

在事前事后准实验设计中，为了评估政策净影响，首先需要分别设立实验组和对照组，并实现实验组与对照组的两两配对。实验组与对照组的配对标准通常是影响政策实施效果的非政策类因素，以保证实验组与对照组在非政策影响因素方面大致相当，从而实现对非政策因素的控制，达到对政策净影响的评估。

在实验组和对照组的样本确定后，需要计算实验组和对照组在政策实施前和政策实施后的绩效差值，从而得出有政策影响（实验组）和无政策影响（对照组）两种条件下的绩效变动情况。在此基础上，用实验组差值扣除对照组差值，即得出政策对政策对象产生的净影响。如果政策净影响值为正数，则表明

---

① 孟华. 地方政府人才奖励计划的实施效果评估：基于9省特聘教授学术表现的分析. 中国人力资源开发，2018, 35 (8): 75-85, 125.
② 张再生，牛晓东. 基于DEA模型的人才政策绩效评价研究：以天津市人才政策文件为例. 管理现代化，2015, 35 (3): 73-75.

政策产生了推动作用；如果净影响值为 0 或负数，则说明政策没有影响或产生了负面影响。

一般在计算政策净影响时采用以下公式：

政策净影响 =（实验组政策实施后绩效－实验组政策实施前绩效）－（对照组政策实施后绩效－对照组政策实施前绩效）

最后，为了验证政策净影响是否具有统计显著性，还需要对实验组与对照组的绩效差值进行配对样本 t 检验。

2. 双重差分模型

双重差分模型可以对政策与非政策因素的作用进行再次检验。它的基本思想是通过对政策实施前后对照组与实验组之间的差异进行比较，从而构造出能够反映政策实施效果的双重差分统计量，政策净影响体现在分组虚拟变量与政策实施虚拟变量的交互项上，如果交互项通过了显著性检验，则可以认为政策产生了显著影响。

在双重差分模型的分析中，根据研究需要，首先需要进行随机性检验和同质性检验，然后进行双重差分模型分析，确定政策是否产生了显著净影响，最后进行稳健性检验。为了进行同质性检验，必须获取政策实施前的多年数据，才能判断在政策实施前实验组与对照组之间是否具有相同趋势。稳健性检验可以采用两种方式进行回归分析：一是选取政策实施前的年份，并假定政策是在之前实施的，继而实施回归分析；二是在非全覆盖项目下，将未采取相应政策的群组作为实验组进行回归。如果虚构回归分析下的双重差分的估计值不显著，则通过了稳健性检验，说明原来的双重差分模型估计结果可接受，否则就说明双重差分模型估计结果出现了偏误。

三、高层次人才战略实施效果评估方法应用：院士制度的效果评估

院士制度最早被赋予的是一种激励作用。但是近年来，学术丑闻频发，院士制度的特权、利益化、异化问题凸显。学者对如今中国院士制度所起的作用颇有争议，有很大一部分学者认为我国院士制度亟待改革，甚至有一部分学者持废除院士制度的观点，因此，很有必要对中国院士制度的激励效能加以研究。

然而，目前学者主要通过定性分析、规范分析对院士制度激励效能进行分析探究，定量分析几乎处于空白。

在此，本专题以1985—2011年27年间中国科学院数学物理学部、化学部、生命科学和医学学部、地学部、信息技术科学部和技术科学部六大学部的院士当选者作为研究对象，使用1985—2011年六大学部院士当选者于当选前后各五年发表后收录在SCI数据库中的论文数量作为院士制度激励效能的衡量指标，评价院士制度产生的激励效果。

(一) 研究设计

1. 数据来源及变量测量

中国科学院官方网站提供了数学物理学部、化学部、生命科学和医学学部、地学部、信息技术科学部和技术科学部六个学部的所有中科院院士的简介，包括院士的性别、出生年月、籍贯、当选院士的时间、工作单位等基本信息以及主要的科研经历与获奖情况。本专题选取六个学部1985—2011年院士当选者作为研究对象。

学术论文作为一种科学研究成果，是基础研究和应用基础研究活动的主要产出形式，现有研究大多把论文发表数量作为衡量科学家科研产出的指标。一般情况下，核心期刊的论文发表数量是科学家是否具备科学成就和科学贡献大小的重要测量指标，而在"科学奖励系统"之下，科学家的科学贡献大小成为科学奖励分配的依据，院士制度则是"科学奖励系统"中的重要组成部分，因此，核心期刊的论文发表数量作为衡量院士制度激励效能的指标也被广大学者所采用。

本专题借助Web of Science数据库以院士当选者的姓名作为关键词进行检索，获取六大学部1985—2011年院士当选者当选前后各五年[1]发表的SCI期刊论文，依据院士的研究领域等信息对论文进行手动甄别，并删去会议论文、专利等学术成果，最终获取每位院士当选前后各五年发表的SCI论文数量，将其作为院士制度激励效能的衡量指标。

经过数据筛选和无效变量的剔除，选取了504名研究对象，院士样本的描述性统计如表1-1所示：

---

[1] 若1985年当选院士，则当选前五年为1981—1985年，当选后五年为1986—1990年。

表 1-1 院士样本的描述性统计

一级变量	二级变量及编码	人数	百分比(%)	累计百分比(%)
学部	数学物理学部（编码为1）	97	19.2	19.2
	化学部（编码为2）	81	16.1	35.3
	生命科学和医学学部（编码为3）	97	19.2	54.6
	地学部（编码为4）	89	17.7	72.2
	信息技术科学部（编码为5）	55	10.9	83.1
	技术科学部（编码为6）	85	16.9	100.0
性别	男（编码为1）	476	94.4	94.4
	女（编码为0）	28	5.6	100.0
籍贯所在地	东部（编码为1）	347	68.8	68.8
	中部（编码为2）	106	21.0	89.9
	西部（编码为3）	51	10.1	100.0
受教育程度	学士（编码为1）	225	44.6	44.6
	硕士（编码为2）	73	14.5	59.1
	博士（编码为3）	197	39.1	98.2
	博士后（编码为4）	9	1.8	100.0
当选院士时间	2003年以前（编码为1）	325	64.5	64.5
	2003年以后（含2003年，编码为2）	179	35.5	100.0
当选院士时的年龄	45岁以下（编码为1）	19	3.8	3.8
	45~55岁（含45岁，编码为2）	121	24.0	27.8
	55~65岁（含55岁，编码为3）	248	49.2	77.0
	65~75岁（含65岁，编码为4）	112	22.2	99.2
	75岁及以上（编码为5）	4	0.8	100.0
有无国外教育经历	有（编码为1）	149	29.6	29.6
	无（编码为0）	355	70.4	100.0
有无多院士职称	有（编码为1）	73	14.5	14.5
	无（编码为0）	431	85.5	100.0
合计		504		

注：数据有四舍五入，故存在一定误差。

2. 研究方法

本专题从院士制度激励效能的衡量指标——SCI 论文数量出发，通过对院士当选者自身、不同时期院士当选者以及院士当选者和院士参评落选者三个方面进行比较，判断院士制度的激励效能。

首先，在院士当选者自身比较方面，我们对 1985—2011 年每位当选院士当选前后各五年发表后收录在 SCI 数据库中的论文数量进行比较，从而对院士制度的激励效能作出总体判断，探究 1985—2011 年院士制度是否具有足够的激励效能。

其次，在不同时期院士当选者比较方面，我们首先通过对院士当选者基本情况与激励效能的显著性检验来确定"当选院士时间"这一变量对院士制度激励效能的影响是否显著。接着分别比较市场经济体制初建前当选院士和市场经济体制初建后当选院士在当选前后各五年发表的 SCI 论文数量，从而分析院士制度激励效能的具体情况。

在以上两方面的比较中，若当选后五年 SCI 论文数量与当选前五年 SCI 论文数量的差值为正数，则表明院士制度起到了激励效能，且数值越大，激励效能越强；相反，则表明院士制度并未起到激励效能，且数值越小，负向激励效能越强。比较、检验的方法主要包括配对样本 t 检验、独立样本 t 检验、单因素方差分析等。

最后，在院士当选者和院士参评落选者比较方面，本专题在中国科学院官方网站公布的院士增选当选名单和院士增选有效候选人名单的基础上，比较 2003—2011 年间五个增选年[1]中院士当选者（实验组）与院士参评落选者（对照组）在增选年前后各五年发表的 SCI 论文平均数量，计算出院士当选者后五年与前五年（包含增选年当年）SCI 论文平均数量的差值和院士参评落选者后五年与前五年 SCI 论文平均数量的差值，并将二者相减，利用项目评估中"事前事后准实验设计"[2] 方法计算出院士制度激励效能的平均净影响，从而衡量

---

[1] 目前中国科学院官方网站中公布的院士增选有效候选人名单仅从 2003 年开始，为确保后五年的论文发表数量有效，故将时间控制在 2011 年之前（含 2011 年），选取 2003—2011 年间五个增选年进行院士当选者和院士参评落选者的对比。中国科学院每两年进行一次院士增选，五个增选年为 2003 年、2005 年、2007 年、2009 年、2011 年。

[2] 彼得·罗西，霍华德·弗里曼，马克·李普希. 项目评估：方法与技术. 北京：华夏出版社，2002.

院士制度对院士当选者产生的平均激励效能。具体公式如下：

$$\begin{aligned}\text{院士制度激励} \atop \text{效能平均净影响} = &\left(\begin{matrix}\text{院士当选者后五年} \\ \text{SCI 论文平均数量}\end{matrix} - \begin{matrix}\text{院士当选者前五年} \\ \text{SCI 论文平均数量}\end{matrix}\right) - \\ &\left(\begin{matrix}\text{院士参评落选者后五年} \\ \text{SCI 论文平均数量}\end{matrix} - \begin{matrix}\text{院士参评落选者前五年} \\ \text{SCI 论文平均数量}\end{matrix}\right)\end{aligned}$$

在使用平均值进行研究时，常常会抹去个体差异性，使得研究结果不具有足够代表性，所以为了更加典型地得出院士制度对院士当选者的激励效能，根据院士制度激励效能平均净影响分析中得出的院士制度激励效能转折点的结果，选取中国科学院增选院士的 2007 年增选年作为时间节点，通过对 2007 年当选的 29 位院士自身基本情况的分析，本专题在 2007 年院士增选有效候选人名单中选取了 29 位与其学部、性别、年龄[①]、受教育程度等方面极为相似的院士参评落选者作为对照组（如表 1-2 所示）。通过比较院士当选者（实验组）和院士参评落选者（对照组）在 2007 年前后各五年发表的 SCI 论文数量，计算出院士当选者后五年（2008—2012 年）SCI 论文数量与前五年（2003—2007 年）SCI 论文数量的差值和院士参评落选者后五年 SCI 论文数量与前五年 SCI 论文数量的差值，并将二者相减，得出院士制度激励效能的净影响，以衡量院士制度是否在真正意义上对院士当选者产生了足够的激励效能。具体公式如下：

$$\begin{aligned}\text{院士制度激励} \atop \text{效能净影响} = &\left(\begin{matrix}\text{院士当选者后五年} \\ \text{SCI 论文数量}\end{matrix} - \begin{matrix}\text{院士当选者前五年} \\ \text{SCI 论文数量}\end{matrix}\right) - \\ &\left(\begin{matrix}\text{院士参评落选者后五年} \\ \text{SCI 论文数量}\end{matrix} - \begin{matrix}\text{院士参评落选者前五年} \\ \text{SCI 论文数量}\end{matrix}\right)\end{aligned}$$

根据事前事后准实验设计的方法，若院士制度净影响值为正数，则院士制度对院士当选者起到了相应的激励效能，且院士制度对院士当选者的激励效能比院士参评落选者更强，数值越大，对院士当选者的激励效能越强；反之，则说明院士制度对院士当选者起负向激励效能，数值越小，对院士当选者的负向激励效能越强。在院士制度激励效能净影响的计算过程中，本专题还对院士当选者增选年前后五年 SCI 论文数量差值和院士参评落选者增选年前后五年 SCI 论文数量的差值进行配对样本 t 检验，以验证院士制度对院士当选者和院士参

---

① 年龄范围控制在 10 岁及以内，即年长不超过 5 岁，年少也不超过 5 岁。如院士当选者的当选年龄为 45 岁，那么院士参评落选者的落选年龄则被控制在 40~50 岁。

评落选者的激励效能是否具有显著差异。

表 1-2 院士实验组与对照组基本情况（以 2007 年为时间节点）

编号	姓名（当选/落选年龄）		学部	性别	受教育程度	有无国外教育经历
	当选实验组	落选对照组				
1	WYL (45)	CZM (41)	数学物理学部	男	博士	有
2	XDY (62)	DDS (67)	数学物理学部	男	硕士	无
3	ZWP (43)	WHH (42)	数学物理学部	男	博士	有
4	WEG (50)	YYL (51)	数学物理学部	男	博士	有
5	LYM (58)	ZYY (57)	数学物理学部	男	博士	有
6	YCX (65)	ZZX (66)	数学物理学部	男	学士	无
7	DX (50)	FWH (51)	化学部	男	博士	无
8	ZX (41)	LYD (42)	化学部	男	博士	无
9	ZDY (44)	LZF (44)	化学部	男	博士	有
10	CZF (64)	PCY (67)	化学部	男	学士	有
11	SLC (69)	WDX (65)	化学部	男	学士	有
12	GS (43)	YXM (44)	化学部	男	博士	有
13	YHM (54)	CXP (54)	生命科学和医学学部	男	博士	有
14	ZJD (50)	QLH (53)	生命科学和医学学部	男	博士	有
15	DSM (49)	ZCM (49)	生命科学和医学学部	男	博士	有
16	WWH (50)	ZDP (50)	生命科学和医学学部	男	博士	有
17	MAM (43)	ZFS (46)	生命科学和医学学部	男	博士	有
18	XHA (65)	CJY (68)	生命科学和医学学部	男	学士	无
19	CRS (66)	FYM (70)	生命科学和医学学部	男	学士	有
20	YYX (50)	CXF (49)	地学部	男	博士	有

续表

编号	姓名（当选/落选年龄）		学部	性别	受教育程度	有无国外教育经历
	当选实验组	落选对照组				
21	ZJ（49）	JNZ（44）	地学部	男	博士	有
22	YTD（52）	LCQ（51）	地学部	男	博士	有
23	MM（52）	WEQ（57）	地学部	男	博士	有
24	WYR（43）	XJJ（41）	信息技术科学部	男	博士	无
25	CSJ（61）	LZG（63）	技术科学部	男	博士	有
26	WKM（68）	SWH（71）	技术科学部	男	学士	无
27	HHY（50）	ZYS（51）	技术科学部	男	博士	有
28	RLQ（63）	XTD（63）	技术科学部	男	硕士	无
29	ZSN（57）	CZH（61）	技术科学部	男	博士	无

资料来源：中国科学院官方网站。

（二）数据分析及研究发现

1. 院士制度的总体激励效能

将504名院士当选者当选前五年与当选后五年发表的SCI论文数量进行配对样本 t 检验，得到如表1-3所示的结果。从结果中可以看出，院士当选者当选前五年发表SCI论文数量的均值为34.41篇，后五年发表SCI论文数量的均值为42.90篇，后五年SCI论文数量与前五年SCI论文数量的差值为8.49篇，且具有显著差异（p 值为0）。这说明院士制度具有相应的激励效能。

表1-3　院士当选者当选前后五年 SCI 论文数量比较

	当选前五年SCI论文数量	当选后五年SCI论文数量	当选前后五年SCI论文数量比较
均值	34.41	42.90	8.49
标准差	43.725	59.172	38.790
均值标准误	1.948	2.636	1.728
t 值（Sig.）			4.914（0.000）
N		504	

2. 市场经济体制初步建立前后院士制度激励效能的变化

我们使用学部、性别、籍贯所在地、受教育程度、当选院士时间、当选院士时的年龄、有无国外教育经历、有无多院士职称 8 个基本情况因素对院士制度激励效能的具体情况进行分析，通过独立样本 t 检验、单因素方差分析的方法得到如表 1-4 所示的结果。在 8 个因素中，"当选院士时间"对激励效能产生了显著影响（p 值为 0），而其他 7 个因素对激励效能均不具有显著性影响（p 值均大于 0.05）。

表 1-4 激励效能影响因素显著性检验

影响因素	方差的 Levene 检验		单因素方差分析/独立样本 t 检验	
	F	Sig.	t/F	Sig.（双侧）
学部	3.519	0.004	0.419	0.836
性别	1.838	0.176	−0.432	0.666
籍贯所在地	0.086	0.918	0.503	0.605
受教育程度	0.614	0.606	1.123	0.339
当选院士时间	0.594	0.441	79.384	0.000
当选院士时的年龄	1.091	0.360	0.333	0.856
有无国外教育经历	0.006	0.938	−0.181	0.856
有无多院士职称	0.042	0.837	1.806	0.072

由于在院士制度激励效能的具体情况分析中，只有"当选院士时间"这一因素对激励效能产生了显著性的影响，即在市场经济体制初步建立以前（1985—2002 年）和市场经济体制初步建立之后（2003—2011 年）的两个阶段中，院士制度的激励效能发生了显著变化，因此，我们针对"当选院士时间"作进一步分析，对体制初建前后院士当选者在当选前后各五年发表的 SCI 论文数量分别进行配对样本 t 检验，得到如表 1-5 所示的结果。

从表 1-5 中可以看出，一方面，体制初建前院士当选者当选前五年发表的 SCI 论文数量为 32.62 篇，当选后五年发表的 SCI 论文数量为 51.73 篇，后五年与前五年发表的 SCI 论文数量的差值为 19.11，其值为正且具有显著差异（p 值为 0），说明体制初建前的院士当选者当选后五年比当选前五年平均多发表 19.11

表1-5　体制初建前后院士当选者当选前后各五年SCI论文数量比较

时期		均值	标准差	均值标准误	t值（Sig.）	N
体制初建前	当选前五年SCI论文数量	32.62	43.618	2.419		325
	当选后五年SCI论文数量	51.73	66.889	3.710		
	当选前后五年SCI论文数量比较	19.11	30.700	1.703	11.226（0.000）	
体制初建后	当选前五年SCI论文数量	37.66	43.855	3.278		179
	当选后五年SCI论文数量	26.85	36.729	2.745		
	当选前后五年SCI论文数量比较	−10.81	44.224	3.305	−2.369（0.001）	

篇SCI期刊论文，明显高于总体分析时的8.49篇，院士制度有较强的激励效能。另一方面，体制初建后院士当选者当选前五年发表的SCI论文数量为37.66篇，当选后五年发表的SCI论文数量为26.85篇，后五年与前五年SCI论文数量的差值为−10.81，其值为负且具有显著差异（p值小于0.05），表明体制初建后院士当选者当选后五年比当选前五年平均少发10.81篇SCI期刊论文，明显低于总体分析时的8.49篇，院士制度产生负向激励效能，且负向激励效能较强。

3. 院士制度对院士当选者和落选者的激励效能比较

为进一步探讨院士制度的外部性激励效能，本专题利用SCI数据库，比较了2003—2011年五个增选年中院士当选者（实验组）与院士参评落选者（对照组）在增选年前后各五年发表的SCI论文平均数量，从而计算出院士制度激励效能的平均净影响①。具体结果如表1-6所示：

---

① 由于院士制度激励效能平均净影响的观测值数量过少，容易产生统计学误差，所以在此并未对院士当选者（实验组）与院士参评落选者（对照组）在增选年前后各五年发表的SCI论文平均数量的差值进行配对样本t检验。

表 1-6 院士制度激励效能平均净影响

时间节点	院士当选者（实验组）后五年SCI论文平均数量	院士当选者（实验组）前五年SCI论文平均数量	差值	院士参评落选者（对照组）后五年SCI论文平均数量	院士参评落选者（对照组）前五年SCI论文平均数量	差值	制度平均净影响
2003 年	20.68	39.54	−18.86	35.25	43.14	−7.88	−10.98
2005 年	19.39	58.03	−38.63	20.62	42.33	−21.71	−16.92
2007 年	43.90	30.38	13.52	22.45	48.29	−25.84	39.36
2009 年	37.33	27.94	9.39	23.42	29.82	−6.40	15.80
2011 年	31.11	23.04	8.07	21.41	16.54	4.87	3.20

注：数据有四舍五入，故存在一定误差。

院士制度激励效能的平均净影响在 2003 年和 2005 年为负数，在 2007 年、2009 年和 2011 年为正数。根据事前事后准实验设计的方法可知，在 2003—2005 年，院士制度对院士当选者没有起到相应的平均激励效能，且院士制度对院士当选者的平均激励效能比对院士参评落选者更弱，院士制度对院士当选者产生了负向激励的效能，在 2005 年负向平均激励效能达到最高；2007—2011 年间，院士制度对院士当选者起到了相应的平均激励效能，且院士制度对院士当选者的平均激励效能比对院士参评落选者更强，在 2007 年平均激励效能达到最高。这个结果与上文分析的市场经济体制初建之后院士制度激励效能的结果，既有相符之处，也出现了相悖的情况。

进一步地，通过比较 29 对院士当选者（实验组）和院士参评落选者（对照组）在选定时间节点 2007 年前后各五年发表的 SCI 论文数量，可以测量院士制度激励效能的净影响。

如表 1-7 所示，2007 年院士制度激励效能净影响的数值均为正数且具有显著性，这表明在 2007 年这一增选年中，院士制度对每一个院士当选者都起到了相应的激励效能，且院士制度对每一个院士当选者的激励效能都显著强于与其配对的院士参评落选者。具体来看，在以 2007 年这一增选年为时间节点的情况下，当年中科院院士当选者平均比院士参评落选者多发表 19.14 篇 SCI 期刊论文。六大学部中，院士制度激励效能的平均净影响数值最大的为技术科学部，院士当选者平均比院士参评落选者多发表 24 篇 SCI 期刊论文；其次为化学部，院士当选者平均比院士参评落选者多发表 22.8 篇 SCI 期刊论文；再次为生命科学和医学学部，院士当选者平均比院士参评落选者多发表 19.1 篇 SCI 期刊论文；之后为数学物理学部，院士制度激励效能的平均净影响为 15 篇 SCI 论文；最后为地学部，院士制度激励效能的平均净影响为 14.8 篇 SCI 论文。由于信息技术科学部仅 WYR 院士一人当选，暂不做比较。

表 1-7 院士制度激励效能净影响及其显著性检验（以 2007 年为时间节点）

编号	姓名（当选/落选年龄） 当选实验组	姓名（当选/落选年龄） 落选对照组	实验组前后五年发表论文差值	对照组前后五年发表论文差值	制度净影响	学部平均制度净影响
1	WYL（45）	CZM（41）	35	18	17	15
2	XDY（62）	DDS（67）	17	1	16	
3	ZWP（43）	WHH（42）	6	−5	11	
4	WEG（50）	YYL（51）	−21	−25	4	
5	LYM（58）	ZYY（57）	−2	−23	21	
6	YCX（65）	ZZX（66）	−31	−52	21	
7	DX（50）	FWH（51）	2	−17	19	22.8
8	ZX（41）	LYD（42）	−34	−37	3	
9	ZDY（44）	LZF（44）	−7	−41	34	
10	CZF（64）	PCY（67）	19	−7	26	
11	SLC（69）	WDX（65）	−27	−37	10	
12	GS（43）	YXM（44）	46	1	45	
13	YHM（54）	CXP（54）	22	15	7	19.1
14	ZJD（50）	QLH（53）	4	−1	5	
15	DSM（49）	ZCM（49）	−4	−39	35	
16	WWH（50）	ZDP（50）	22	1	21	
17	MAM（43）	ZFS（46）	−8	−46	38	
18	XHA（65）	CJY（68）	2	−21	23	
19	CRS（66）	FYM（70）	−1	−6	5	

续表

编号	姓名（当选/落选年龄）		实验组前后五年发表论文差值	对照组前后五年发表论文差值	制度净效果	学部平均制度净效果
	当选实验组	落选对照组				
20	YYX (50)	CXF (49)	−25	−42	17	14.8
21	ZJ (49)	JNZ (44)	40	12	28	
22	YTD (52)	LCQ (51)	12	9	3	
23	MM (52)	WEQ (57)	14	−7	21	
24	WYR (43)	XJJ (41)	9	4	5	
25	CSJ (61)	LZG (63)	3	−25	28	24
26	WKM (68)	SWH (71)	−3	−17	14	
27	HHY (50)	ZYS (51)	31	−32	63	
28	RLQ (63)	XTD (63)	8	−3	11	
29	ZSN (57)	CZH (61)	5	1	4	
	均值		4.62	−14.52	19.14	
	标准差		20.297	19.998	14.194	
	均值标准误		3.769	3.713	2.636	
	t 值（Sig.）				7.261(0.000)	

（三）结论与讨论

基于中国科学院六个学部 1985—2011 年院士当选者发表在 SCI 数据库中的论文数量对院士制度激励效能的分析与研究，可以得到以下结论：

第一，1985—2011 年间，我国院士制度总体上起到相应的激励作用，具有较强的激励效能。1985—2011 年间，504 名院士当选者当选后五年 SCI 论文数量与前五年 SCI 论文数量的差值为正值且具有显著差异，院士当选者当选后五年比当选前五年平均多发 8.49 篇 SCI 期刊论文。这一结论支持了"院士制度起到了足够的激励作用"的观点，但这一数据分析结论仅是 1985—2011 年这 27 年间的总体结论，并不足以完全证明院士制度总是具有良好的激励效能。

第二，在我国社会主义市场经济体制初步建立以前（1985—2002 年），院士制度起到了相应的激励作用，并具有较强的激励效能；在社会主义市场经济体制初步建立之后（2003—2005年），院士制度并未起到相应的激励作用，激励效能弱化甚至起负向激励作用，但从2007年开始，院士制度开始重新发挥出相应的激励效能。持"'社会主义市场经济体制的初步建立'作为院士制度激励效能变化的分界点"这一观点的学者大多是通过文献梳理、规范分析等定性研究方法得出的结论，而本专题通过对相关数据的定量分析证明了这一分界点具有较强的可信度。同时，本专题发现仅用这一分界点并不足以说明市场经济体制建立之后院士制度激励效能的变化。

2003年，中国共产党第十六届中央委员会第三次全体会议通过了《中共中央关于完善社会主义市场经济体制若干问题的决定》，社会主义市场经济体制得以初步建立，市场经济深刻地影响着国家、人民生活的方方面面，高层次科研领域也不例外。首先，市场经济所带来的"利益""金钱"逐渐充斥高层次科研领域，院士制度首当其冲地受到了影响。"院士"这个称号对于"经济理性人"来说，不再是学术领域的最高荣誉称号，而是更多地变成了获取经济利益的高级跳板。在经济利益面前，院士中的"经济理性人"选择"学术让步于利益"。其次，随着院士制度慢慢成为一个不可动摇的终身体制，社会上对院士的追捧、附加的高级待遇与物质享受和来自外部社会的压力使得院士头衔所带来的灰色利益地带不断扩展。最后，院士增选过程中贿赂、腐败、造假等乱象的出现，导致院士当选者素质良莠不齐，院士当选者当选后的学术成果质量也很可能下降。2003年院士增选时，各方对院士的投诉数量达到了历年高峰，院士制度的存废之争也就此出现，这就对2003年市场经济体制初步建立前后，院士制度激励效能的显著差异作出一定的解释。随着现行院士制度弊端的逐渐显露，我国政府、中国科学技术协会以及中国科学院开始着手院士制度的改革，2007年提高了新增院士的准入门槛。自此之后，新增院士的整体水平得到了一定的提高，这也对2007年以后院士制度重新发挥激励效能提供了一定的解释。

第三，院士制度对院士当选者的激励效能强于院士参评落选者。就2007年这一增选年的院士当选者和院士参评落选者的数据来看，院士制度对于每一位院士当选者都起到了相应的激励作用，并且这一激励效能显著强于院士制度对与其逐一配对的院士参评落选者。究其缘由，首先，院士这一学术荣誉性激励称号对大多数科学家的激励远远超过院士这一头衔所能带来的经济利益，大多数院士仍然保持着"学术为先"的初心。其次，院士制度改革要求严格把关院士的遴选和管理体制，提高院士当选的准入门槛和提高中青年人才比例，这些举措使得院士制度的激励效能得以重新发挥。最后，随着院士退休与退出机制的完善，院士不再作为一个终身荣誉称号，院士制度也将逐步回归它最为原始也是最为重要的作用——激励。因此，相比于还未当选院士的科学家来说，当选院士之后院士制度对其产生的激励效能，必然会使其产出更多且更具有研究意义的学术成果。当然，这仅仅是本专题通过比较2007年这一增选年增选的院士当选者和院士参评落选者之后所得出的结论，只是通过以点窥面的方法进行的截面数据研究，不具备足够的代表性，仅能证实2007年这一增选年中院士制度对院士当选者产生了相应的激励作用，并且院士制度对院士当选者的激励效能强于院士参评落选者。

必须指出的是，本专题采用中国科学院院士发表在SCI数据库中的论文数量作为衡量院士制度激励效能的指标，然而在数据检索的过程中存在几大问题，导致数据收集方面存在局限性。第一，2005年以前，SCI数据库中中文姓名作者的检索主要是通过"姓氏＋名字首拼"的形式进行的，可能导致一些非本人但"姓氏＋名字首拼"相同的学者发表的论文也被纳入其SCI论文数量；第二，2005年以后，SCI数据库中中文姓名作者的检索改为通过"姓氏＋名字全拼"的形式进行，可能导致一些当选前后五年跨2005年的院士发表的SCI论文数量差异过大。

专题二
高层次人才战略实施效果评价体系建构*

一、引言

二、高层次人才战略实施效果评价体系的建构原则

三、高层次人才战略实施效果评价模型

四、高层次人才战略实施效果评价指标体系

五、结语

---

* 本专题为中央宣传部文化名家暨"四个一批"人才自主选题资助项目"我国高层次人才战略实施的效果评价"(项目编号：中宣干字〔2014〕55号)阶段性成果。项目负责人为陈振明，主要成员为刘祺、林荣全；翟文康、隋晓妍、蓝浦城、邱亦希、袁珂鑫、周雅馨、米晗彤等参与了项目调研。

一、引言

习近平总书记指出:"人才资源作为经济社会发展第一资源的特征和作用更加明显,人才竞争已经成为综合国力竞争的核心。谁能培养和吸引更多优秀人才,谁就能在竞争中占据优势。"[①] 人才尤其是高层次人才日渐成为推动经济社会发展的重要力量,而高层次人才战略在人才工作中发挥着重要的导向作用。自人才强国战略实施以来,我国已初步制定以引进、保障、激励、培育、使用等政策为核心的高层次人才战略体系,然而在实际执行过程中仍存在政策落实程度不高、效益发挥不明显等现象。此外,相关部门对政策执行的绩效管理不够重视,缺乏对高层次人才战略实施效果的跟踪评价,致使政策执行僵化,对存在的问题反应不敏感,受众群体满意度与获得感不足,直接影响了执行效果。因此,有必要建构一套科学合理的评估体系,以期更好地把握高层次人才战略的实施效果。这不仅能为剖析高层次人才战略制定的科学性与合理性、分析政策执行中存在的问题与障碍、开展政策效果评价等后续配套工作提供支撑,亦有助于完善我国人才战略实施效果评价理论,进一步丰富中国特色社会主义人才理论的内容。

现有关于高层次人才战略实施效果评价的研究主要包括:针对人才政策内容进行评价,如张再生和杨庆就海外高端人才政策内容的阶段性、协同性与系统性进行了评价,并提出了优化海外高端人才政策体系的对策建议[②];针对人才政策执行情况进行评价,如中国人事科学研究院评估组对国家各类高层次人才进行问卷调查,分析了各类人才对象对人才规划落实状况的反应和反响[③];针对人才政策效果进行评价,如有学者通过履历研究法实证考察了国家高层次人才计划入选者入选后的学术表现,对该政策的实施效果进行综合评价。此外,还有一些研究在高层次人才政策评价指标和方法方面进行了探索,从政策相关主体的满意度入手,就效果预期、生活待遇、科研/创业环境等方面建构实施效

---

① 习近平. 在欧美同学会成立 100 周年庆祝大会上的讲话. 人民日报,2013 - 10 - 22 (2).
② 张再生,杨庆. 海外高端人才政策评估及优化对策研究. 天津大学学报(社会科学版),2016,18 (2): 123 - 128.
③ 孙锐,吴江. 公共项目评估视角下的我国人才战略规划实施效果评估机制研究. 中国软科学,2012 (7): 18 - 27.

果整体评价体系等。尽管如此，国内在高层次人才战略实施效果评价方面仍处于起步阶段，现有研究成果较少，缺乏从全面系统的角度研究高层次人才战略及相关政策实施效果，也缺乏一套较为完善的高层次人才战略实施效果评价指标体系。具体而言，当前缺乏基础性的理论研究工作，尚未针对高层次人才战略实施效果评价的议题建立一个基础的研究框架，评价指标的含义、口径、计算方法和计量单位也尚未统一和明确界定。为此，需要进一步夯实基础理论研究，建立起具备科学性、合理性和系统性的高层次人才战略实施效果评价体系。事实上，政策执行和政策评价研究领域已经积累了大量的理论成果，能够为高层次人才战略实施效果评价体系的建构提供分析视角以及相应的模型与方法，这有助于推动建构较为合理的高层次人才战略实施效果评价综合模型。

对于高层次人才战略实施效果评价而言，既要评价执行过程，也要评价执行结果，要充分将政策受众群体和利益相关者意见进行综合，将投入与产出相结合比对评价，将过程评价与结果评价相结合。因此，在设计评价体系时，就要将高层次人才战略内容、高层次人才战略执行主体、高层次人才战略执行的受众对象纳入考量范围。对此，本专题首先基于高层次人才战略的特征，提出评价体系的建构原则；其次在借鉴相关理论的基础上，建构基于"内部-外部""投入-产出""过程-结果"导向的高层次人才战略实施效果评价模型；最后基于评价模型进行评价指标设计，通过实证方法筛选得到最终的指标体系并赋予相应的权重，由此形成完整的高层次人才战略实施效果评价体系。

二、高层次人才战略实施效果评价体系的建构原则

（一）可行性原则

高层次人才战略实施效果评价体系的可行性原则主要体现在指标设计方面，应充分考虑指标量化的难易程度，将定量指标与定性指标相结合，运用科学评测方法尽可能量化评价指标，以利于全面而精准地指导各地区、各部门推动高层次人才战略各项工作的开展，检验政策的实际产出，保障高层次人才在政策激励下有更好的发展。高层次人才战略实施效果评价体系在实际应用中往往会受到资料来源与数据支持的极大制约，尤其是对高层次人才的评价调研需要考虑到由于个人隐私保护问题所导致的部分重要数据不予公开而给研究带来的极

大困难。因此，在设计指标时，应尽可能设置多种备选方案，筛选出最合适的指标。要周全考虑数据资料取得的难易程度，即数据在采集过程中的可获得性与在评价过程中的可操作性，尽量立足于现有的统计资料，遴选出那些代表性较强的综合指标和重点指标。例如，在硬指标选择上，依托现有科技统计年鉴的常规统计指标，辅以可通过实地调查取得数据的指标。这些指标本身既有描述和评价功能，又有预测和监测功能。在软指标选择上，从受众群体满意度出发，要考虑到高层次人才自身的因素，所选取指标的字面意义表达准确、含义清晰，尽量避免可能导致评价对象回答模棱两可的指标和问题，保证评价的真实效果。

（二）系统性原则

高层次人才战略及其衍生出的一系列政策涉及人才引进、激励、保障、评价等方方面面，是一项系统性"政策集"，高层次人才战略与政策的实施更是一个复杂的整体过程，涉及中央机关、国务院相关部门、省市人事部门、用人单位等相关主体。对于高层次人才战略实施效果的评价，必须全面体现高层次人才战略的系统性特征，通过各项指标的相互配合，全面、系统地体现实施过程全貌。在具体政策评价上，要根据人才政策的类型分为人才引进、人才激励、人才培训、人才保障、人才评价等方面，在实施过程评价上，要体现出执行主体、目标群体、执行资源、投入与产出等效果，进而形成一个全面系统、科学合理、能够从数量和质量两方面反映实施效果的指标体系。指标设计既能够从总体上反映人才政策受众群体的满意度，又能从不同环节（如对人才资金补助的满意度）分类进行评价。既要从评价的整体逻辑出发，把握指标与指标之间的内在联系性，也要注意不同指标之间的差异，此外还必须考虑不同层次的指标，将宏观指标与微观指标相结合。本专题从不同维度对指标进行划分，以期做到层次清晰，综合评价，科学、客观、准确地反映高层次人才战略的实施效果。

（三）层次性原则

高层次人才战略实施效果评价体系应具备层次性，选择的指标应独立地测评高层次人才战略实施效果的某项具体内容，要避免选入意义相近、重复或可由其他指标派生出来的衍生性指标，做到指标之间没有内涵交叉、重叠，以防止因指标重复而增加调研负担以及对评价结果产生不利影响。层次性原则也要求评价指标反映被评价主体在不同层次的特征及其存在的问题，清晰地显示主要矛盾及其根源，避免重复评价。高层次人才战略实施的目的是通过引进和培育高层次人才助推我国经济社会改革与发展，因此，在高层次人才战略实施效果评价体系的建构过程中，一方面要围绕直接的个人产出和个人期望与满意度，另一方面也应该从该战略的深刻内涵和发展目标出发，严格区分不同目标指标，避免将对策指标作为评价指标，以保证评价的准确性和客观性。

（四）科学性原则

高层次人才战略实施效果评价体系的建构，应当充分反映和体现人才战略实施的内涵，科学、客观、准确地理解和把握高层次人才战略与政策落实的实际状况。同时，指标体系设计要符合高层次人才战略实施的内容和发展要求，与我国人才工程建设的方针政策和任务目标、习近平总书记新时代人才观等保持一致，体现合理性。高层次人才战略由一系列人才政策构成，政策过程从问题界定到政策终止，历经政策制定、政策执行、政策评价、政策变迁等多个环节，因此需要在宏观上重点把握政策制定的质量和政策实施的情况，合理地评价绩效产出，在微观上要把握利益相关者的满意度和获得感，体现宏观与微观的科学衔接。本专题在指标设计上将"软指标"（满意度评价指标）与"硬指标"（统计数据评价指标）相结合，将政策投入、产出与受众获得感评价相结合；在指标体系建构过程中综合运用定性方法和定量方法，将一些难以量化的问题灵活处理、合理评价。

三、高层次人才战略实施效果评价模型

根据上述建构原则，高层次人才战略实施效果评价体系不仅需要内容科学合理，还要能够客观全面地反映评价对象。为此本专题基于相应的理论，尝试构建高层次人才战略实施效果评价模型，为指标体系建构提供基础。

（一）评价模型的理论基础

评价模型的构建需要基于一定的理论，结合高层次人才战略制定和实施的特征，本专题选取政策评估理论、利益相关者理论和组织承诺与激励理论作为理论基础。

1. 政策评估理论

政策评估作为政策过程的重要环节，对于改进公共政策和提升决策质量具有重要意义。政策评估是依据一定的标准和程序，对政策的效益、效率、效果及价值进行判断的一种政治行为，目的在于取得上述方面的相关信息，作为决定政策变化、政策改进和新政策制定的依据。[①] 政策评估有多种划分方法：根据评估主体可以划分为内部评估和外部评估；根据评估标准可以划分为正式评估和非正式评估；根据政策过程可以划分为事前评估、事中评估和事后评估；根据评估内容可以划分为需求评估、过程评估、效果评估、影响评估。

尽管政策评估有许多不同类型，但政策评估理论大致经历了四个阶段的演进：第一阶段的政策评估以测量为主，主要运用投入产出的相关数据检验公共政策的效率；第二阶段的评估以对政策效果的描述为主，关注评估结果的价值，并且强调将政策评估结果运用于政策改进；第三阶段的政策评估主要通过批判的方式，关注政策所体现的社会公平、公正等价值取向；第四阶段的政策评估侧重回应性和建构主义，关注多元社会价值和评估过程的多元互动，这一阶段的评估理论成为当前政策评估的主流。[②] 而政策评估标准作为政策评估理论的核心内容，也经历了由实证主义视角到后实证主义视角的转变，多元化评估标准进入评估视野。例如，威廉·邓恩（William Dunn）将评估标准分为效益、效率、充足性、公平性、回应性和适宜性六个方面[③]；帕顿（Patton）和沙维奇（Sawicki）将评估标准分为技术可行性、政治可行性、经济和财政可能性、行政可操作性四个方面[④]。台湾学者林水波认为政策执行的评估标准应包含政策的存在性、对应性、普及性、充分性和合作性。[⑤] 政策评估研究不应局限于政策结果，还应囊括政策系统和政策过程，做到事实与价值评估相结合。

高层次人才战略由一系列人才政策构成，其制定到执行再到效果显现经历了漫长的过程，所涵盖的内容也是多方面的，因此对人才战略实施效果的评估不能仅仅局限于人才的产出结果，而应形成具备多维度评价标准的系统性评估

---

① 陈振明. 政策科学教程. 北京：科学出版社，2015.
② 邓剑伟，樊晓娇. 国外政策评估研究的发展历程和新进展：理论与实践. 云南行政学院学报，2013，15（2）：34-39.
③ 威廉·邓恩. 公共政策分析导论. 北京：中国人民大学出版社，2002.
④ 卡尔·帕顿，大卫·沙维奇. 政策分析和规划的初步方法. 北京：华夏出版社，2001.
⑤ 林水波. 强化政策执行能力之理论建构. 台北：行政院研究发展考核委员会，1993.

框架。本专题界定的人才战略评估要关注对人才政策系统、人才政策过程和人才政策结果的综合评估。对于政策系统要关注人才政策的公正性，即人才政策对待不同群体是否公平；还要关注回应性，即人才政策对目标群体要求是否有回应。对于政策过程要以充分性和适当性作为评价的标准，充分性是指人才政策实施过程是否有序、高效，适当性是指人才政策是否是一种较为合理的激励政策。对于政策结果要关注效益和效率，其中效益就是指实施人才政策的实际产出，效率指人才政策的投入产出比。

2. 利益相关者理论

利益相关者理论最早是作为一种公司治理理论出现的。早期公司往往只关注股东利益，认为直接对公司进行投资的股东才拥有企业所有权，但不可否认的是其他利益相关者也进行了投资并分担了风险，因此学者呼吁也要关注公司发展对其他利益相关者和社会的影响。1984 年弗里曼（Freeman）撰写的《战略管理：利益相关者方法》一书中正式提出利益相关者管理理论。利益相关者是指那些能够影响企业组织目标的实现或者受这种目标实现影响的个人或群体。[1] 当前对利益相关者的划分主要有多维细分法和米切尔评分法两种方法。其中，多维细分法强调从不同角度对利益相关者进行划分，例如，弗雷德里克（Frederick）根据利益相关者对企业的影响将其分为直接利益相关者和间接利益相关者[2]；克拉克森（Clarkson）根据利益相关者与企业的关系将其划分为主要利益相关者和次要利益相关者[3]。而米切尔评分法主张对利益相关者进行评分，根据得分划分为确定型利益相关者、预期型利益相关者和潜在型利益相关者。[4] 这些方法表明利益相关者理论强调不同类型利益相关者的划分。

随着社会发展，在公共行政研究中新公共行政运动的兴起对传统的行政模式提出挑战，呼吁建立以社会公平为中心的民主行政模式，在公共政策研究领域也越来越强调将政策的利益相关者纳入考量范围，关注政策对公民需求的回

---

[1] 爱德华·弗里曼. 战略管理：利益相关者方法. 上海：上海译文出版社，2006.

[2] William Frederick. Business and society, corporate strategy, public policy, ethics. 6th ed. New York: McGraw-Hill Book Co, 1988.

[3] Clarkson M E. A stakeholder framework for analyzing and evaluating corporate social performance. Academy of Management Review, 1995, 20 (1): 92 – 117.

[4] Mitchell R K, Agle B, Wood D. Toward a theory of stakeholder identification and salience: defining the principle of who and what really counts. Academy of Management Review, 1997, 22 (4): 853 – 886.

应,以期增强政策制定的科学性和民主性。利益相关者理论也被运用到政策评估之中,学者韦唐在《公共政策与项目评估》一书中提到了关于政策评估的利益相关者模式,通过该模式进行政策评估有利于权衡和协调利益。

高层次人才战略的实施程序复杂,影响范围广泛,在人才政策的执行过程中,高层次人才作为直接受益者与政策有联系,高层次人才所在单位为其提供工作平台,给予相关服务和保障,作为资源提供者也被纳入人才政策体系,成为间接受益者。而组织部门、宣传部门及人事部门作为人才政策的实施主体,也深刻影响着执行过程。人才政策实施大环境下的其他利益相关者可能还包括高层次人才的家人、学生、同事等,当然这一政策也存在一定的负效应,譬如挫伤当地专家的积极性,因此政策执行也要考虑到当地其他人才或专家。

3. 组织承诺与激励理论

组织承诺是组织行为学理论中的重要概念。组织承诺理论的演变经历了漫长的过程,该理论源于对社会潜在角色和单边投入的研究。组织承诺理论最开始仅仅关注自身概念的探讨,艾伦(Allen)和梅耶(Meyer)将组织承诺分为情感承诺、持续承诺和规范承诺三种类型,这种分类方式受到普遍认可。[①] 情感承诺主要指个体对组织具有强烈的认同感、自豪感、归属感等,从而甘愿为组织发展作出贡献;持续承诺是指个体为了保持经济利益和地位而愿意继续留在该组织中工作;规范承诺是指个体在道德的约束下对组织保持一定的忠诚度。随着研究不断深入,学者开始关注组织承诺与其他变量之间的关系。组织承诺的影响因素主要分为工作因素,包括工作的难易程度、挑战性、满意度等;组织因素,包括组织文化、组织氛围等;个体因素,包括性别、年龄、婚姻状况等。组织承诺的结果变量主要体现在个人的工作绩效、工作行为、工作满意度和对于是否继续留在组织内的决策上。[②]

而激励是影响个体行为的重要因素,激励理论主要探讨从个体的需求、目标或动机等不同方面入手,保证激励有效实施,从而激发个体工作积极性。理论在发展过程中,经历了从单一到多元的演变,主要有以下经典理论:马斯洛

---

① Allen N J, Meyer J P. The measurement and antecedents of affective, continuance and normative commitment to the organization. Journal of Occupational Psychology, 1990, 63 (1): 1-18.

② 戚振江,朱纪平. 组织承诺理论及其研究新进展. 浙江大学学报(人文社会科学版),2007 (6): 90-98.

（Maslow）的需要层次理论涵盖生理需要、安全需要、社会交往需要、尊重需要和自我实现需要，赫茨伯格提出的双因素理论包含保健因素和激励因素，亚当斯（Adams）的公平理论认为员工需要根据自己的工作结果与努力程度的比较以及自己和他人的投入产出比来判断是否公平，弗洛姆（Vroom）的期望理论认为人们倾向于采取预期能给自己带来特定结果的行为，此外还有洛克（Locke）的目标设置理论、班杜拉（Bandura）的社会学习理论等。而现阶段的激励理论研究倾向于综合型激励模式，如勒温（Lewin）的场动力理论、豪斯（House）的综合激励模型、波特和劳勒的综合激励模型等。

组织承诺和员工的激励联系密切，尤其是对于企业的核心员工或知识型人才，组织承诺对于激励因素发挥作用具有重要影响[①]，提高组织承诺在一定程度上就能达到激励员工的目的。换言之，用不同的方式进行组织承诺的调控，影响着员工的组织心理和激励措施的实施。高层次人才组织承诺较低，而人才政策就是一种激励性政策，旨在通过相应的激励手段提高人才的组织承诺。激励因素主要包括：内在动机因素，如工作性质、个人发展等，能增强情感承诺；外在动机因素，如薪资福利、社会地位等，能强化持续承诺。内外动机因素影响高层次人才的组织承诺，人才政策需要基于合理的动机因素假设，才能有效地发挥激励作用，因此应当基于这些动机因素以及高层次人才政策的激励作用对人才战略实施效果进行评价。

（二）评价模型建构

本专题借鉴了政策评估理论、利益相关者理论、组织承诺理论，对人才政策及其评估有了更加全面的认识，初步形成了本专题的理论框架。具体而言，这需要综合考虑人才政策作用机理、人才政策执行的过程与结果、政策内外部利益相关者，但现有研究尚未形成一套较为系统的人才政策评估模型，因此仍需要借鉴相关理论，比较现有的理论模型，从而建构科学合理的高层次人才战略实施效果评价体系。

美国学者古贝（Guba）和林肯（Lincoln）提出的"第四代评估模型"批判了以往政策评估过于倾向管理主义和实证主义、忽视多元价值的弊端。该理论认为评估的出发点不仅仅在于政策本身，还要考虑社会多元价值的存在，需要

---

① 孔德议，张向前. 组织承诺与知识型人才激励研究. 商业研究，2013（1）：102 - 107.

将事实与价值相结合，综合考虑政策的效率、效益和其他社会价值。[①] 因此对人才政策进行评估时需要首先以投入产出数据为基准考虑政策的效率，但同时也要将结果评估和过程评估相结合。在评估对象的选取上，利益相关者模型为我们提供了参考。联合国开发计划署将利益相关者界定为：目标群体、直接受益者、直接管理者、资源提供者、外部咨询顾问、供应商以及其他对计划/项目提供支持的人或机构、在本计划/项目环境中可能受到计划/项目结果影响或对其感兴趣的其他机构。[②] 结合人才政策实施情况，人才政策实施的利益相关者分为受益者、管理者、资源提供者和人才政策实施大环境中的其他利益相关者等多种类型，在评估的过程中要做到内部评价与外部评价相结合。在人才政策作用机理方面，勒温的场动力理论表明人的行为由其心理场决定，而场包括个体需要与其心理环境相互的作用，个体由生理条件的缺失而引起的某种动机状态是行为的动力来源，因此有效引导个体完成目标以及有效协调团体成员关系才能真正发挥激励作用，从而提高工作绩效。[③] 因此人才政策评估要基于特定的"动机-激励"作用机制。而探讨如何在自由选择、分散化决策和激励相容的约束条件下构建实现个人、集体和社会激励相容的最优机制的机制设计理论[④]也为评估框架设计提供启发。这是因为高层次人才政策本质上通过制度设计改进资源配置，从而促进各方主体协调发展，这就启发我们需要根据人才政策的政策内容、政策过程、作用机理及利益相关者建构综合评估框架。

本专题基于理论框架和对以上模型的分析比较，结合我国高层次人才战略实施的特点，最终建构出一套基于"动机-激励-行为"作用机制、"内部-外部"评价相结合、以"过程-结果"逻辑为导向、以"投入-产出"数据为基准的高层次人才战略实施效果评价模型（如图 2-1 所示）。

根据所建构的评价模型，本专题认为在对高层次人才战略实施效果进行评价时首先应该关注人才战略的作用机理。人才战略本身由人才政策构成，人才政策属于激励型政策，其前因变量主要是影响个体行为的动机，而结果变量是个体的行为，人才战略的制定需要考虑个体行为的动机因素，有针对性地制定激励措施以提高个体满意度和工作积极性，因此评估的逻辑主线是基于人才战

---

① 埃贡·古贝，伊冯娜·林肯. 第四代评估. 北京：中国人民大学出版社，2008.
② 李瑛，康德颜，齐二石. 政策评估的利益相关者模式及其应用研究. 科研管理，2006 (2)：51-56.
③ 库尔特·勒温. 拓扑心理学原理. 北京：商务印书馆，2003.
④ 方燕，张昕竹. 机制设计理论综述. 当代财经，2012 (7)：119-129.

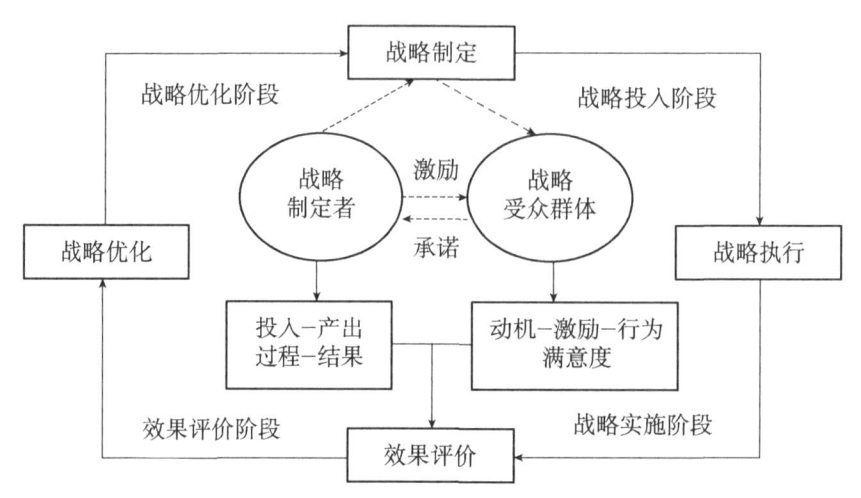

图 2-1　高层次人才战略实施效果评价模型

略"动机-激励-行为"的作用机制，需要通过人才战略受众群体的满意度调查，评估人才战略的制定能否达成有效激励。其次，对于人才战略不可避免要考虑其执行的直接效果和效率，因此人才战略评估需要以"投入-产出"数据为基准进行。最后，人才战略实施效果不仅与受众群体有关，也与政策制定主体和政策执行主体有关，需要充分将政策受众群体和利益相关者意见综合，做到以"过程-结果"为导向，"内部-外部"评价相结合。

四、高层次人才战略实施效果评价指标体系

根据所建构的高层次人才战略实施效果评价模型，本专题遵循从初始指标库构建到指标实证筛选再到指标赋权的研究思路，对高层次人才战略实施效果的评价指标进行设计，形成完整的评价指标体系。

（一）备选指标来源

为保证初始指标设计的科学性和合理性，本专题从多种途径获取备选指标，包括课题组的调研访谈、已有研究和对政策文本的梳理等。

1. 调研访谈

构建高层次战略实施效果评价指标体系，需要明确我国高层次人才战略实

施的实际情况,而这主要由政府有关部门及用人单位的人事部门共同承担,因此本专题通过走访高层次人才战略的重要牵头和实施单位——中央组织部人才工作局,初步了解了我国高层次人才引进的基本情况,如政策出台情况、人才项目工程实施情况、配套服务和保障情况等。同时对福建等省份的城市进行实地调研,访谈省市级组织人事部门、用人单位。通过对省市级组织部门的人才工作处、高校及企业的调研,了解政策文件的落实过程,倾听相关部门工作人员、用人单位人事部门负责人等对地方政府人才工作的总体看法和评价,发掘高层次人才政策实施过程的特点。此外还通过实地走访、深度访谈、焦点小组等形式,获取高层次人才战略受众群体对战略执行情况的看法,了解其所关注的问题方向。

2. 借鉴已有研究

已有文献中存在涉及人才政策评价或高层次人才政策评价的研究,这些研究从不同的视角、不同的维度建构起相应的评价指标体系,为本专题提供了借鉴。以下列举部分具有代表性的指标体系,如表2-1所示。

表2-1 人才政策评价指标体系的已有研究

序号	指标体系	具体指标	作者
1	科技人才政策实施效果评价指标体系	政策知晓度、政策认可度、政策执行度、政策受益度4个一级指标,10个二级指标,28个三级指标	顾玲琍、王建平、杨小玲(2019)
2	河南省科技人才政策评价指标体系	科技人才政策投入与产出2个一级指标,二级指标包括R&D经费内部支出、R&D人员折合全时当量、R&D机构数、专利申请受理量、发表科技论文、技术市场成交合同数、人才政策数量	王宁、徐友真、杨文才(2018)
3	创新人才开发政策实施效果评价体系	投入-产出和满意度评价2个维度,投入-产出方面设计7个指标,满意度评价涉及人才引进、培养、激励、流动、创业5个方面	张同全、石环环(2017)
4	常州市人才政策效能评价指标体系	人才规模与质量、人才发展环境、科技创新能力、高新技术产业竞争力4个维度,8个衡量指标	芮国强、彭伟、陈童(2017)

续表

序号	指标体系	具体指标	作者
5	地方政府高端人才引进政策绩效评价体系	总量指标、保障指标、促进指标及协调指标4个方面，共10个指标	吴桐（2016）
6	科技创业人才政策绩效评价指标体系	政策目标、政策投入、政策产出、组织与管理者、满意度5个一级指标，13个二级指标，30个三级指标	吴肖（2016）
7	全息人才工程绩效评价体系	政府方面分为战略绩效、执行绩效、服务绩效3个二级指标及15个三级指标；企业方面分为人才环境绩效、人才项目绩效2个二级指标及7个三级指标；社会方面分为5个三级指标	胡倩楠（2016）
8	我国科技人才政策评价体系	政策投入和政策效果2个一级指标，逐年政策前后资金投入、科技人才数、科技成果数3个二级指标，以及12个三级指标	司徒倩滢（2015）
9	东湖新技术开发区人才政策效能评价指标体系	人才政策投入产出与效果持久度两个方面，4个一级指标，12个二级指标	李锡元、边双英、张文娟（2014）
10	广州市高层次人才政策效能评价体系	分为事实判断标准、技术判断标准、价值判断标准3个评估标准，涵盖高层次人才数量、人才质量、人才效能、政策关注度、政策执行力5个大类指标	王贝贝（2013）
11	海外高层次人才引进政策实施效果评价指标体系	政策投入、产出、负效应3个维度17个二级指标	杨河清、陈怡安（2013）
12	地方政府人才政策评价指标体系	人才政策内容、人才政策力度、人才队伍建设、人才政策产出、人才发展环境5个方面，共21个一级指标和31个二级指标	王燕（2011）
13	西部人才政策措施实施效果评价体系	涵盖人才数量、人才素质、人才效能、人才流动状况、人才待遇与保障、人才培养能力方面	胡跃福、宋本江等（2008）

3. 梳理政策文本

政策内容在政策文本中体现，本专题通过检索各级人民政府网站、有关部门如人社局（厅）网站及北大法宝等数据库，得到1988—2018年中央及地方颁布的714项高层次人才政策的政策文本，并通过政策文本分析方法进行全面系统的梳理。从中可以看出，我国已初步完成高层次人才战略的顶层设计，并逐步建立起高层次人才战略的整体内容框架，现有高层次人才政策文本内容主要包括人才引进方式、人才引进渠道、人才引进管理、人才引进类型、人才激励措施、人才保障等方面。其中，人才引进方式主要有直接引进和柔性引进两种，人才引进渠道包括项目引才、基地引才、园区引才等多样化途径，人才引进管理包括对高层次人才的管理和对引才资金的管理，人才引进类型主要包括创新类和创业类，人才激励措施包括物质激励、精神激励、科研激励、环境激励等，人才保障主要涉及人才落户、签证办理、子女入学、配偶工作、医疗和社会保障等方面。

综上所述，本专题的指标主要来源于实地调研访谈、已有研究及相关的政策文本，课题组成员据此充分运用头脑风暴法，从而产生一系列符合研究主题的指标，构成关于高层次人才战略实施效果评价的海量指标库。

（二）评价维度划分

海量指标库的搭建为评价指标的确立奠定了基础，还需要根据本专题提出的评价模型划分指标维度，并依照一定的原则选取评价指标。

1. 指标维度选择

根据前文所建构的评价模型，对高层次人才战略实施效果进行评价是以政策执行过程与政策执行效果相结合为逻辑导向、以投入产出数据为评价基准，同时要做到内部评价与外部评价相结合。这说明高层次人才战略实施效果不仅包括政策最终的产出及影响，还包括政策执行过程中表现出来的效率水平。这为本专题指标体系的建构界定了基本维度，高层次人才战略实施效果评价需要考虑高层次人才政策执行过程，主要表现为政策执行力；同时需要考虑高层次人才政策执行效果，主要分为两个方面，一方面是作为政策受众群体的高层次人才的满意度，属于软指标，另一方面是政策实施的直接结果，即投入产出效益，属于硬指标。因此高层次人才战略实施效果评价体系主要分为三个维度：政策执行力、受众满意度以及投入产出效益。

2. 指标选取原则

指标体系的设计是在确定评价体系的指标维度之后，根据一定的方法选取相应指标，在此过程中需要结合高层次人才战略的特点，遵循一定的指标选取原则，这有利于保证指标体系建构的科学性、合理性和客观性。

第一，坚持全面性和特殊性相结合的原则。我国高层次人才战略的实施效果取决于政府、用人单位、高层次人才本身等多方的共同努力，是一项涉及范围广、评价周期长的活动，对其的评价在考虑投入产出效益的同时也应该兼顾社会效益。同时，在评价过程中应充分考虑到高层次人才的特殊性和高层次人才战略的特点，将相应的考核指标纳入指标体系。第二，坚持理论与实践相结合的原则。在设计评价指标时既要运用相关的指标设计方法，借鉴已有的研究成果，也要结合我国高层次人才战略实施的实际情况，在此基础上设计出符合科学规范和实际的评价指标。第三，坚持定性与定量相结合的原则。本专题运用文献研究法对专家学者建构的评价指标体系进行了总结和梳理，经过具体分析和专家咨询，确定了效果评价的初步指标。同时，通过隶属度分析和层次分析对指标进行了筛选和权重设计，从而坚持定性与定量相结合的原则。

（三）指标体系设计

根据上述维度划分和选取原则，本专题从政策执行力、受众满意度和投入产出效益三个维度出发，进一步设计每个评价维度的一级指标和二级指标。

1. 政策执行力维度

政策执行力是指政策执行过程中的效益和效率，政策有效执行需要以提升执行力为基础，因为政策执行得越到位，取得的效果往往越明显。因此政策执行力维度主要聚焦于高层次人才政策执行的过程，根据政策执行的不同阶段，构建相应的评价指标。根据我国高层次人才政策的主要内容和实地调研，我国高层次人才政策主要侧重从海外引进人才，引进人才需要激发人才工作积极性，使其服务于我国科学技术事业的发展，因此对于引进人才会制定相应的工作激励措施，并且在工作、家庭等方面提供配套的服务保障。此外高层次人才作为当前科研发展的核心力量，对其合理使用的问题不容忽视。因此，本专题将从人才引进、人才激励、服务保障、人才使用四个方面分析政策执行力，以此为基础选取相应的评价指标。

（1）"人才引进"的二级评价指标

引进人才规模与专业结构。引进人才规模是指引进人才的总体数量，专业结构是指人才在各个专业的分布情况，这是人才引进最直接的概况。

人才引进政策宣传力度。政策宣传有利于提高人才对相关政策的认知程度，从而提升执行效果，宣传力度体现在宣传渠道、宣传影响力、宣传持续性等方面。

政策在各省市落实情况。我国高层次人才政策由中央制定，并且通过中央及地方各省市配合执行，各省市落实程度直接影响总体的政策执行力。

选才方法合理化程度。选才方法就是通过一定的标准和规则对申报者进行遴选，该环节有利于提升引才质量，因此需要掌握合理、科学、有效的选才方法。

人才区域均衡发展状况。高层次人才吸引力在不同区域存在差异，因此政策执行需考虑地区间均衡发展，尤其是中西部地区、少数民族地区的引才状况。

对本土人才的影响。海外引进的高层次人才往往拥有优越的发展条件，既可能损害本土人才的积极性，也可能对其形成激励，积极影响和消极影响并存。

引进人才流失率。引进的海外高层次人才可能因工作、家庭等原因再次选择跳槽或离职，减少人才流失是保障人才政策有效执行的重要措施。

引才聚才合作平台搭建。高层次人才科研创新平台、创业平台、产学研对接平台、人才市场综合体系等平台建设有利于提升引才效益，加快引才聚才步伐。

人才引进公正公开公平程度。人才引进除了根据规章制度运行之外，存在较大的主观能动性，政策执行需要严格遵守制度，保证人才引进的公正、公开与公平。

人才甄别、筛选和认定机制。人才引进需要根据特定标准对人才进行甄别、筛选和认定，为引进高质量人才奠定基础。而人才甄别、筛选和认定机制是否完善，运行是否顺畅，内容是否科学合理是该机制有效性的重要体现。

高层次人才政策目标达成率。国家在引进规模、引进效应等方面为高层次人才引进规划了目标，这些目标的实现情况也是评价政策执行程度的标准。

人才引进的部门间协同性。人才引进工作需要组织部门、宣传部门、人社部门、出入境单位等多部门共同完成，部门间的协同合作影响政策执行的效率。

（2）"人才激励"的二级评价指标

荣誉表彰等精神激励。精神激励是一种内在激励，能满足高层次人才的精神需求，从而激发其工作积极性和创造力，主要包括各种形式的荣誉、表彰等。

绩效奖金等物质激励。物质激励是一种外在激励，能满足高层次人才的物质需求，从而激发其工作热情，主要包括补贴、绩效薪酬、奖金等。

岗位晋升等发展激励。发展激励是针对人才职业方面的激励手段，能进一步满足人才心理需求，主要指职称和岗位的晋升。

课题项目等科研激励。科研是高层次人才从事的最主要工作，科研激励包括在课题、项目等方面给予的扶持和奖励。

成果转化与股权激励。在企业部门，公司往往为创新创业类高层次人才成果转化提供保障以及给予其部分股东权益以激励和留住人才。

（3）"服务保障"的二级评价指标

人才服务机构设置。人才服务机构设置有利于统筹协调人才服务工作，促进服务保障专业化，是否设置人才服务机构、机构的健全程度影响服务政策执行。

人才信息库建设。高层次人才数量众多，信息库建设有助于信息收集、统计和维护，因此高层次人才政策执行也需要考虑人才信息库建设的完备程度。

平台与团队建设。各类科研、服务平台搭建有利于为人才发展提供良好的工作环境，而包含招生及博士后引进的团队建设能够为人才科研工作提供人力支持。

配套设施保障。这主要指办公场所、实验仪器及其他配套设施等的提供，完善的配套硬件有利于为高层次人才提供良好的工作条件。

家庭生活保障。充分的家庭生活保障包括住房、子女上学、配偶工作、社会保险、医疗保障等方面，有利于减少高层次人才的后顾之忧。

个人所得税优惠。个人所得税优惠是指对高层次人才奖金减免个人所得税的优惠措施，这有利于减轻税收负担，提高收入水平。

综合配套服务体系健全程度。综合配套服务体系包括政策咨询、人才落户、出入境申请、创业贷款等，服务体系健全与完善能为人才工作、生活提供便利。

人才公共服务水平。人才公共服务体系健全程度、窗口工作水平、工作人员服务态度、信息化建设水平等是提升人才公共服务水平的重要内容。

市场化专业服务体系。我国人才服务工作正迈向市场化、社会化、专业化，需要着力促进行业发展，培育市场服务主体，提升服务产品与人才需求契合度等。

定期跟踪服务。定期跟踪高层次人才需求有利于提升政策效果的持续性，这包括对高层次人才的持续关注和后续扶持政策的执行。

（4）"人才使用"的二级评价指标

在用人单位工作服务时长。对于高层次人才的合理使用有利于提高其组织承诺，因此在用人单位工作服务时长成为衡量人才使用政策执行力的重要指标。

人才承担教学工作量。高校的高层次人才除了正常的科研任务外还承担教学工作，教学工作量包括讲授课程数量、培养学生人数等。

人才引领学科建设发展。对高层次人才的有效使用有利于激励其引领学科建设发展，包括所在院校学科排名提升、学科体系完善、学科科研水平发展等。

引进人才与岗位匹配程度。高层次人才使用需要以需求为导向，如果引进人才与岗位需求不匹配，则人才使用也失去效能，政策执行缺乏实际意义。

人才使用管理制度与机制建设。体制机制建设能够为政策执行提供良好的制度环境，从而保障高层次人才政策的落实和执行。

以能力为重点的评价体系。在组织内部，同样需要对高层次人才进行管理，而构建以科研能力为主的绩效评价体系有利于人才改进工作绩效。

财政资金扶持机制构建。针对高层次人才使用而开展的各项工作都离不开资金的支持，所构建的财政资金扶持机制的持续性、稳定性影响政策落实。

人才评估周期合理性。高层次人才的科研工作周期较长，往往需要进行定期评估，评估周期合理性主要指是否根据科研任务要求定期进行评估。

科学合理的人才评估制度。组织内制定科学合理的评估体系有利于改进高层次人才工作绩效，促进其最大限度地发挥作用。

职称评审制度健全程度。职称评审是高层次人才发展的重要环节，其制度健全程度主要指制度内容的完备性、评审流程的规范性等。

2. 受众满意度维度

政策执行力维度衡量的是硬指标，而高层次人才政策最直接的利益相关者是人才本身，需要建构相应的软指标体系对其满意度进行衡量。因此本专题根据对高层次人才的访谈内容将受众满意度分为工作条件、职业发展、家庭保障、服务质量四个方面，以此为基础选取相应的评价指标。

(1) "工作条件"的二级评价指标

平台建设。人才引进后需要充分考虑其在事业发展中的主体地位，因此以高层次人才为核心的平台建设成为人才引进工作的重要内容。

实验仪器。在理工学科领域的科研工作中，实验仪器不可或缺，实验仪器的完备性、先进性、便捷性等影响科研人员的工作效率。

团队建设。团队建设能给予科研工作相应的人力支持，该指标主要指单位为高层次人才（课题组成员或有关科研人员）聘用方面提供的帮助。

科研经费使用。科研经费是科研工作开展的保障，科研经费充足与否、报销流程便利与否等都是影响科研经费使用满意度的重要因素。

工作环境。工作环境作为工作条件中的重要因素，往往对高层次人才工作效率产生影响，包括各种办公条件、基础设施等的完备程度。

人际关系。组织内的人际关系，尤其是高层次人才与其他本土人才的关系是影响高层次人才工作积极性的重要因素。

学术环境。单位内学术氛围越浓厚，科研人员的研究兴趣将越高，学术氛围包括领导对学术科研的重视程度、是否定期开展内部学术交流等。

(2) "职业发展"的二级评价指标

职称评定。主要指单位是否按照规定给予高层次人才相应的职称，以及评定环节的公正性和公平性。

职务晋升。主要指是否给予人才行政职务、晋升道路是否畅通等。

薪酬待遇。薪酬待遇是最重要的物质激励，包括薪酬的总量、涨幅、发放等。

人才政策吸引力。人才政策吸引力是影响高层次人才申报和归国的重要因素。

社会兼职任职。社会兼职某种程度上体现高层次人才的社会地位，能够满足其心理需要，主要指是否在社会上担任某种行政职务或学术兼职。

职业预期实现程度。主要指人才在引进后预期职业规划的实现程度。

(3) "家庭保障"的二级评价指标

社会保障。社会保障有助于保障公民基本生活水平，主要包括各种社会保险。

子女入学。包括是否为高层次人才子女入学提供便利以及学校的教学质量等。

配偶工作。主要指以需求为导向，解决高层次人才配偶工作的问题。

住房。主要指是否为高层次人才直接提供住房。

落户。主要指是否在高层次人才落户过程中提供便利。

签证。主要指是否在高层次人才办理签证等出入境手续时提供绿色通道等便利。

安家费。主要指是否给予高层次人才安家费或住房补贴。

家属融入度。主要指海外高层次人才家属在归国后的适应程度。

(4)"服务质量"的二级评价指标

政策落实度。从总体上看，政策的落实情况影响政策对象的满意度，切实有效执行高层次人才政策有利于提高人才满意度。

所遇问题解决。高层次人才政策中许多内容是以问题和需求为导向的，对人才所遇问题的解决效果直接关系人才满意度。

服务态度与效率。指是否在人才工作和生活中提供配套服务和保障，工作人员的服务态度以及机构的工作效率也是影响人才满意度的重要因素。

城市归属感。主要是指对所在城市的满意度和热爱程度，人才如果对高层次人才政策满意往往将维持组织承诺，并对所在城市产生强烈的归属感。

生活环境满意度。生活环境包括住房、空气、水、交通等，这会对人的身心健康产生影响，往往也影响高层次人才的工作效率。

3. 投入产出效益维度

效益是指投入产出之比，是绩效评估最重要的标准之一。衡量高层次人才政策的效益首先需要考虑政策的投入，包括一系列人力、物力和财力。在产出方面，高层次人才个人的产出是政策执行最直接的结果，而所在单位的产出也受到政策的间接影响，同时国家强调科研工作服务于经济社会发展，为此还应考虑社会效益。因此本专题将投入产出效益划分为人才投入、个人产出、单位产出、社会效益四个方面，以此为基础选取相应的评价指标。

(1)"人才投入"的二级评价指标

科研经费支出占财政支出比例。该指标测量科研经费投入规模，反映对发展科学技术事业，包括高层次人才政策实施的重视程度。

人才专项资金投入经费占财政支出比例。人才专项资金投入为高层次人才配备合理、充足的资金支持，也是重要的人才激励措施。

专业技术人才数量占人才总数比例。专业技术人才在人才中专业和科研创新水平较高，其占比越大，则相关政策及配套措施投入力度越大。

R&D经费内部支出。指研发经费用于本机构内的实际支出数额。

实验与开发经费。主要指用于高层次人才实验和开发的费用。

安家费支出。主要指用于支付高层次人才住房补贴和安家费的支出数额。

(2) "个人产出"的二级评价指标

承接项目。包括横向课题和纵向课题。

出版著作。包括出版著作的数量和质量。

发表论文。主要包括在国内外核心期刊上发表的论文数量及被引频次。

教学成果奖励。包括国家、省级高等教育教学成果奖，省基础教育教学成果奖，市区县教育教学成果奖，各级的赛课奖、教学名师奖等。

获得专利。包括个人获得专利的数量、专利认可度、专利利用率等。

晋升职称。主要指在专业技术职称评定上的进步，如副教授晋升为教授。

入选院士、长江学者、国家杰青及优青等。这一系列称号是国家对个人产出的重要表彰形式。

合同成交额。主要指针对技术开发、转让等各类技术服务类合同的成交额。

成立的企业。包括企业数量、企业市值、企业是否上市等。

(3) "单位产出"的二级评价指标

学科建设。包括学科体系建设、学科科研水平建设、学科综合排名提升等。

人才培养。主要指对硕士、博士的培养以及博士后人员的出站情况。

平台搭建。包括各类科研基地、研究中心、协同创新平台等的建设。

科研影响力。包括科研成果的转化实力、国内外传播力、被政府采纳情况等。

人才积累。主要指用人单位引进高层次人才后吸引更多人才入职工作，从而推动人才集聚和人才队伍建设。

(4) "社会效益"的二级评价指标

产学研结合。这是指企业、科研单位和高等院校之间的协同合作，需要考虑高层次人才在结合内容、组织模式、结合层次等方面发挥的作用。

科研成果转化情况。高层次人才将科研成果转化为新产品、新工艺、新材料，发展新产业等，是其提升服务社会能力、创造社会价值的重要途径。

高新技术产业发展。高层次人才能够为高新技术产业的发展提供必要的专业知识和技术支撑，推动产业创新发展和附加值增加。

创新项目产值占 GDP 比重。高层次人才技术攻关的成果往往带动一批新兴产业发展，这一部分产值占地方生产总值的比重也是衡量人才对社会贡献的重要指标。

对地方社会经济发展的贡献。在知识经济时代，高层次人才凭借自身知识、经验或技能等在引领地方社会经济发展中发挥重要作用，其贡献体现在产业转型、经济增长、区域规划、地方公共服务建设等方面。

4. 指标体系初步设计

综上，本专题建构起关于高层次人才战略实施效果初步评价指标体系（见表 2-2），共分为政策执行力、受众满意度、投入产出效益三个维度。其中，政策执行力维度分为人才引进、人才激励、服务保障、人才使用 4 个一级指标以及相应的 37 个二级指标；受众满意度维度分为工作条件、职业发展、家庭保障、服务质量 4 个一级指标以及相应的 26 个二级指标；投入产出效益维度分为人才投入、个人产出、单位产出、社会效益 4 个一级指标以及相应的 25 个二级指标。

表 2-2 高层次人才战略实施效果评价指标体系（一轮初选）

评价维度	一级指标	二级指标
政策执行力	人才引进	引进人才规模与专业结构
		人才引进政策宣传力度
		政策在各省市落实情况
		选才方法合理化程度
		人才区域均衡发展状况
		对本土人才的影响
		引进人才流失率
		引才聚才合作平台搭建
		人才引进公正公开公平程度
		人才甄别、筛选和认定机制
		高层次人才政策目标达成率
		人才引进的部门间协同性

续表

评价维度	一级指标	二级指标
政策执行力	人才激励	荣誉表彰等精神激励
		绩效奖金等物质激励
		岗位晋升等发展激励
		课题项目等科研激励
		成果转化与股权激励
	服务保障	人才服务机构设置
		人才信息库建设
		平台与团队建设
		配套设施保障
		家庭生活保障
		个人所得税优惠
		综合配套服务体系健全程度
		人才公共服务水平
		市场化专业服务体系
		定期跟踪服务
	人才使用	在用人单位工作服务时长
		人才承担教学工作量
		人才引领学科建设发展
		引进人才与岗位匹配程度
		人才使用管理制度与机制建设
		以能力为重点的评价体系
		财政资金扶持机制构建
		人才评估周期合理性
		科学合理的人才评估制度
		职称评审制度健全程度
受众满意度	工作条件	平台建设
		实验仪器
		团队建设
		科研经费使用

续表

评价维度	一级指标	二级指标
受众满意度	工作条件	工作环境
		人际关系
		学术环境
	职业发展	职称评定
		职务晋升
		薪酬待遇
		人才政策吸引力
		社会兼职任职
		职业预期实现程度
	家庭保障	社会保障
		子女入学
		配偶工作
		住房
		落户
		签证
		安家费
		家属融入度
	服务质量	政策落实度
		所遇问题解决
		服务态度与效率
		城市归属感
		生活环境满意度
投入产出效益	人才投入	科研经费支出占财政支出比例
		人才专项资金投入经费占财政支出比例
		专业技术人才数量占人才总数比例
		R&D经费内部支出
		实验与开发经费
		安家费支出

续表

评价维度	一级指标	二级指标
投入产出效益	个人产出	承接项目
		出版著作
		发表论文
		教学成果奖励
		获得专利
		晋升职称
		入选院士、长江学者、国家杰青及优青等
		合同成交额
		成立的企业
	单位产出	学科建设
		人才培养
		平台搭建
		科研影响力
		人才积累
	社会效益	产学研结合
		科研成果转化情况
		高新技术产业发展
		创新项目产值占 GDP 比重
		对地方社会经济发展的贡献

（四）指标实证筛选

根据所建构的理论框架和评价模型，结合相应的评价原则，本专题获得了高层次人才战略实施效果评价的初步指标体系。但这些指标过于冗余和松散，有必要对这一套指标体系进行包括隶属度分析、信度和效度检验在内的实证筛选，从而增强科学性，保证指标体系能够合理、全面地反映评价主题。

1. 隶属度分析

一般而言，对指标进行实证筛选需要经过隶属度分析、相关性分析、鉴别力分析等步骤，但由于指标体系中既包含定量指标也包含定性指标，它们的量纲和单位存在差异，对这一系列指标进行无量纲化的操作受难度和工作量的限制，因此本专题主要通过隶属度分析，将指标制成专家咨询表，通过问卷调查的形式，由该领域内的专家对指标的重要程度作出评判，删除部分不能反映人才战略实施效果的指标。对此，本专题的专家咨询问卷通过李克特量表的形式，采用五级打分体系，1～5 分分别代表很不重要、不太重要、一般、比较重要、非常重要。同时邀请国内高校和科研机构的 12 位学者、教授对指标的重要程度作出评判，这些学者的主要研究领域为人才政策评价及相关主题，因此所作出的判断具有一定的科学性和合理性。专家评议由专家根据自身经验对指标重要性进行打分，最后通过统计得到这 12 位专家的评价意见，并且计算出各项指标得分的平均值和变异系数。其中，平均值直接反映指标的重要程度，平均值越高则说明指标对于评价内容越重要，越应该保留下来；而变异系数代表专家对指标重要性评判的波动程度，变异系数越小说明专家们对指标重要性的看法越一致，则该指标越值得保留下来。具体见表 2-3。

表 2-3 高层次人才战略实施效果评价指标体系（二轮筛选）

评价维度	一级指标	二级指标	平均值	变异系数
政策执行力	人才引进	引进人才规模与专业结构	4.17	0.19
		人才引进政策宣传力度	4.08	0.07
		政策在各省市落实情况	2.25	0.45
		选才方法合理化程度	2.42	0.20
		人才区域均衡发展状况	4.08	0.16
		对本土人才的影响	4.08	0.16
		引进人才流失率	4.17	0.16
		引才聚才合作平台搭建	4.00	0.18
		人才引进公正公开公平程度	3.08	0.25
		人才甄别、筛选和认定机制	4.08	0.12
		高层次人才政策目标达成率	2.83	0.28
		人才引进的部门间协同性	3.00	0.24
	人才激励	荣誉表彰等精神激励	4.17	0.16
		绩效奖金等物质激励	4.58	0.11

续表

评价维度	一级指标	二级指标	平均值	变异系数
政策执行力	人才激励	岗位晋升等发展激励	4.25	0.17
		课题项目等科研激励	4.33	0.14
		成果转化与股权激励	2.75	0.22
	服务保障	人才服务机构设置	4.08	0.12
		人才信息库建设	3.00	0.24
		平台与团队建设	4.42	0.14
		配套设施保障	4.25	0.20
		家庭生活保障	4.33	0.14
		个人所得税优惠	2.67	0.28
		综合配套服务体系健全程度	3.00	0.43
		人才公共服务水平	3.00	0.41
		市场化专业服务体系	3.08	0.39
		定期跟踪服务	3.00	0.27
	人才使用	在用人单位工作服务时长	4.17	0.09
		人才承担教学工作量	2.67	0.23
		人才引领学科建设发展	4.42	0.11
		引进人才与岗位匹配程度	4.50	0.11
		人才使用管理制度与机制建设	4.25	0.14
		以能力为重点的评价体系	2.50	0.42
		财政资金扶持机制构建	4.00	0.14
		人才评估周期合理性	2.33	0.40
		科学合理的人才评估制度	4.08	0.12
		职称评审制度健全程度	2.50	0.31
受众满意度	工作条件	平台建设	4.58	0.11
		实验仪器	4.25	0.14
		团队建设	4.25	0.10
		科研经费使用	4.67	0.10
		工作环境	3.00	0.24

续表

评价维度	一级指标	二级指标	平均值	变异系数
受众满意度	工作条件	人际关系	2.67	0.32
		学术环境	4.42	0.14
	职业发展	职称评定	4.00	0.10
		职务晋升	4.17	0.13
		薪酬待遇	4.50	0.14
		人才政策吸引力	4.42	0.14
		社会兼职任职	2.08	0.31
		职业预期实现程度	4.00	0.23
	家庭保障	社会保障	4.25	0.14
		子女入学	4.25	0.14
		配偶工作	4.25	0.14
		住房	4.75	0.18
		落户	4.08	0.09
		签证	4.08	0.16
		安家费	2.33	0.07
		家属融入度	2.33	0.27
	服务质量	政策落实度	4.42	0.27
		所遇问题解决	2.92	0.11
		服务态度与效率	4.25	0.26
		城市归属感	2.67	0.10
		生活环境满意度	3.58	0.32
投入产出效益	人才投入	科研经费支出占财政支出比例	4.33	0.11
		人才专项资金投入经费占财政支出比例	4.50	0.11
		专业技术人才数量占人才总数比例	2.67	0.28
		R&D经费内部支出	4.33	0.14
		实验与开发经费	3.33	0.25
		安家费支出	2.58	0.29

续表

评价维度	一级指标	二级指标	平均值	变异系数
投入产出效益	个人产出	承接项目	4.42	0.11
		出版著作	4.17	0.13
		发表论文	4.25	0.17
		教学成果奖励	4.00	0.14
		获得专利	4.50	0.11
		晋升职称	2.58	0.19
		入选院士、长江学者、国家杰青及优青等	4.00	0.10
		合同成交额	2.67	0.23
		成立的企业	2.33	0.32
	单位产出	学科建设	4.67	0.10
		人才培养	4.67	0.10
		平台搭建	4.33	0.11
		科研影响力	4.42	0.11
		人才积累	2.83	0.24
	社会效益	产学研结合	3.17	0.17
		科研成果转化情况	4.58	0.11
		高新技术产业发展	4.25	0.14
		创新项目产值占GDP比重	3.00	0.27
		对地方社会经济发展的贡献	4.33	0.11

由于3分代表该指标的重要程度一般，4分和5分代表专家认为该指标重要，若平均值高于4分，则说明专家们总体上认为该指标的重要性较高，因此本专题将平均值的临界值设为4，根据统计，如表2-3所示，平均值得分低于4分的指标共有33项。其中，政策执行力维度包括政策在各省市落实情况、选才方法合理化程度、人才引进公正公开公平程度、高层次人才政策目标达成率、人才引进的部门间协同性、成果转化与股权激励、人才信息库建设、个人所得税优惠、综合配套服务体系健全程度、人才公共服务水平、市场化专业服务体

系、定期跟踪服务、人才承担教学工作量、以能力为重点的评价体系、人才评估周期合理性、职称评审制度健全程度；受众满意度维度包括工作环境、人际关系、社会兼职任职、安家费、家属融入度、所遇问题解决、城市归属感、生活环境满意度；投入产出效益维度包括专业技术人才数量占人才总数比例、实验与开发经费、安家费支出、人才积累、晋升职称、合同成交额、成立的企业、产学研结合、创新项目产值占 GDP 比重。本专题将这些得分较低的指标予以删除。此外，本专题将变异系数的临界值设为 0.3，其中大于 0.3 的指标包括政策在各省市落实情况、综合配套服务体系健全程度、人才公共服务水平、市场化专业服务体系、以能力为重点的评价体系、人才评估周期合理性、职称评审制度健全程度、人际关系、社会兼职任职、生活环境满意度、成立的企业，也予以删除。

通过指标实证筛选，本专题得到最终的指标体系（见表 2-4），总共保留 55 个二级指标，其中政策执行力维度共有 21 项指标，受众满意度维度共有 18 项指标，投入产出效益维度共有 16 项指标。

表 2-4 高层次人才战略实施效果评价指标体系（最终版）

评价维度	一级指标	二级指标
政策执行力	人才引进	引进人才规模与专业结构
		人才引进政策宣传力度
		人才区域均衡发展状况
		对本土人才的影响
		引进人才流失率
		引才聚才合作平台搭建
		人才甄别、筛选和认定机制
	人才激励	荣誉表彰等精神激励
		绩效奖金等物质激励
		岗位晋升等发展激励
		课题项目等科研激励
	服务保障	人才服务机构设置
		平台与团队建设
		配套设施保障
		家庭生活保障

续表

评价维度	一级指标	二级指标
政策执行力	人才使用	在用人单位工作服务时长
		人才引领学科建设发展
		引进人才与岗位匹配程度
		人才使用管理制度与机制建设
		财政资金扶持机制构建
		科学合理的人才评估制度
受众满意度	工作条件	平台建设
		实验仪器
		团队建设
		科研经费使用
		学术环境
	职业发展	职称评定
		职务晋升
		薪酬待遇
		人才政策吸引力
		职业预期实现程度
	家庭保障	社会保障
		子女入学
		配偶工作
		住房
		落户
		签证
	服务质量	政策落实度
		服务态度与效率
投入产出效益	人才投入	科研经费支出占财政支出比例
		人才专项资金投入经费占财政支出比例
		R&D经费内部支出
	个人产出	承接项目
		出版著作

续表

评价维度	一级指标	二级指标
投入产出效益	个人产出	发表论文
		教学成果奖励
		获得专利
		入选院士、长江学者、国家杰青及优青等
	单位产出	学科建设
		人才培养
		平台搭建
		科研影响力
	社会效益	科研成果转化情况
		高新技术产业发展
		对地方社会经济发展的贡献

2. 指标体系的信度检验

指标体系的信度是指指标数值在观测中测量结果的可靠程度。由于评价体系一般由多个指标构成，高信度的指标体系是指指标间互相独立、内部结构良好且相关关系一致。高层次人才战略实施效果评价体系的指标作为一种测量工具，需要确保其可靠性和稳定性，才能保证定量统计分析结果的科学性。根据本专题指标体系的特点，主要针对受众满意度维度进行一致性程度评价，因此选择 Cronbach's α 系数进行信度分析。本专题针对根据指标体系设计的李克特量表，运用 SPSS 17.0 软件对问卷调查中收集的相关数据进行信度分析。Cronbach's α 系数的计算公式为 $\alpha = \frac{K}{K-1}\left(1 - \frac{\sum S_i^2}{S^2}\right)$。其中，$K$ 为指标的数量；S_i^2 为第 i 个指标得分的方差；S^2 为总体得分方差。最终结果显示 Cronbach's α 系数为 0.941，在可接受的范围内，说明该指标体系具备良好的信度。

3. 指标体系的效度检验

评价指标的效度是指评价指标在多大程度上描述了评价对象特征并反映了评价目的，以及评价指标反映评价对象客观要素的准确程度。在高层次人才战略实施效果评价体系中，需要对指标体系的信度进行测量，确定该指标体系中的指标能够较好地反映高层次人才战略实施效果。

效度分析通常通过经验判断进行，由该领域的专家对指标体系是否合理、全面地反映评价内容进行评判。在具体操作中，一般使用内容效度比（content validity rate，CVR）表示，CVR=$\frac{n-N/2}{N/2}$。其中，n表示认为某一指标体系能够较好反映评价内容的人数，N为作出评价的总人数。CVR的值越大，则说明该指标体系的效度越高，反之则说明效度越低。本专题针对得到的指标体系进行了内容效度比的问卷调查，向30位专家学者发放问卷，其中有25位认为该指标体系较好地反映了高层次人才战略实施效果评价的内容，因此内容效度比为0.67，说明该指标体系的各项指标可以用来衡量高层次人才战略实施效果。

（五）赋予指标权重

本专题选取层次分析法（analytic hierarchy process，AHP）对指标体系进行赋权。层次分析法是一种将定性分析与定量分析相结合的系统分析方法，由美国运筹学家托马斯·萨蒂（Thomas Satty）教授于20世纪70年代提出。层次分析法常用于多目标、多属性决策、评选和预测等活动。在评价过程中，常常使用层次分析法确定评价指标之间的相对权重。层次分析法的思路是通过建立分层递阶的结构模型条理化决策问题，根据不同层次之间的隶属关系及隶属程度来比较同一层次中相邻指标的重要程度并给予定量表示，利用数学方法计算出各指标之间的相对重要性（即权重），最后依据权重计算出评价对象的综合得分。[①]

1. 建立分层递阶的结构模型

运用层次分析法进行指标的权重确定，首先需要建立分层递阶的结构模型。其步骤是将有关的评价因素按不同的属性自上而下地分解成若干层次，其中每层之间的因素相互影响，因此用框架的形式说明不同层次之间的关系，由此构成的层次结构中第一层是目标层，第二层是准则层，第三层为指标层。本专题根据前文的评价指标体系建立层次结构模型，总共将评价指标分为四个层次，最终建构关于高层次人才战略实施效果评价体系的层次结构模型（见图2-2）。

---

① 虞晓芬，傅玳. 多指标综合评价方法综述. 统计与决策，2004（11）：119-121.

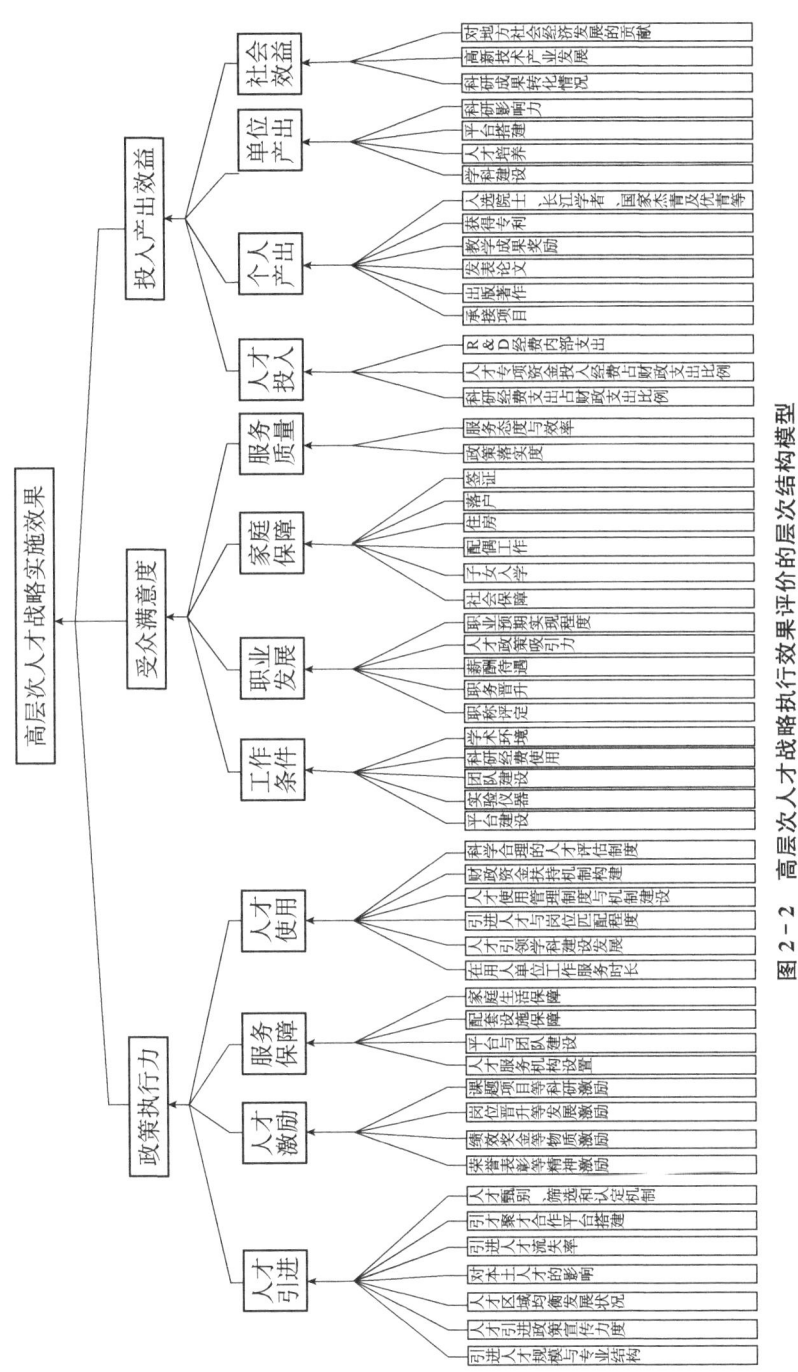

专题二 高层次人才战略实施效果评价体系建构 | 59

图 2-2 高层次人才战略执行效果评价的层次结构模型

2. 构造成对比较的判断矩阵

在建立起高层次人才战略实施效果评价体系的层次结构模型之后，需要进一步构建判断矩阵，得出高层次人才战略实施效果评价指标体系各个因素之间（如一级指标与一级指标、二级指标与二级指标）的相对重要性。本专题按照上下层之间的支配和隶属关系，通过专家打分的方式，以上层中的某因素为准则进行下一层次各因素之间的两两比较，并按照九个等级的评分体系进行评分（见表2-5），形成成对比较判断矩阵，矩阵中涵盖每一层的因素之间的相互比较数值。本专题运用德尔菲法，邀请五位专家对指标间的相对重要性作出判断，在经过多轮专家咨询后最终确定高层次人才战略实施效果评价指标体系的专家判断矩阵。

表2-5 层次分析法判断矩阵的评分办法

标度	含义
1	两因素相比，重要程度相同
3	两因素相比，一个因素比另一个因素稍微重要
5	两因素相比，一个因素比另一个因素明显重要
7	两因素相比，一个因素比另一个因素非常重要
9	两因素相比，一个因素比另一个因素极端重要
2，4，6，8	重要程度取上述两相邻判断的中值
倒数	假设 i 相对于 j 的重要程度取 a_{ij}，则 j 相对 i 取 $1/a_{ij}$

3. 权重计算及一致性检验

权重计算运用层次单排序的方法，首先需要对矩阵中每一行元素进行相乘，得到乘积 W_i；其次求 W_i 的 n 次方根（n 是指每一行元素的个数），从而得到初步的权重系数 $\overline{W_i}$，公式为 $\overline{W_i} = \sqrt[n]{W_i}$；最后进一步对向量 $\overline{W_i} = [\overline{W_1}, \overline{W_2}, \cdots \overline{W_n}]^T$ 进行归一化处理得到最终的权重系数，公式为 $W_i = \dfrac{\overline{W_i}}{\sum\limits_{i=1}^{n} \overline{W_i}}$，这就构成各评价指标的权重。

计算权重的前提条件是获得判断矩阵的满意一致性，因此在进行计算时需要进行一致性检验，此时需要计算一致性指标（consistency ratio，CI），当 CI＝0 时，判断矩阵才具有完全一致性。公式为 CI＝（λmax－n）/(n－1)，其中 λmax 是矩阵的最大特征根，$\lambda \max = \sum_{i=1}^{n} \frac{(Aw)_i}{nw_i}$。同时 CI 还要与平均随机一致性指标（random index，RI）的值进行比较，RI 的取值如表 2-6 所示。CI 与 RI 的比值称为判断矩阵的随机一致性比率（consistency ratio，CR），当 CR＜0.10 时，认为判断矩阵的一致性是较为满意的，当 CR≥0.10 时，表示需要对判断矩阵进行适当调整和修正，直到结果通过一致性检验。[①]

表 2-6 平均随机一致性指标

n	1	2	3	4	5	6	7	8	9
RI	0	0	0.58	0.90	1.12	1.24	1.32	1.41	1.45

由于运用层次分析法进行权重确定的过程较为复杂，出错率可能较高，同时只通过一次计算往往难以满足一致性检验，因此需要多次进行矩阵值调整并反复计算，而采用人工计算或运用 Excel 计算，过程复杂、耗时且容易出错。为保证计算快捷、准确，本专题的整个计算过程通过 yaahp 软件完成。本专题选取 5 位专家填答判断矩阵问卷，根据统计结果，专家们的判断矩阵和集结后的判断矩阵均通过一致性检验，通过计算得到各个层次的判断矩阵及每一层次内的指标权重：

（1）高层次人才战略实施效果

一致性比例：0.000 0；对"高层次人才战略实施效果"的权重：1.000 0；λmax：3.000 0。

高层次人才战略 实施效果	政策执行力	受众满意度	投入产出效益	W_i
政策执行力	1	1/2	1	0.25
受众满意度	2	1	2	0.5
投入产出效益	1	1/2	1	0.25

[①] 彭国甫，李树丞，盛明科. 应用层次分析法确定政府绩效评估指标权重研究. 中国软科学，2004（6）：136－139.

(2) 政策执行力

一致性比例：0.022 7；对"高层次人才战略实施效果"的权重：0.250 0；λmax：4.060 6。

政策执行力	人才引进	人才激励	服务保障	人才使用	Wi
人才引进	1	2	1	2	0.33
人才激励	1/2	1	1/2	2	0.199 6
服务保障	1	2	1	2	0.33
人才使用	1/2	1/2	1/2	1	0.140 4

(3) 受众满意度

一致性比例：0.022 7；对"高层次人才战略实施效果"的权重：0.500 0；λmax：4.060 6。

受众满意度	工作条件	职业发展	家庭保障	服务质量	Wi
工作条件	1	1	1/2	2	0.226 7
职业发展	1	1	1	2	0.274 2
家庭保障	2	1	1	4	0.385 8
服务质量	1/2	1/2	1/4	1	0.113 3

(4) 投入产出效益

一致性比例：0.069 5；对"高层次人才战略实施效果"的权重：0.250 0；λmax：4.185 5。

投入产出效益	人才投入	个人产出	单位产出	社会效益	Wi
人才投入	1	2	2	1	0.330 1
个人产出	1/2	1	1/2	1	0.174 8
单位产出	1/2	2	1	1/2	0.206 8
社会效益	1	1	2	1	0.288 3

(5) 人才引进

一致性比例：0.058 6；对"高层次人才战略实施效果"的权重：0.082 5；λmax：7.478 4。

人才引进	引进人才规模与专业结构	人才引进政策宣传力度	人才区域均衡发展状况	对本土人才的影响	引进人才流失率	引才聚才合作平台搭建	人才甄别、筛选和认定机制	Wi
引进人才规模与专业结构	1	3	3	2	1	2	2	0.236 6
人才引进政策宣传力度	1/3	1	3	2	1/2	1	1	0.136
人才区域均衡发展状况	1/3	1/3	1	2	1/2	1	1/2	0.091 3
对本土人才的影响	1/2	1/2	1/2	1	1	1	1	0.102 7
引进人才流失率	1	2	2	1	1	3	3	0.220 9
引才聚才合作平台搭建	1/2	1	1	1	1/3	1	1/2	0.09
人才甄别、筛选和认定机制	1/2	1	2	1	1/3	2	1	0.122 4

（6）人才激励

一致性比例：0.022 7；对"高层次人才战略实施效果"的权重：0.049 9；$\lambda\max$：4.060 6。

人才激励	荣誉表彰等精神激励	绩效奖金等物质激励	岗位晋升等发展激励	课题项目等科研激励	Wi
荣誉表彰等精神激励	1	1	1	1	0.246 3
绩效奖金等物质激励	1	1	1	2	0.289 4
岗位晋升等发展激励	1	1	1	2	0.289 4
课题项目等科研激励	1	1/2	1/2	1	0.175

(7) 服务保障

一致性比例：0.063 9；对"高层次人才战略实施效果"的权重：0.082 5；λmax：4.170 7。

服务保障	人才服务机构设置	平台与团队建设	配套设施保障	家庭生活保障	W_i
人才服务机构设置	1	1	1/4	1/4	0.109 5
平台与团队建设	1	1	1	1/3	0.166
配套设施保障	4	1	1	1/2	0.263 2
家庭生活保障	4	3	2	1	0.461 3

(8) 人才使用

一致性比例：0.045 9；对"高层次人才战略实施效果"的权重：0.035 1；λmax：6.288 9。

人才使用	在用人单位工作服务时长	人才引领学科建设发展	引进人才与岗位匹配程度	人才使用管理制度与机制建设	财政资金扶持机制构建	科学合理的人才评估制度	W_i
在用人单位工作服务时长	1	1/4	1/4	1/4	1/4	1/5	0.043 6
人才引领学科建设发展	4	1	1	2	1/2	1	0.185 8
引进人才与岗位匹配程度	4	1	1	2	2	1	0.237 6
人才使用管理制度与机制建设	4	1/2	1/2	1	1	1	0.146 1
财政资金扶持机制构建	4	2	1/2	1	1	2	0.217 4
科学合理的人才评估制度	5	1	1	1	1/2	1	0.169 5

专题二 高层次人才战略实施效果评价体系建构 | 65

(9) 工作条件

一致性比例：0.005 9；对"高层次人才战略实施效果"的权重：0.113 3；λmax：5.026 4。

工作条件	平台建设	实验仪器	团队建设	科研经费使用	学术环境	Wi
平台建设	1	2	1	1/2	1	0.178 6
实验仪器	1/2	1	1/3	1/4	1/3	0.076 5
团队建设	1	3	1	1/2	1	0.193 8
科研经费使用	2	4	2	1	2	0.357 2
学术环境	1	3	1	1/2	1	0.193 8

(10) 职业发展

一致性比例：0.053 2；对"高层次人才战略实施效果"的权重：0.137 1；λmax：5.238 4。

职业发展	职称评定	职务晋升	薪酬待遇	人才政策吸引力	职业预期实现程度	Wi
职称评定	1	2	1/2	1	1	0.200 7
职务晋升	1/2	1	1	1	2	0.195 9
薪酬待遇	2	1	1	2	2	0.289 2
人才政策吸引力	1	1	1/2	1	2	0.187 5
职业预期实现程度	1	1/2	1/2	1/2	1	0.126 7

(11) 家庭保障

一致性比例：0.011 6；对"高层次人才战略实施效果"的权重：0.192 9；λmax：6.072 9。

家庭保障	社会保障	子女入学	配偶工作	住房	落户	签证	Wi
社会保障	1	1/2	1/2	1	2	2	0.147 9
子女入学	2	1	1	1	3	3	0.234 6
配偶工作	2	1	1	1	4	3	0.245 8
住房	1	1	1	1	4	4	0.233 1

续表

家庭保障	社会保障	子女入学	配偶工作	住房	落户	签证	W_i
落户	1/2	1/3	1/4	1/4	1	1	0.067 6
签证	1/2	1/3	1/3	1/4	1	1	0.071

(12) 服务质量

一致性比例：0.000 0；对"高层次人才战略实施效果"的权重：0.056 7；λmax：2.000 0。

服务质量	政策落实度	服务态度与效率	W_i
政策落实度	1	2	0.666 7
服务态度与效率	1/2	1	0.333 3

(13) 人才投入

一致性比例：0.000 0；对"高层次人才战略实施效果"的权重：0.082 5；λmax：3.000 0。

人才投入	科研经费支出占财政支出比例	人才专项资金投入经费占财政支出比例	R&D经费内部支出	W_i
科研经费支出占财政支出比例	1	1	2	0.4
人才专项资金投入经费占财政支出比例	1	1	2	0.4
R&D经费内部支出	1/2	1/2	1	0.2

(14) 个人产出

一致性比例：0.050 2；对"高层次人才战略实施效果"的权重：0.043 7；λmax：6.316 4。

个人产出	承接项目	出版著作	发表论文	教学成果奖励	获得专利	入选院士、长江学者、国家杰青及优青等	W_i
承接项目	1	1	1/3	1	1/2	1	0.117

续表

个人产出	承接项目	出版著作	发表论文	教学成果奖励	获得专利	入选院士、长江学者、国家杰青及优青等	W_i
出版著作	1	1	1	2	1	2	0.197 7
发表论文	3	1	1	3	2	1	0.256 7
教学成果奖励	1	1/2	1/3	1	1	1/2	0.104 1
获得专利	2	1	1/2	1	1	2	0.179 5
入选院士、长江学者、国家杰青及优青等	1	1/2	1	2	1/2	1	0.144 9

（15）单位产出

一致性比例：0.003 9；对"高层次人才战略实施效果"的权重：0.051 7；$\lambda\max$：4.010 4。

单位产出	学科建设	人才培养	平台搭建	科研影响力	W_i
学科建设	1	1	3	2	0.350 9
人才培养	1	1	3	2	0.350 9
平台搭建	1/3	1/3	1	1/2	0.109 1
科研影响力	1/2	1/2	2	1	0.189 1

（16）社会效益

一致性比例：0.000 0；对"高层次人才战略实施效果"的权重：0.072 1；$\lambda\max$：3.000 0。

社会效益	科研成果转化情况	高新技术产业发展	对地方社会经济发展的贡献	W_i
科研成果转化情况	1	2	1	0.4
高新技术产业发展	1/2	1	1/2	0.2
对地方社会经济发展的贡献	1	2	1	0.4

由上可见，专家综合判断矩阵具有较满意的一致性，所以得出的特征向量是被认可的，由此得出各级指标权重值。最终，形成了高层次人才战略实施效果评价体系各个指标的权重，如表2-7所示。

表2-7 高层次人才战略实施效果评价体系（赋指标权重）

评价维度	一级指标	指标权重	二级指标	指标权重
政策执行力	人才引进	0.33	引进人才规模与专业结构	0.236 6
			人才引进政策宣传力度	0.136
			人才区域均衡发展状况	0.091 3
			对本土人才的影响	0.102 7
			引进人才流失率	0.220 9
			引才聚才合作平台搭建	0.09
			人才甄别、筛选和认定机制	0.122 4
	人才激励	0.199 6	荣誉表彰等精神激励	0.246 3
			绩效奖金等物质激励	0.289 4
			岗位晋升等发展激励	0.289 4
			课题项目等科研激励	0.175
	服务保障	0.33	人才服务机构设置	0.109 5
			平台与团队建设	0.166
			配套设施保障	0.263 2
			家庭生活保障	0.461 3
	人才使用	0.140 4	在用人单位工作服务时长	0.043 6
			人才引领学科建设发展	0.185 8
			引进人才与岗位匹配程度	0.237 6
			人才使用管理制度与机制建设	0.146 1
			财政资金扶持机制构建	0.217 4
			科学合理的人才评估制度	0.169 5
受众满意度	工作条件	0.226 7	平台建设	0.178 6
			实验仪器	0.076 5
			团队建设	0.193 8

续表

评价维度	一级指标	指标权重	二级指标	指标权重
受众满意度	工作条件	0.226 7	科研经费使用	0.357 2
			学术环境	0.193 8
	职业发展	0.274 2	职称评定	0.200 7
			职务晋升	0.195 9
			薪酬待遇	0.289 2
			人才政策吸引力	0.187 5
			职业预期实现程度	0.126 7
	家庭保障	0.385 8	社会保障	0.147 9
			子女入学	0.234 6
			配偶工作	0.245 8
			住房	0.233 1
			落户	0.067 6
			签证	0.071
	服务质量	0.113 3	政策落实度	0.666 7
			服务态度与效率	0.333 3
投入产出效益	人才投入	0.330 1	科研经费支出占财政支出比例	0.4
			人才专项资金投入经费占财政支出的比例	0.4
			R&D经费内部支出	0.2
	个人产出	0.174 8	承接项目	0.117
			出版著作	0.197 7
			发表论文	0.256 7
			教学成果奖励	0.104 1
			获得专利	0.179 5
			入选院士、长江学者、国家杰青及优青等	0.144 9
	单位产出	0.206 8	学科建设	0.350 9
			人才培养	0.350 9

续表

评价维度	一级指标	指标权重	二级指标	指标权重
投入产出效益	单位产出	0.206 8	平台搭建	0.109 1
			科研影响力	0.189 1
	社会效益	0.288 3	科研成果转化情况	0.4
			高新技术产业发展	0.2
			对地方社会经济发展的贡献	0.4

注：数据有四舍五入，故存在一定误差。

五、结语

本专题基于科学的建构原则和研究思路进行高层次人才战略实施效果评价体系建构。具体而言，以政策评估理论、利益相关者理论、组织承诺与激励理论为基础，结合高层次人才战略及政策的特征，建构完整的高层次人才战略实施效果评价模型。在此基础上从不同维度出发设计高层次人才战略实施效果评价指标，并通过实证方法对评价指标进行筛选及赋权，最终形成具有反映功能、评估功能、监控功能、引导功能的高层次人才战略实施效果评价体系。这对于测度我国高层次人才战略实施效果具有较高的适用性。运用本专题所提供的评价模型和指标体系对高层次人才战略实施效果进行评价，有助于发现政策短板，推动政策优化，促进高层次人才战略实施效果持续改进。

需要指出的是，尽管本专题从不同角度出发，力图建构相对全面的高层次人才战略实施效果评价体系，以期提升高层次人才实施效果评价的科学性、准确性和系统性，但由于高层次人才战略本身及实施过程的复杂性等原因，本专题提出的理论模型不可避免存在局限性，还有待根据我国人才战略的实践不断进行完善。同时本专题所提出的指标体系也有待进一步检验，需要更多的实证分析证明其适用性。对此，未来一方面仍需要基于中国高层次人才战略的实践，将我国人才政策的制定和执行经验进一步理论化，从我国人才战略的实践中提炼出相关的人才理论。尤其是针对高层次人才战略的实施效果评价议题建立相应的理论基础和研究框架，实现基于数据和框架支持的理论创新。另一方面，要坚持理论指导实践，运用本专题所提出的评价模型和指标体系对国家和地方各类高层次人才战略实施效果进行实证评价，从中发现高层次人才战略实施中的问题，提出改进高层次人才战略实施效果的对策，并且在实务评价中不断补充完善评价指标体系。

专题三
高层次人才战略实施的影响因素与优化策略[*]

一、引言

二、高层次人才战略实施效果的关键影响因素

三、我国高层次人才战略实施存在的问题与成因分析

四、推动我国高层次人才战略优化实施的政策建议

---

[*] 本专题为中央宣传部文化名家暨"四个一批"人才自主选题资助项目"我国高层次人才战略实施的效果评价"(项目编号:中宣干字〔2014〕55号)阶段性成果。项目负责人为陈振明,主要成员为刘祺、苏寻、慈玉鹏、曹瑞阳、钟小霞参与了项目调研。

一、引言

习近平总书记指出，创新能力不强是我国发展的"阿喀琉斯之踵"。创新是第一动力、人才是第一资源，人才的创新能力和创新动力，来自人才发展体制机制，这也是"机制活、人才兴"的道理所在。改革开放以来，正是在国家对于人才培养的大力重视与一代代人才的努力下，我国的社会主义建设事业蓬勃发展。党的十八大以来，我国各级政府相继出台了一揽子高层次人才政策，构成贯彻落实人才强国战略的重要支撑体系，为我国经济社会高质量发展注入源源不竭的高端人力资源。取得瞩目成绩的同时，必须清醒地认识到，人才战略尤其是各项政策的制定与执行过程亦存在着不少问题，有的是政策本身的文本内容问题，有的是政策执行主体的问题，有的是政策执行方式的问题，也有外部环境等问题，这些问题导致政策执行梗阻，使得政策资源被无谓浪费，实施效果低于预期，难以达成战略目标，削弱了高层次人才战略价值。习近平总书记批示：择天下英才而用之，关键是要坚持党管人才原则，遵循社会主义市场经济规律和人才成长规律。高层次人才战略实施过程中，应注重把握战略与政策运行的规律性，例如，强调遵循市场经济规律、人才成长规律、政策执行规律，发挥高层次人才战略相关主体的行动力、执行力，以期提升我国高层次人才战略的实施效果。

二、高层次人才战略实施效果的关键影响因素

（一）战略实施效果的关键影响因素与分析框架

政策执行是政策过程的中间环节，它是将政策目标转化为政策现实的唯一途径，是检验政策正确与否的唯一标准。[1] 人才管理与服务部门在高层次人才政策执行实践中发现，高层次人才引进政策存在目标难以实现、人才激励或保障政策实施效果不够理想、目标群体获得感和满意度不足等问题。究其原因，包括人才引进政策内容缺乏科学性、合理性，激励或保障政策偏离目标群体实际需求，执

---

[1] 陈振明．政策科学教程．北京：科学出版社，2015．

行主体扭曲任务细节选择性执行,以及政策对象本身的因素。

影响政策执行效果的因素涉及方方面面,既有显性因素,又有隐性因素,既有主观因素,又有客观因素,且不同因素之间相互作用。根据利益相关者理论,利益相关者是指那些能够影响组织目标的实现或者受这种目标实现影响的个人或群体。[①] 不同利益相关者对管理决策和组织活动施加影响。政策执行取决于执行者与利益相关者之间的调适和互动,其中那些结成利益集团、联合起来采取行动的人,对政策执行过程及其效能的影响尤为明显。[②] 如果政策执行涉及多个组织间（利益相关者之间）的合作与协调,那么组织间关系的状况与特点必然影响政策执行的效果[③],这就是为何强调为保证政策有效执行,需要明确各部门的职责,完善工作机制。

高层次人才政策的执行程序非常复杂,涉及的群体范围广泛,如作为高层次人才政策的执行主体,各级组织部门及人事部门（或相关教育、科技等职能部门）深刻影响着执行过程。高层次人才所在单位为专家提供工作平台,给予相关服务和保障,同时这些高层次人才所在单位也成为"人才红利"的间接受益者。高层次人才既是政策的直接受益者,其对吸引和激励人才措施的态度也会直接影响高层次人才政策。

除利益相关者因素以外,政策本身也对执行有影响。梅（May）认为保障政策执行顺利有两大途径,传统途径强调执行人员或街头官僚如何将政策落实到实践中,而他所提出的第二个途径是从政策制度的角度研究对政策执行的影响,他提出了政策合法性、政策一致性和政策持久性三个影响因素。[④] 此外,政策目标需要清晰一致,毕竟政策执行通常建立在政策执行者自身对政策执行目标的理解和阐释的基础之上。[⑤]

以上几种对执行效果产生影响的因素是内部因素,宏观环境中的外部因素

---

① 爱德华·弗里曼. 战略管理:利益相关者方法. 上海:上海译文出版社,2006.
② 龚宏龄. 利益集团影响政策执行的行为研究:基于互动的视角. 思想战线,2016,42（1）:132-135.
③ O'Toole L J, Montjoy R S. Interorganizational policy implementation: a theoretical perspective. Public Administration Review, 1984, 44 (6): 491-503.
④ May P J. Implementation failures revisited: policy regime perspective. Public Policy & Administration, 2015, 30 (3): 277-299.
⑤ Yanow D. Toward a policy culture approach to implementation. Review of Policy Research, 1987, 7 (1): 103-115.

亦对政策执行效果施加影响。根据系统理论，政策执行过程处在一个包括政治、经济、社会、文化等因素的整体环境之中，这些因素或多或少能够对政策执行过程产生作用，构成一个相互作用、相互影响的系统循环。此外，政策执行离不开组织制度保障，良好的组织结构和制度安排有助于政策顺利执行。有时候外部环境的变化可能导致治理关系结构的改变，使得政策执行效果受到影响。

在高层次人才政策执行中，"良好的人才环境对内是凝聚力、向心力和驱动力，能极大地促进人才成长，充分释放人才潜力，极大程度发挥人才作用；对外是吸引力、竞争力和生产力，有利于提升国家、地区和单位的人才实力"[①]。习近平总书记号召各级领导要担负起营造良好的人才环境的责任，营造良好的制度环境和文化环境，指出"环境好，则人才聚、事业兴；环境不好，则人才散、事业衰。要健全工作机制，增强服务意识，加强教育引导，搭建创新平台，善于发现人才、团结人才、使用人才，为留学人员回国工作、为国服务创造良好环境，促使优秀人才脱颖而出"[②]。

总体来说，可将高层次人才战略实施的影响因素划分为外部因素和内部因素。其中影响高层次人才战略实施效果的内部因素如上文所述，主要存在于政策执行过程，包括政策执行内容、政策执行主体、政策执行方式、政策执行资源、政策目标群体。影响高层次人才战略实施效果的外部因素主要包括超越高层次人才战略与政策实施的外部的、宏观的环境因素，如经济发展水平、社会文化环境、科技创新氛围、受众群体关系、组织制度条件。内部因素和外部因素在相互作用、相互影响的过程中形成合力，推动高层次人才战略的实施。

（二）影响高层次人才战略实施效果的内部因素

1. 政策执行内容

高层次人才战略由人才引进政策、人才使用政策、人才评价政策、人才激励政策、人才流动政策、人才保障政策等一揽子政策组成，政策文本内容是高层次人才战略得以实施的基础，即需要执行什么，或对政策目标的分解。政策内容从以下几个方面影响高层次人才战略实施效果：第一，政策规划设计的科学性。例如，政策制定过程是否合乎逻辑，是否经由理性思考及充分调研和论

---

① 胡雪梅. 大国崛起制高点：科学人才观的理论与实践. 北京：人民出版社，2011.
② 习近平. 在欧美同学会成立100周年庆祝大会上的讲话. 人民日报，2013-10-22（2）.

证，是否通过科学规范的程序形成政策文本等。第二，政策目标的方向性、合理性与可行性。例如，引进人才的标准要求是否明确，拟定的引才规划目标设定的期望值是否合理，已有客观条件和主观努力能否满足执行要求，政策惠及对象的结构合理性程度，目标是否具备可行性。第三，政策内容（具体措施）的可操作性。例如，引才措施得当与否，政策内容的吸引程度，在高层次人才事业发展、家属待遇、社会保障、生活待遇方面的扶持力度等。第四，配套政策的完备度。即除了引进人才以外，为实现对高层次人才的承诺，相关配套政策的落实情况，如较为核心的人才激励与保障政策能否出台和落地。第五，政策的稳定性与连续性。稳定的政策对于后续引进高层次人才至关重要，能给"观望期"的一些海外人才以"定心丸"。人才战略实施是一项长久工程，连续性的政策执行有助于更好实现人才战略的落地。

2. 政策执行主体

人才政策执行的过程是通过特定机构（组织或者个人）把抽象的、书面的规范性制度文件落实为实际行动的过程。人才政策执行主体在政策执行过程中发挥核心作用，由于其他因素往往需要与执行主体相联系才能发挥作用，因此执行主体是影响政策有效执行的最直接因素之一。我国高层次人才战略实施主体包括：一是顶层规划者，如中央人才工作领导小组、各省市的人才工作领导小组，以及部委的人才工作领导小组（如教育部人才工作领导小组）。二是政策执行机构，从机构属性来划分，包括政府部门和非政府部门，前者如组织部门、人事部门、科技部门等，后者包括社会中介组织和市场主体。一些地方组织部门设有人才服务中心，国家高层次人才计划实施中有专家联谊会等组织。三是政策执行者，即直接与高层次人才联系和提供服务的人员，多为组织部门、人事部门公职人员或者人才服务机构工作人员，由于高层次人才政策对象多为科学家等专业技术人员、企业家等创新创业人员，因此政策执行者需要掌握一定专业知识，具备执行经验。在政策执行过程中，执行者的个人理解将会影响政策执行的效果。政策执行者所持有的价值观念和信仰、先前的经历、对政策内容的感知，都会对政策执行效果产生影响。[1] 政策执行过程中，政策执行主体若滥用自由裁量权，以不合法不合规的目的和动机作出不合理的执行决定，如

---

[1] Yanow D. The communication of policy meanings: implementation as interpretation and text. Policy Sciences, 1993, 26 (1): 41-61.

歪曲执行、敷衍执行、选择执行、附加执行、教条执行、变通执行、替代执行等行为，则会扭曲政策目标，违背政策实质，难以有效贯彻落实政策意图，影响政策执行效果。

3. 政策执行方式

政策执行方式是指高层次人才政策执行过程中需要借助的方法、手段或工具。莫尔顿（Moulton）和桑德福（Sandfort）指出，影响执行过程改变的因素有工作方式是否被常规化或者例行化、工作步骤的数量、目标群体的改变；影响协调方法的因素有对于技术专家的依赖、（处理）任务次序的改变、是否使用了多种工具如威胁，以及协调方法的直接性、灵活性和透明性；影响系统运作改变的因素有机构自身的改变（如效率）、干预日常化的程度；影响目标群体行为或状况改变的因素有目标群体自身的经历、政策要求目标群体调适的程度。[①]政策工具通常有行政工具、法律工具、经济工具三种类型。我国高层次人才战略实施主要借助行政工具，通过政府权威和政策文件，提供激励保障措施吸引人才。一些拥有立法权的特区政府（如深圳市）以法律工具为辅助，出台高层次人才政策的相关法律法规作为工作指导，为人才战略实施提供强力的保障。高层次人才政策执行中的经济工具运用体现在政府补贴、奖励、税收优惠等对高层次人才的激励，例如在国家高层次创新创业人才引进过程中，地方政府承诺给予人才开办企业各类补贴与税收减免。与行政工具和法律工具的权威性不同，经济工具呈现出诱导性、间接性等特点。

4. 政策执行资源

政策执行资源是确保政策能够有效实施所应当具备的各种资源条件，即为实现政策目标而投入的资源要素以及政策执行主体客观上拥有的资源禀赋，包括有形的资源及无形的资源，如组织人员、资金支持、信息资源、制度保障乃至行政权威等。从本质上来讲，政策有效执行是在理性基础之上的人、财、物、权威等各类资源的有机配合及相互作用，缺少任何一项资源都会影响所有政策执行资源的有效配置和政策执行的顺利进行。[②] 政策执行资源某种意义上能够

---

① Moulton S, Sandfort J R. The strategic action field framework for policy implementation research. Policy Studies Journal, 2016, 45 (1): 144-169.
② 吴礼明. 提升地方政府执行力的制约因素及对策. 人民论坛, 2014 (8): 51-53.

影响政策方案的制订，关乎政策目标的可行性、合理性，进而影响政策执行效果。高层次人才政策执行过程中，需要有负责具体政策措施落实的机构以及联系服务专家的部门及其工作人员。在人才引进方面，借助专家信息资源平台能够更为有效地甄选人才，市场化的中介机构亦能帮助精准选才；在人才激励方面，物质激励（奖金）是必不可少的，经费在一定程度上是高层次人才政策有效实施的动力，财力雄厚地区或单位进行必要的资金投入，能提高引才成效；在人才保障方面，完备的医疗服务体系、社会保障制度、签证等便利条件是提升高层次人才满意度的要件。此外，行政权威作为一种"软资源"，能够以意志强制力发挥协调作用，特别是有时候资源并非完全由公共部门掌握，为保障政策执行，还需要与更多外界资源联动，调动多元合作主体参与的积极性，尤其需要社会组织和市场机构的参与。高层次人才政策利益相关者之间共享权力、分配领导权、建立和维护关系、调配整合存量资源等，均离不开行政权威的协调作用。

5. 政策目标群体

政策目标群体（政策执行客体，亦称为政策对象）是指政策直接作用和影响的群体。公共政策执行的本质就是对特定利益群体的利益进行分配和调整的过程，政策目标能否实现、政策效果能否达成，除了受政策执行主体和政策执行资源影响，与政策目标群体亦息息相关。第一，高层次人才作为政策目标群体，其对待人才政策的态度与政策能否顺利执行密切相关，如果高层次人才对人才引进等政策内容缺乏认同感，那么引才行动就很难顺利开展。事实上，海外高层次人才选择回国发展很大程度上是出于对祖国的认同、对祖国发展前景的期待。第二，高层次人才对人才战略或人才政策的态度与政策执行也紧密相关，其对政策的理解和支持往往会表现为对政策执行的积极支持响应，反之，则会出现抵触情绪。第三，政策目标群体先前的政策经验（历史学关系或对政策的熟悉程度）也会影响政策执行，熟悉的政策经历会使得政策对象对政策的信任度和接受度更高。第四，高层次人才激励与保障政策和目标群体的利益关系契合程度亦非常重要。由于高层次人才引进对象基数大，事前的逆向选择和事后的道德风险问题较为突出，人才政策执行容易对部分群体利益产生冲击，因而在与人才政策执行对象目标不一致的情况下，政策执行难以达到预期效果。行为科学进入公共政策领域后，强调为保证政策有效实行，要加强沟通、宣传和说服，因为这会引导公众行为达到政策预期。①

（三）影响高层次人才战略执行效果的外部因素

1. 经济发展水平

影响人才引进政策实施的重要外部因素之一是经济发展水平。《人民日报》（海外版）的一项调查显示，影响海外留学人才回国发展的主要因素有：经济环境和经济发展趋势（占比 61%），科技水平、高层次人才容量（占比 20%），政策环境（占比 11%），自然地理环境（占比 6%），文化底蕴及人文环境（占比 2%）。可见，经济环境和经济发展趋势是促成大多数海外留学人才归国的最重要原因。美国经济学家蒂鲍特（Tiebout）在《地方支出的纯粹理论》中提出的"用脚投票"理论能够很好地解释高层次人才的选择，高层次人才大多倾向于选择较好的发展空间环境、经济实力较好的城市和地区，这能够给予高层次人才更好的公共服务及实现经济等方面的效用最大化。经济发达地区在吸引人才方面具有一定的优势，这是因为这些地区的地方政府往往具备实力给予引进人才各种补贴。近年来，各地的"抢人大战"颇为激烈，南京、成都、西安、杭州、天津、深圳、郑州等多个城市相继推出人才政策，旨在通过引进人才进一步推动当地产业结构升级和社会经济发展。而在人才流动方面，当前我国人才分布存在城乡间、区域间、东西部不均衡的结构性矛盾，即地方政府之间的竞争可能使人才与资源出现非均衡配置的局面，无论是本土培养的高层次人才还是海外引进的高层次人才，均趋向于经济发达地区，"孔雀东南飞"现象愈发明显。

2. 社会文化环境

社会文化环境指的是一个国家或地区的社会意识形态、社会价值观、社会心理和行为模式等，反映了不同社会阶层的集体意识。社会文化环境对于高层次人才政策执行的影响可以从两个方面来分析：其一，与代表人们交往准则和依据的社会制度安排相比，社会文化环境是影响政策执行的"软制度"，在客观上发挥激励与整合功能，影响高层次人才政策执行者的思想和行为，内化为贯彻执行的内在精神动力，体现在政策执行者的责任感和工作作风上，一定程度

---

① 朱德米，李兵华. 行为科学与公共政策：对政策有效性的追求. 中国行政管理，2018（8）：59-64.

上也对政策执行过程产生影响。其二,社会文化环境的核心表现是当地民众的政治态度、意识形态、价值取向、情感表达等。"良禽择木而栖",高层次人才的发展、成长、才华施展需要良好的环境[1],包括社会环境、工作环境、成长环境以及政策环境。正如习近平总书记所指出的,"要在全社会大兴识才、爱才、敬才、用才之风"。一个尊重人才、关心人才、爱护人才、帮助人才的社会文化环境,一个公开平等、竞争择优的制度环境,更能够吸引高层次人才并在一定程度上助力人才发展。多元化和包容性的组织文化正在成为竞争优势,这是因为它有助于消除身份多样性(性别、种族、年龄等)的障碍[2],推动不同类型人群之间的合作,有助于吸引人才,打造更具可持续性、创造性、高绩效和引人入胜的工作环境,从而创造更大的效益。

3. 科技创新氛围

当前,人才发展与城市发展逐渐形成了紧密联系。一方面,具有高素质高技能的人才日益成为社会发展急需的稀缺资源并引起各地争抢;另一方面,国家和地区的科技创新氛围成为吸引高层次人才落地的核心优势,一个地区所拥有的普通高校、科研机构或其他创新平台是创新氛围、科教环境的重要载体。例如,首都科技发展战略研究院建构的"中国城市科技创新发展指数"指标体系涵盖创新资源(创新人才、研发经费),创新环境(政策环境、人文环境、生活环境),创新服务(科技条件、金融服务),创新绩效(成果转化、经济产出、结构优化、绿色发展、辐射引领)四大维度 62 个小项指标,从指标体系可见,一个地区的活力和吸引力、科技创新环境、创新服务条件、得天独厚的科教资源等禀赋是吸引人才推动科技创新发展的基础。自"大众创业、万众创新"提出并写入 2015 年政府工作报告予以推动,创新创业氛围在各地形成,地方政府纷纷给予创新企业税收支持等优惠,并且大力推动融资方式创新,注重基础设施建设和产权保护制度完善。此外,有的地方还实行更具竞争力的人才吸引制度,如建立科研人员双向流动机制,建设海外人才离岸创业基地,促进了人才有序流动。国内的科技创新和创业氛围正吸引大批海外高层次人才回归。

---

[1] 任采文. 加快确立人才优先发展战略布局. 中国人才,2013 (1):4.
[2] 谭海洋. 2013 年全球制造业竞争力指数. 电子世界,2014 (6):171-173.

4. 受众群体关系

由美国心理学家赫茨伯格提出的"激励-保健理论"（双因素理论）可知，包括人际关系等内容的保健因素，是影响员工绩效的主要因素之一。在高层次人才战略实施过程中，受众群体之间的关系一定程度上能够影响政策执行绩效，这里包括政策执行主体与行动参与者之间的关系、政策执行主体与政策客体之间的关系、主客体与利益相关者间的关系等。政策执行主体的重要任务之一是为政策有效执行寻找合作伙伴，运用各方面的力量弥补政府资源能力的限制，在明晰愿景、策划行动进程的同时获得必要的硬性和软性资源。尤其是在高层次人才引进过程中，需要发挥市场作用，借助专业机构力量对引进人才进行识别认定，在此过程中，行动主体特质（协调、整合和资源互赖等）以及主体间关系会对执行效果产生影响。执行机构内部或执行机构之间的融合程度影响着执行效率，机构之间（如组织部门与人事部门、科技部门、教育部门等职能部门）充分沟通和合作有助于政策执行。政策执行者（如政府相关部门工作人员、用人单位的人事岗位工作人员）的服务态度和服务质量影响与受众群体之间的关系，也是衡量执行效果的标准之一，优质的服务质量在一定意义上能便利专家开展研究工作。在一项高层次人才引进政策执行过程中，受益的相关方会对执行起积极助推作用，而受损的相关方则会采取反对策略，阻碍执行的顺利开展。高层次人才政策执行过程中，激励政策对于受益群体（如引进人才）和参照群体（如本土人才）的关系亦会产生一定作用，"厚此薄彼"现象意味着对同等水平专家的政策支持力度不同，致使引进人才与本土人才之间关系紧张，可能制约海外人才引进。

5. 组织制度条件

组织制度条件/环境通常从微观层面影响高层次人才政策，其影响体现在组织结构和制度安排上。从组织结构来看，高层次人才政策执行过程受到运行通道和组织架构的约束。由于组织是高层次人才政策的直接执行者，其他方面的政策执行影响因素需要通过组织机构来发挥作用，因此组织因素具备调节功能，即结构安排合理的执行制度能够减少其他不良因素影响，但同时，组织失序会对政策执行造成负面影响。[1] 高层次人才政策执行机构的关键行动者、机构内

---

[1] 闫凌州. 科技政策执行力研究. 北京：经济管理出版社，2017.

或机构间的利益和权力关系，往往受政治、社会等各种背景交互影响，传统职责不清、推诿扯皮的现象以及管理权限交叉的组织模式，容易造成高层次人才政策执行不到位。在推动人才引进、科技创新过程中，跨部门协调机构必不可少，如上海市深化制度创新和体制机制创新，组建上海推进科创中心建设办公室，由市委常委、常务副市长挂帅，旨在协调各相关部门推进科创中心建设。从制度安排来看，人才政策转型是诱致性制度变迁和强制性制度变迁相结合的产物。制度自我强化机制产生的路径依赖现象使得旧有人才管理体制根深蒂固，若要实现高层次人才战略目标，更好服务引才用才实践，必须摆脱旧有管理体制下人才政策的封闭、僵化、无效率状态，重塑已形成的社会利益格局，如改革科研经费管理制度，改革职称制度，对高层次人才予以科学考核、激励保障等。

三、我国高层次人才战略实施存在的问题与成因分析

我国高层次人才战略实施效果显著，但也存在一系列亟待研究和解决的问题。本专题一方面立足政策相关者的调研资料，从高层次人才战略实施的政策分类讨论当前存在的问题，即分述高层次人才引进、人才激励、人才保障、人才培养、人才评价、人才流动方面的问题；另一方面基于前文构建的战略实施效果的关键影响因素与分析框架，从政策制定、政策资源、执行主体、执行方式、目标群体、外部环境等方面挖掘高层次人才战略实施过程中存在的问题并探寻其成因。

（一）高层次人才战略实施分类评价发现的问题

1. 人才引进方面

一是高层次人才引进机制不够完善。整体上看，各部门之间的高层次人才遴选和引进机制缺乏系统性，存在"政出多门、互不认可"的现象，缺乏一套科学合理的人才引进制度，人才引进过程不透明、不公开。目前人才引进很少以团队的形式进行，导致一些需要"团队作战"的学科面临"单兵作战"的窘境，难以形成合力。有些科研机构"另起炉灶"组建团队，该过程耗时耗力，直接影响了科研进程。单位缺乏团队引进模式主要是因为这种模式的前期投入

成本过高，而且在实际执行过程中存在较大风险。有专家反映，"对于人才配套措施也应有统一协调参照机制。当前人才引进存在'先来后到'问题，后来者即便明显比先来者层次高，也会因为来得晚而没有名额，但先来者可能因为走运而占据高位，导致后来者无法得到相应的职称待遇，从而未能引进或发挥作用"[①]。此外，各地方政府掀起"抢人潮"，把高层次人才引进作为重要政绩之一，盲目性、重复性引才，出现因适配性差而导致人才资源浪费的现象。调查结果显示，39.6%的受访专家认为"地方高层次人才引进出现无序竞争"。

二是高层次人才引进不够精准。调查结果显示，49.6%的受访专家认为"高层次人才引进资格评定体系不够完善"。当前，不同层次的高层次人才引进项目偏多，引进海外人才"大水漫灌"，致使部分引进人才的社会认可度不高，资金使用效率较低，高层次人才自身的荣誉感不强。部分地区将高层次人才项目看作"政绩工程"，出现引进人才重数量、轻质量，重学历和资历、轻能力的现象。不少用人单位缺乏明确目标和系统规划，盲目地重复性引进人才，使人才的专业匹配性和适用性不强。而一些单位管理者对当前高层次人才市场情况认知度较低，缺乏对引进对象的学术能力等各方面情况的充分了解，盲目采取"一人一议，一事一议"的引才方式，极易造成有限的资源浪费。在引才过程中缺乏关于引才模型的合理思考与科学规划，尚未以国家重大需求为导向，围绕关键领域关键项目重点引进国家急需类专业人才。较少关注综合能力强、能进行大型科研运作的科研管理人才。

三是引进人才结构不合理不科学。调查结果显示，32.7%的受访专家认为全职性创新人才较少，39%的受访专家认为学科专业分布失衡。引进高层次人才的专业结构不科学，理工科专家占据90%以上，人文社科领域引进专家极少；基础学科的人才引进相对薄弱，新兴学科和应用学科的人才引进相对较强，政策覆盖学科领域有待拓宽。引进对象有偏向，重视本国留学人才回流，忽视外籍专家引进。产业分布失衡，高层次人才多集中于第二产业，而第一产业的人才严重缺乏，第三产业内部也存在人才结构失衡的问题。人才分布不科学，引进人才多集中于高校及科研院所，而作为经济发展主体的企业（包括跨国公司）在高层次人才资源方面相对缺乏，不利于企业打造高水平创新团队。同时，存在引进人才年龄结构不合理的问题，引才政策大力支持的是处于科研成熟阶

---

① 资料来源：本专题的专家访谈记录。

段的中年学者,而那些年轻有为、成果突出的年轻学者难以获得政策扶持,造成年轻科研人才资源流失。此外,问卷调查结果显示,62%的受访专家认为引进人才地区分布失衡,这与各省的教育科研资源状况、经济发达程度密切相关。如表3-1所示,由于我国幅员辽阔,各省发展情况差异明显,因此我国高层次人才分布也极不均衡,引进人才集中在东部地区,中西部地区不仅人数少而且面临现有人才经常被东部单位"挖墙脚"的窘境,人才流失问题严重,进一步加剧人才地区分布不合理的问题。

表3-1 2013—2017年中国31省份六类高层次人才入选数量统计 单位:人

序号	省份	中国科学院院士	中国工程院院士	长江学者特聘	杰青	青年千人	优青	总计
1	北京	60	56	222	355	546	619	1 858
2	上海	12	9	93	143	395	257	909
3	江苏	6	6	69	79	228	194	582
4	广东	1	6	30	48	221	113	419
5	湖北	6	4	56	56	184	107	413
6	浙江	4	3	26	40	159	109	341
7	安徽	5	4	5	42	112	91	259
8	陕西	3	2	54	30	83	71	243
9	四川	2	1	38	23	109	51	224
10	天津	0	0	25	28	67	61	181
11	辽宁	2	6	22	31	52	58	171
12	山东	2	4	11	24	40	46	127
13	福建	2	0	10	16	64	31	123
14	湖南	2	8	12	16	32	39	109
15	黑龙江	1	1	24	13	19	35	93
16	吉林	2	3	13	10	15	29	72
17	重庆	0	0	12	13	22	11	58
18	甘肃	2	1	7	6	10	29	55
19	云南	0	0	2	6	12	14	34
20	山西	0	1	2	2	1	11	17

续表

序号	省份	中国科学院院士	中国工程院院士	长江学者特聘	杰青	青年千人	优青	总计
21	贵州	0	1	2	4	5	2	14
22	河南	0	2	3	0	4	4	14
23	江西	0	0	2	4	3	4	13
24	河北	0	1	2	1	2	5	11
25	新疆	0	1	6	1	0	2	10
26	广西	0	0	4	1	1	2	8
27	西藏	0	1	4	0	0	0	5
28	海南	0	0	1	0	2	1	4
29	内蒙古	0	0	1	0	0	2	3
30	青海	0	0	3	0	0	0	3
31	宁夏	0	0	0	0	0	0	0

资料来源：中国科学院、中国工程院、教育部等机构官网。

2. 人才激励方面

一是激励机制设计不科学，激励政策供给与人才实际需求不匹配。调查结果显示，有54%的受访专家对我国高层次人才政策的配套人才激励制度/机制实施情况表示"非常不满意、比较不满意或一般"。首先，总体上，人才激励的层次和内容相对单一，没有分类设计激励方法，重物质激励、轻精神激励和发展激励，激励政策效率较低。例如，海归人才发展的关注点应更多在于社会环境、发展机会及人际关系[1]，而非仅注重物质待遇。知名专家群体对自我实现的需求要高于其他物质需求如收入和住房等需求，更关心是否有更大的事业发展平台、更为先进的配套科研设施和团结高效的研究团队。现有的人才激励政策未能营造促进高层次人才科研创新和进步的良好氛围，不利于高层次人才创造更大的社会价值。其次，激励机制设计与执行"一刀切"，未能向中西部欠发达地区倾斜资源，没有给予青年学者更多的科研资金及项目支持。薪酬激励没有随时间动态调整，在操作上缺乏灵活性。

---

[1] 成芳. 试论海外高层次人才引进政策研究. 黑龙江高教研究，2014（3）：54-56.

二是激励政策执行受到"官本位"及人情关系因素影响。我国高层次人才激励政策体系包括奖项奖励激励（如国家科学技术奖励）、学术头衔激励（入选两院院士、国家杰青、优青等）、奖金激励（如政府特殊津贴、科研项目资助）以及股权激励等多样化内容。但在人才激励政策执行中经常出现有行政职务的人才获得大量资源，而没有行政职务的专家在申请项目和奖励时缺乏竞争力的现象。学术界的"圈子文化"盛行，科研项目、学术头衔申请掺杂大量"人情关系"因素，做学问的同时不得不在人情往来上花费不少时间，不少人才对这种学术环境和"潜规则"表示不满。调查结果显示，近50%的受访专家对学术环境与科研氛围表示"非常不满意、比较不满意或一般"，这也与"官本位"和"人情关系"的价值取向有关。

三是"重外轻内"，挫伤本土高层次人才的积极性。调查结果显示，41%的受访专家认为政策面向海外人才与本土人才存在不公平性，19%的受访专家认为引进人才层次不够高。受访专家反映，当前有不少引进的海外高层次人才并非所在学科领域内的国际一流人才，却仍得到了优厚待遇，违背了政策初衷，还会使在相关领域研究达到国际一流水准的国内专家产生心理落差。同样的高层次人才项目，给予海外人才与本土专家的待遇差异显著。同一个用人单位，给予海归人才的待遇全面超越本土培养人才，长此以往，本土高层次人才的积极性被打击，易造成国内优秀人才流出，使同一单位的海归人才与本土人才隔阂加深甚至关系紧张，不利于团队合作，一定程度上影响科研创新工作。

3. 人才保障方面

一是部分地区对人才引进的承诺保障条件落实不力，主动服务机制需完善。当前我国尚未建立起国家层面统一的高层次人才政策落实和保障方案，各地区高层次人才保障措施参差不齐。一些地区尚未在住房、医疗、社会福利等方面为高层次人才提供与本地居民同等的待遇。一些地区尚未建立起高层次人才引进后的主动服务机制，个别人才管理部门存在懒政怠政现象，对工作中存在的问题不主动回应，也不主动推动落实现有人才保障支持。一些人才管理部门领导缺乏服务精神，缺乏人才管理的现代思维，仍以管人、"卡人"、与人博弈为导向；一些工作人员责任感不强，或缺乏相关工作技能，导致人才对服务工作的满意度不高。一些地区尚未开展针对高层次人才引进工作的"放管服"改革；没有建立综合与统一的行政审批窗口（或办事绿色通道）；专门的办公室未能有针对性地解决实际问题;尚未实施"一窗受理""一个印章管审批",没有做到让高层次人才在办理落户、出入境、社保等生活相关事项时"最多跑一次"。

二是青年高层次人才的生活待遇亟待提高。青年人才是创新创业的骨干,是各个科研平台与科研团队的中坚力量。然而在当前各地人才政策保障中,多数资源向有资历有名望的专家倾斜,较少资源用以保障和激励青年高层次人才。而科研经费的使用存在诸多限制,导致许多人才要么不愿意使用科研经费,要么疲于奔波报销,导致劳务费用激励效果不佳,且占用大量宝贵的科研时间,得不偿失。地方政府和用人单位对于青年高层次人才生活方面的支持和帮助"缺位",例如,住房问题成为许多青年才俊考虑留在大城市时的最大顾虑;一线城市的高消费水平给收入不高的青年人才带来压力;子女上学、配偶就业、医疗保障等切身问题解决不力,妨碍青年人才日常生活,严重挫伤其工作积极性。[1] 此外,在支持青年高层次人才创新创业方面,创新载体建设(平台支撑)、人才队伍梯队建设、部门协作等亦有待加强。

三是用人单位的配套保障措施不到位。调查结果显示,有近40%的受访专家对学术科研平台建设和实验仪器设备等表示"非常不满意、比较不满意或一般";超过50%的受访专家对团队建设(人员配备)满意度不高;约60%的受访专家对科研经费使用管理不满意。一些用人单位在引进高层次人才的工作平台建设、团队建设等方面不完善,直接阻碍高层次人才发挥应有的作用。一般来说,用人单位对依托特定人才计划引进的人才要有配套支持,但在实际操作中,主管部门尚未对用人单位的人才配套支持落实情况建立起有效的监督机制。各单位对人才的奖励政策落实力度不同。有的单位严格按照人才政策标准发放奖励,还会为了留住人才额外提供配套支持;有的单位却"钻空子",将国家给予人才的奖励扣除其原有工资后发放。此外,人才引进的落地需要多部门共同协调,统筹安排住房、医疗、户籍等一系列配套措施和制度,然而实际情况却是各部门政策协调不畅,导致人才引进涉及的很多长期事项无法落实到位。一些专业学者因长期没有"五险一金"导致个人办理金融业务受限,甚至部分社会资源利用受到影响,长此以往易造成人才流失。[2]

---

[1] 资料来源:本专题的专家访谈记录。
[2] 蓝志勇. 克服"中梗阻"提高新时期人才工作的实效性. 国家行政学院学报,2018(4):9-14,147.

4. 人才培养方面

一是存在"重引进、轻培养"问题。总体上看，高层次人才政策对人才引进后如何培养的问题重视程度较低。从各地人才政策主题分布来看（见表3-2），高层次人才引进政策占比超过30%，明显多于其他人才工作环节的政策，而有关高层次人才培养的规定并未系统化、规范化。虽然引进与服务保障是当前高层次人才工作的重点，但是有效地引进与留住人才是建立在各环节工作发挥相应作用的基础上的。只有做好人才引进的相关后续工作，建立人才培养的平台与环境，制定完善的激励制度，才能做到人尽其才。[1] 此外，我国高层次人才培养存在"错位"问题，即某专家如果在专业领域有突出成就或贡献，就可能被委以领导管理工作，结果其原本用于专业学术研究的时间和精力被大量的事务性工作占用，导致学术水平下降，这是对人才资源的极大浪费。

表3-2 高层次人才政策主题分布

政策主题	数量	比例
人才引进	91	37.9%
人才培养	35	14.6%
人才评价	13	5.4%
人才流动	3	1.3%
人才激励	43	17.9%
人才保障	23	9.6%
综合型	32	13.3%

二是重科研项目资助，轻人才投入。我国投入的高层次人才培养经费与科研项目经费相差悬殊。在促进高层次人才知识和技能提升方面的经费投入明显不足，支出方向有待优化。科研项目经费往往是产出导向，与人才培养长期投入的目的并不完全一致。并且现有科研经费的使用制度（财务管理制度）较为烦琐和低效，对高层次人才发挥作用具有严重约束。人才投入本应是系统性的，经费应考虑到人才所需的方方面面，但按照目前财务管理制度的规定，大部分

---

[1] 张再生，杨庆．海外高端人才政策评估及优化对策研究．天津大学学报（社会科学版），2016，18（2）：123-128．

经费只可专门用于科研工作,而不能用于生活补贴或人才培养,劳务支出的比例极低,不少专项经费无处可用,造成资金资源的闲置浪费。与此同时,高层次人才所需要的生活补贴和培养费用未能得到落实,不利于为高层次人才营造良好的科研环境、激发高层次人才的创造热情和创新活力,有可能导致人才外流的严重后果。

三是缺乏人才发展长期规划,人才引得进、留不住。调查结果显示,52.4%的受访专家认为我国高层次人才政策执行中存在"重引进、轻培养"问题。有近50%的受访专家对人才的个人能力发挥程度和职业预期实现程度表示"非常不满意、比较不满意或一般"。高层次人才往往十分注重个人规划,寻求自身专业知识和技能的不断提升,这在人才政策、人才工作中体现为高层次人才的培养和使用。从人才管理与人力资源开发角度来看,这是一个"获得—开发(培养)—保留"的循序渐进过程。目前政策重心在人才的获得上,而引进之后涉及进一步开发培育的政策明显不足,尤其是引进高精尖前沿学科领域的人才后,应当在人才开发、保持人才创新能力方面下大力气,在融资、成果转化、国际交流等方面予以支持。当前高层次人才政策虽然在前期投入巨大以大批量引进高层次人才,却没有在后期为留住人才持续发力,高层次人才无法实现自身价值,可能会萌生去意,使得政策实施陷入"引得进人才,却留不住人才"的怪圈。[1]

5. 人才评价方面

一是尚未建立起科学的人才考核指标体系与评价机制。调查结果显示,27.1%的受访专家认为存在"重引进、轻考核"问题。在人才评价的实际工作中,尚未建立科学、合理、有针对性的人才考核指标体系,且没有科学分析国内外科研环境的不同,没有充分考虑专业领域的不同,企图"一招鲜、吃遍天",用一套统一的标准考核不同科研领域的人才产出。政策主体以初次入选时的评价结果给高层次人才贴上"永久"标签,人才"帽子"不更换,加之缺乏跟踪评价与结果反馈机制,对高层次人才缺乏严格约束,特别是没有对遵守规定的优秀人才追加支持和奖励,没有对未按时回国、未达合同要求甚至弄虚作假的个人和单位给予一定惩罚,使得部分引进人才因缺乏约束而"钻空子"。人才项

---

[1] 杨芝. 湖北省高层次科技人才管理政策实施研究. 科技创业月刊,2012,25(2):17-19.

目实施过程中"吃空饷"现象屡见不鲜，一些引进人才仅在国内挂名，却依然在国外工作，或者在国内工作的时间远远少于规定时间。当前对于高层次人才的评价，过分看重"帽子"，而不是为科研服务。人才评价主体忽视了"高层次人才出成果需要时间"这一科研客观规律，营造了"引进人才一定要快速出成果"的浮躁氛围。各种"帽子"的评比有时候需要靠"关系"，长此以往不利于青年科研人员安心治学。

二是当前对于人才产出的评价导向不够科学、评价体系不够全面、指标设计不够丰富、评价方法有局限。人才产出评价以数量为导向，简单地以发表论文数量、课题立项数量、获得资金数量、申请专利数量、获奖次数等作为考核标准，忽视科研产出成果的质量、原创性和引领性。评价体系具有导向性，当前的高层次人才产出评价没有考虑到有些领域出成果周期较长，仅仅是按照短期内的成果数量来判断人才所作的贡献，缺乏全面性和合理性，造成很多高层次人才为了应付考核，只能把时间精力花在"短平快"的项目上，难以实现创新，也难以为社会创造效益。有专家指出，我国目前的科研评价体系不够完善，这是因为评价指标主要以论文为导向，造成学者大量模仿和重复先前研究，科研工作缺乏创造性活力。评价体系设计不够周全，评价维度尚未覆盖科研过程及产出的方方面面，且没有差异化对待不同的评估对象。指标设计不够丰富，一些指标测量误差大，缺乏技术可行性，操作起来非常复杂，使评价的执行难度过大。人才产出评价是一个综合性强、认知度广、评判度复杂的系统性工程。[①] 当前评价方法较为传统，尚未借助新一代信息技术红利，应该运用数据挖掘技术进行高层次人才预测、发现和产出评价，以此进行多维分析、深度挖掘，关注过程，从而作出公正评价。

6. 人才流动方面

一是人才流动的规范制度和管理机制缺失，不利于高层次人才资源的优化配置。纵观我国高层次人才政策体系，关于人才流动的政策数量较少，且分布零散，正式颁布的具有可操作性的政策文本很少，地方层面的细化方案亦很难找寻。不仅如此，从政策制定主体到执行主体及用人单位尚缺乏一套科学的、行之有效的人才流动管理机制，致使高层次人才流动处于一种自发的、无序的

---

① 人才发展专委会在京召开学术工作会议.（2018-07-07）. https://www.acabridge.cn/rencai/dongtai/gongzuodt/201807/t20180707_1615677.shtml.

状态。参照 OECD 不同人才群体国际流动的影响因素及相应的政策类型（见表 3-3），我国在高层次人才流动方面的政策措施亟须完善。

表 3-3　不同人才群体国际流动的影响因素及相应的政策类型

群体	主要影响因素	政策类型
经营管理者	收益和薪酬	产业导向
工程技术人员	产业因素（供求机制） 国民经济状况	移民税务
学术科研人员	科学领域的职业发展 工作性质和条件、机构声望	机构间和政府间的政策
创业者	政府政策、财政资助、 政府效率	政府和地方政策、 移民法律

资料来源：OECD, Highly-skilled globetrotters: the international migration of human capital, Paris: OECD Publishing, 2005b.

具体到用人单位层面，部分高校等主要用人单位法律意识薄弱，对契约关系的认知度较低，导致对高层次人才流动缺乏有效管理，甚至某些单位未能有效落实高层次人才的聘用合同管理。某些单位管理者把引进人才作为政绩，但引进后不重视持续支持（没有匹配经费、研究生名额），导致科研项目推进受阻。某些单位管理者利用自身权力，阻碍正常的人才流动，要求高层次人才不得在自己任期内调离。有专家指出："要完善人才流动政策，比如部分专业性较强的仪器设备跟随人才流动，而不是作为用人单位固定资产，否则人才流动将导致部分专业性较强的仪器设备变为摆设。此外，国家应建立统一的人才流动管理机制，确保人才关系和所负责的国家项目能较方便地随人才流动。"

二是区域间人才流动不均衡，人才同构现象与人才流失问题并存。调查结果显示，24.9%的受访专家认为我国高层次人才政策执行中存在"人才流失问题"。高层次人才政策体系中缺失引导人才流动的政策，使得我国高层次人才相对过剩（如发达地区和某些研究领域）以及高层次人才相对短缺（中西部欠发达地区和某些专业领域）的现象同时存在，高层次人才资源没有得到最优配置。[①] 近年来，东部地区高校从中西部、东北部地区高校引进高层次人才，"人

---

① 刘洪银，田翠杰. 我国科技人才政策实施成效评估. 北京：中国社会科学出版社，2017.

才东南飞"问题突出,中西部和东北部地区高校高层次人才流失严重。欠发达地区培养出的许多精英人才往往被发达地区引进,这也极大打击了欠发达地区人才培养的积极性,形成恶性循环。此外,在大力引进海外高层次人才的同时,本土优秀人才流失问题亟待引起重视。有数据显示,中国科学和工程领域人才出国滞留率平均达87%,高层次技术人才流失严重,这对我国的人才安全造成了不利影响。高层次人才过度流动、无序流动或者非理性流动带来的损失和危害显著。

(二)高层次人才战略实施过程中的问题及其成因

公共政策目标效果的实现,需要科学的政策制定、充足的政策资源、尽责的执行主体、合理的执行方法、配合的目标群体和良好的外部环境。本部分从政策制定、政策资源、执行主体、执行方式、目标群体、外部环境入手,倒推分析高层次人才战略实施过程中的问题及其成因。

1. 政策制定方面

一是行政主导下的政策制定有失合理性。调查结果显示,41.3%的受访专家对"政策规划的科学性"持一般态度;40.2%的受访专家认为"政策内容的可操作性"比较一般。中央和地方政府相关部门主导高层次人才政策动议、制定与实施,以公共部门权威强力推进政策执行过程,成效显著,有助于提升整体效率。但在政策制定方面仍存在弊病:部分地区没有充分调研,没有对中央政策因地制宜作出具体规定和完善,使政策在执行时脱离本地经济社会发展实际状况,导致引才政策效果大打折扣。例如,"一刀切式"的引才方案与"大水漫灌式"的引才行动,只重视引进而不关注培养,存在明显的功利主义倾向,不利于精准引进当地经济社会发展所急需的人才。公共部门对于各专业领域的知识积累有限,影响对专业领域高层次人才模型的判断。目前创新人才政策研究与制定的专门机构缺乏,政策制定过程缺乏具体学科权威专家参与论证,且缺少人才中介机构市场力量的政策咨询与数据支撑,单一行政主体主导下的政策制定难以面面俱到,政策方案缺乏科学性、合理性。此外,人才政策定位不明确,难以确定是长期性的还是短期性的,若缺乏后续政策的支撑,相关政策极有可能只是"三分钟热度"。

二是各级政策间缺少充分且有效的协调。"政出多门"是行政管理上常见的问题，在人才工作方面亦是如此。各个层级政府的目标有所不同，往往根据自身偏好制定相关的高层次人才政策，导致人才政策比较混乱。除中央政府相关部门制定的政策以外，各省市乃至县级地方政府也会出台高层次人才政策。各地制定的高层次人才政策在引进对象、引进标准、引进方式、激励保障及人才培养等方面有高度相似性。例如，不少地方的高层次人才引进政策即是中央组织部有关政策的复制，一些地方复制"四个一批"人才工程出台人才称号或人才工程。总体上看，地方政府的高层次人才政策千篇一律，未能实现差异化引才，不同层级、不同部门、不同地方政府之间缺乏对政策内容的有效协调。各地在高层次人才出入境、落户指标、医疗保障、社会保险、税收优惠、住房保障、配偶安置、子女就学、资金支持、职务待遇等方面一味比拼福利待遇，容易出现恶性竞争，加剧地区间不平等问题，难以形成知识溢出效应，长此以往会影响高层次人才战略的实施效果。

三是配套政策措施不完备。调查结果显示，近60%的受访专家对"配套政策的完备度"的评价不理想。关于高层次人才工作的顶层指导性政策文件较多，而相配套的中层和下层的可操作性措施严重不匹配，政策系统结构失衡。中央层面的一些政策文件更多在宏观层面指明方向，若缺乏具体执行的工作细则，容易导致政策内容不成体系，政策项目"碎片化"，造成"政策红利"得不到真正落实。不少地方政府为高层次人才政策投入了大量的精力、财力、物力，却经常因为缺乏高层次人才引进后的培养政策、保障政策、流动政策、评价政策等相关配套措施，或者缺乏政策的有效衔接，而直接影响了高层次人才引进的工作实效。一些地方普遍存在重人才引进、轻人才培养，重项目资助、轻人才投入等问题；部分省市甚至完全没有人才评价、人才流动的相关政策安排。政策制定缺乏翔实的前期调研，没有充分了解到高层次人才的实际需求，政策制度目标与人才需求偏离，政策执行制度与机制不完善，且没有建立完善的反馈机制，导致产生的问题不能得到及时有效的纠偏。长此以往，高层次人才政策成了"空头支票"，严重挫伤高层次人才信心。

四是高层次人才政策的长期性和稳定性缺之支撑。调查结果显示，有超过50%的受访专家对"政策的稳定性与连续性"的评价不理想。高层次人才政策是我国实行人才强国战略的重要组成部分，理应体系化、制度化，然而当前我国高层次人才政策的制定和实施缺乏法律依据和规范制度支撑。现行关于高层次人才工作的政策多为"通知""意见""办法"等政府规章，政策体系不健全，权威性、指导性不足。① 高层次人才政策体系中政府规章比重远大于法律法规，这说明引才立法层次低、法律效应差。目前，我国已颁布法律中与人才相关的有《中华人民共和国劳动合同法》和《中华人民共和国就业促进法》等，但与人才强国战略地位仍不相适应，人才相关立法进程比较滞后，法律法规体系仍不完整，不利于保障高层次人才政策的连续性与稳定性。②《国家中长期人才发展规划纲要（2010—2020年）》作为新世纪第一个综合性的人才队伍建设规划纲要，虽然对引才起到了指导性的纲领作用，但是缺乏基本法的规范和引导，不利于政策落地，因此人才政策之间互相冲突或趋同化等问题不可避免，影响了人才政策的规范化进程。③ 引才政策缺乏稳定性和可靠性，降低了人才政策对高层次人才的吸引力。

2. 政策资源方面

一是政策执行的保障性制度不健全。对于中央出台的政策方案，地方政府应制定配套政策推动实施。高层次人才政策执行过程中，各地区资源禀赋不同，高层次人才政策实施力度亦不同，一些地方单位的配套政策保障不能及时到位，影响高层次人才政策的实施效果。目前国内单位提供给海外高层次人才的薪酬待遇正与国际水平趋同，但对薪酬待遇之外的社会保障、住房安排和子女就学等实际问题未给予足够重视。高层次人才在职称评审、项目申请等工作方面，在落户、子女上学、配偶工作等生活方面，还面临诸多困难。此外，保障性制度实施非均衡。现有的高层次人才政策更侧重于面向科研院所、高等院校，缺乏对企业引才的关注。同时在保障性政策执行过程中，对企业或跨国公司高层次人才的支持力度不足。

二是科研资金投入不均衡，地区间差异明显。我国各地区科技资源分配不均衡，资金投入差异大，总体上沿海地区高于内陆地区，东部地区高于中西部地区。《2017中国科技统计年鉴》数据显示（见表3-4），2016年东部地区研发经费的政府资金支出为19 134 800万元，中部地区为3 533 276万元，西部地区

---

① 张再生，杨庆. 海外高端人才政策评估及优化对策研究. 天津大学学报（社会科学版），2016，18（2）：123-128.
② 王燕. 地方政府人才政策评价机制研究. 合肥：安徽大学，2011.
③ 郑代良，钟书华. 中国高层次人才政策现状、问题与对策. 科研管理，2012，33（9）：130-137.

为 6 660 021 万元，东北部地区为 2 079 980 万元。从企业资金、外国资金及其他资金来看，东部地区明显高于中部、西部以及东北部地区。研究表明，吸引高层次人才在国内流动的因素包括地区的经济发展水平、工资收入水平、科研环境、科研投入、教育水平和生活便利程度。[①] 海外高层次人才回流主要集中在北京及东部沿海地区，流入中西部地区较少。政府人才政策体系中专项资助金额和资助项目数量相对偏少。一些西部地区与东部发达地区相比经济发展水平仍存在较大的差距，未能拨付充足的财政经费支持人才政策落实与执行，导致高层次人才政策实施受阻。西部地区财力不足易造成部分高层次人才引进后流失。

表 3-4 2016 年各地区按资金来源划分研发经费内部支出 单位：万元

地区	研发经费内部支出				
	合计	政府资金	企业资金	外国资金	其他资金
全国	156 767 484	31 408 076	119 235 446	1 032 424	5 091 538
东部地区	106 893 836	19 134 800	83 263 203	971 531	3 524 302
中部地区	23 781 379	3 533 276	19 589 858	25 136	633 109
西部地区	19 443 391	6 660 021	11 980 301	25 320	777 749
东北部地区	6 648 881	2 079 980	4 402 084	10 439	156 378

资料来源：国家统计局社会科技和文化产业统计司，科技部创新发展司. 2017 中国科技统计年鉴. 北京：中国统计出版社，2017.

三是缺乏一套科学合理的评价体系监督政策实施状况。高层次人才政策在实施过程中存在评价体系不健全、评价标准不全面且缺乏科学性、评价主体单一、人才政策评价机构尚未建立、人才政策评价缺乏制度保障等问题。首先，中央制定高层次人才战略后，具体实施内容有待细化，地方政府需要在其基础上制定配套的地方性政策。评价体系和评价指标起到细化目标的作用，当前各地缺乏高层次人才政策评价体系，无法保证地方政策在实施过程中与国家战略目标相一致。其次，政策执行效果评价主体单一，多为各级政府部门，缺乏独立、专业的第三方评价机构，评价的开放度不够，难以客观中立地跟踪评估政策执行效果，无法随时沟通反馈问题、及时调整政策走向。最后，对政策效果

---

① 周建中，肖小溪. 科技人才政策研究中应用CV方法的综述与启示. 科学学与科学技术管理，2011, 32 (2): 151-156, 179.

进行价值评价时的标准不够科学、全面。当前高层次人才政策实施效果评价体系正处于构建中，已有评价模型和评价方式不够丰富，重点评价指标不够全面，从而不利于评价的科学性。此外评价指标的内涵、评价指标的统计口径和计量方法还未统一，进一步影响了评价结果的科学性。

四是高层次人才政策执行过程中的监督管理机制缺失。引进人才一般分为两类：一类能够长期留在国内并全职工作；另一类为非全职，要求连续3年每年在国内工作2个月以上。但在实际执行中，许多引进人才可能出于某些原因暂时无法回国，造成资源极大浪费，而对这一现象的监督管理机制和追责机制是缺失的。政策执行过程中涉及的利益相关者众多，使得情况错综复杂。而在政策的制定、执行、评价、反馈等环节，信息不充分、利益偏好等问题造成政策执行中的误解、扭曲等。因此政策监督尤为重要。有效的监督体系能够及时发现政策执行过程中的问题，纠正政策偏差，调整政策执行的技术和手段，确保政策目标的实现。监督主体的独立性是有效监督的根本保障，高层次人才政策执行过程中，监督由行政机构内部负责，通常由单位的组织人事部门（同时是政策执行者）监督，缺乏独立的监督机构。此外，尚未形成一套完善的监督机制，未能实现充分调动内外部各方力量形成一个结构合理、相互协调、互为补充的有机整体，监督实效被削弱。从人才政策实施情况来看，部分长期计划和短期计划的人才未能达到契约要求的条件，而相关监督措施未到位、相关处理措施也没跟上，因此难以约束人才按规定履行契约。

3. 执行主体方面

一是政策执行涉及主体多，各主体协调不力，缺乏跨部门协作。高层次人才工作具有系统性和整体性，人才引进与管理涉及多个部门。在横向上，人才引进与管理涉及多个政府部门，包括组织、人事、科技、教育、人社、公安、税务、商务、侨务、统战等部门；在纵向上，包括中央的人才工作领导小组、部委的人才工作领导小组（如教育部人才工作领导小组），还有各省市的人才工作领导小组。基于科层制的体系，各层级均有相对上一级部门的人才管理机构。这套人才管理系统在运行中存在以下问题：第一，各级政府缺乏一个权威的综合部门在高层次人才引进过程中提供综合性服务。为人才提供服务的多个部门职能相对分散且存在职能交叉，权责划分不清，政策落实需办理的手续较为复杂，削弱了人才政策执行的便利性和有效性。第二，存在中央政府、地方政府、用人单位等多元主体协调不力，上下级政策不统一，引才与管理脱节问题。部门间协调不力甚至相互掣肘、扯皮的现象时有发生，在一定程度上影响政策实施效果。例如，在实际工作中，引进人才主要由组织部等部门承担，而管理工作则由其他一些部门承担，多头管理造成各自为政、管理混乱的局面。第三，高层次人才政策条块化明显，多个人才专项计划之间产生"趋同化"。各个部门从自身利益出发，按自身需求与偏好制订相关的人才计划，缺乏业务协同和沟通交流，政策之间或者重复或者存在冲突，导致人才政策较混乱。

二是政府主体关于高层次人才管理的权责清单不清晰，单位自主用人权落实不到位。2016年3月21日，中共中央印发了《关于深化人才发展体制机制改革的意见》，提出政府在人才管理上要简政放权，建立政府人才管理服务权力清单和责任清单，充分发挥用人主体在人才培养、吸引和使用中的主导作用，落实用人自主权。国务院"放管服"新政关于高校这一高层次人才管理主体的进人用人、职称评审、薪酬分配、经费使用管理等方面也作出了简政放权的具体指导。虽然多数地方政府遵照顶层设计要求作出了具体部署，但总体来看还是较为笼统，缺乏具体的落实细则。一方面政府主体关于高层次人才管理的权力清单和责任清单尚未厘定；另一方面，即使出台文件针对政府与用人单位之间的权责关系进行说明，地方政府仍是高层次人才政策的制定和实施主体，高校等用人单位对于人才政策的作用仍被忽视，使我国依然存在人才工作政府热、用人单位冷的现象。

三是用人单位引才存在认知误区，政策执行人员行为、能力、态度有问题。人才政策的实施是一个长期过程，需要循序渐进、不断完善。首先，在政策执行中，一些执行单位过分注重指标任务的完成，忽视长期规划，容易促发短视行为。有些地方政府部门和用人单位将人才计划当作政绩工程，仅从指标上关注有多少入选者，没有关注留住人才的问题。各地为抢夺人才，彰显政绩，开启人才大战，互挖墙脚，违背人力资源市场运行规律，形成无谓内耗的恶性竞争局面。机构的扭曲引才观念，使得政策执行人员心态浮躁、急功近利。其次，高层次人才政策执行人员普遍存在业务素质不高、实践经验不足、专业培训缺乏等问题，对于中央政策难以贯彻落实。部分执行人员有惰性，表现为懒于实地调研、照抄照搬中央政策、对于政策的灵活变通性不足。调查结果显示，有50%的受访专家对于"人才政策执行（服务）人员的态度与效率"评价不理想。最后，存在政策执行行为扭曲问题。政策执行人员出于经济人的自利性，采取选择性执行、变通性执行、象征性执行等扭曲执行手段，使得政策执行效果难以达到预期。地方政府之间、各用人单位之间内部竞争激烈，为抢占人才，对中央政策选择性执行，私自降低高层次人才入选标准，例如，将"全职"要求降格为"兼职"，部分入选者依然留在国外高校任职，并未达到每年全职回国工作的时间要求。

四是人才中介机构发育滞后，高层次人才工作的市场化程度不高。调查结果显示，25%的受访专家认为"我国人才工作的市场化程度低"。我国各地的海外人才中介服务机构发展不够成熟，不仅数量少，而且难以提供专业化的人才测评、高级猎头、海外人才培训等高端综合性服务。缺乏一批业务水平高、服务网络完善的实力较强的中介机构作为海外高层次人才代理机构（如猎头公司、创投机构），作为开展高层次人才引进、管理保障等中介业务及外包服务的政府供应商，使得高层次人才引进工作不得不落在政策制定与执行主体——政府相关部门和用人单位身上，导致引才效率低、不精准。此外，从高层次人才政策评价和高层次人才测评方面看，目前急缺专业化咨询公司等第三方评价机构参与政府业务，助力政府相关部门健全高层次人才政策的考评机制和构建监督管理平台。

4. 执行方式方面

一是政策宣传方式单一，宣传渠道较为局限。高层次人才引进政策宣传多集中于文件发布、新闻宣传等官方渠道，未充分利用新媒体网络平台、海外媒体等市场化力量，宣传覆盖面有限，造成政策的知晓度相对较低。目前人才工程的宣传主要集中于相关网站、公众号和政府门户网站等，整体来看宣传面较为狭窄，未形成广阔网络体系，缺乏对引才成效的宣传。当今是网络化、新媒体、共享经济时代，可借助微博、微博、推特、手机应用、共享互助信息平台等宣传工具。为扩大我国高层次人才政策的影响面、提高引才计划的知晓度，应当多借用新媒体平台、外网新闻、短视频等形式，开发共享式、体验式宣传方式，提升政策美誉度。

二是尚未借助信息技术实现人才的精准识别、优化配置与高效管理。当前许多高层次人才工作还依赖传统的"手工行政"模式，未充分将移动互联网、大数据、云计算、人工智能等新一代信息技术运用其中。中央相关部门和地方政府在高层次人才数据库建立上仍需加强，对人才的引进、使用、培养、流动的有效管理不足。制定人才政策时,无法依托人才模型搜寻数据,不少地方政府因政绩导向盲目追求引才的数量。人才政策方案实施后,无法智能化识别目标群体。人才引进后,难以了解其在就业单位的总体状况,难以对其产出进行科学有效考核,不利于完善相应的奖惩或淘汰机制;不能充分掌握人才结构情况,难以将人才结构与地方经济结构相匹配,因此难以实现以目标和需求为导向精准引进人才。此外,对于人才现状的掌握模糊,使得区域之间难以实现人才资源的互通和优化配置,阻碍了人才跨区域自由流动。如一些地方凭借自身的资源优势吸引大量人才,产生知识溢出效应,而有些地方则受困于自身资源匮乏,无法吸引到需要的人才。

三是高层次人才管理过程中缺乏互动交流,沟通反馈机制不畅。用人单位之间与高层次人才保持积极交流,并形成互动沟通的长效机制,是高层次人才"引得进、留得住、用得好"的关键。《宋书·江夏文献王义恭传》有云:"礼贤下士,圣人垂训;骄多矜尚,先哲所去。"只有让人才切实感受到被尊重、得到关爱,才能让其有归属感。公开透明、及时有效的沟通反馈机制能够让人才需求得到满足,是留住人才的根本。而沟通反馈机制不畅致使人才需求不能得到及时有效的满足,人才的问题不能得到快速妥当的解决。人才与政府相关部门和用人单位间的沟通反馈机制阻滞,阻碍意见建议的及时收集,延误问题解决的时机,从而影响政策的动态调整。调研反馈,一些高层次人才表示个别地方政府引才时所承诺的保障和支持措施等没有及时兑现,问题投诉后的处理进展缓慢,缺乏有效的解决机制,且部门之间推诿,严重影响了人才的生活心情和工作热情,一定程度上影响了科研创新的积极性。

5. 目标群体方面

一是目标群体态度方面,有些人才对政策执行的配合度低,政策预期效果未能实现。政策能否得到顺利执行,一定程度上取决于政策利益相关者的配合程度。利益相关者有自身的利益预期,因此通过各种方式影响政策的执行效果。海外高层次人才引进计划实施中,有些人才的思想态度不端正,缺乏契约精神。按照规定,引进人才需要全职或一定时间回国服务,但部分入选人才由于自身原因暂时无法回国全职工作,在这种情况下其理应说明情况,并且适当调整相关的资源配置,在自身力所能及的范围内作出贡献,而非要求与回国全职工作的人才享有同样的优惠和待遇。

二是目标群体行为方面,有些人才在履职时敷衍了事,科研创新工作缺乏足够动力。部分高层次人才在实际工作过程中的配合程度较低,例如,工作上未能投入足够的精力,科研活动敷衍应付了事,未充分发挥人才能力,或者自行缩减回国服务的时间。一些人才对安家费、优惠房、配偶工作、子女上学安置、科研团队和设备资金配备、回国签证办理的便捷性等存在心理上的抵触和不满,将许多精力用于处理生活问题,而无法全身心投入科研、创新。

三是目标群体适应方面,本土化问题困扰海归人才有效融入,进而影响工作实效。某些政府部门行政审批程序烦琐,一些地方创新创业环境一般且体制机制不成熟,给日常办事带来诸多不便;一些海归人才难以适应和融入国内科研氛围,导致科研产出受到影响,成本收益率低;现有考核制度要求引进的人才在短时间内产出成果,但是很多创新项目出成果所需要的周期很长,且"短平快"项目是很难创新的,因此给人才带来困扰。此外,人才政策在利益分配方面对海归人才和本土人才不公平,导致双方存在矛盾冲突,不利于团队协作,一定程度上影响了科研进度。

6. 外部环境方面

科研环境与氛围十分重要,高层次人才环境亦是如此。"人才环境是指以人才为中心,对人才的产生、存在、发展起直接或间接影响的各种要素的总和。"[1] 尽管各地人才政策的原则和内容基本相同,但实施效果相差甚远,其原因在于人才环境的迥异。政府政策、政府监管、公共服务、价格控制、地方保护、司法公正、社会凝聚力、环境卫生、生活质量、知识转化、知识产权保护、国际合作、创新创业氛围等因素都会影响高层次人才居留选择。

第一,同等高层次人才政策支持下,欠发达地区相较发达地区在自然条件、物质环境、文化和学术环境方面有明显劣势。欠发达地区的经济发展水平不高,科学技术实力相对不强,产业发展环境缺乏竞争力;存在"官本位"意识与官僚作风,政府监管环境与法制政策环境不够透明;环境保护、医疗卫生、公共安全、基础教育、社会诚信建设等公共服务环境一般;劳动力受教育程度相对较低,人力资源市场环境没有优势,创新创业氛围不足。在这种情况下,政策优惠的吸引力逐渐降低,地区环境对于高层次人才引进所起的作用越来越大。[2]

---

[1] 梅伟. 构建良好的人才生态环境. 企业科技与发展,2012 (16):99 - 101.
[2] 刘洪银,田翠杰. 我国科技人才政策实施成效评估. 北京:中国社会科学出版社,2017.

以中部大省 N 为例，据统计，自 2008 年启动人才计划以来，截至 2015 年全国共入选 4 180 人，而 N 省仅入选 14 人；N 省两院院士为 17 人，仅为全国两院院士总量的 1.089%，排名第 17 位，与东部沿海江苏省差距明显，与北京、上海、广州差距更大。①

第二，技术合作、技术开发、知识产权、可持续性等专业化方面的科研发展因素影响高层次人才选择。科学研究需要开放（国际化等）的环境，掌握高精尖资讯信息，把握最前沿业界动态，从而保持竞争力与持续发展。吴敬琏教授在第三届野三坡中国经济论坛上的开幕致辞中讲述了在苏州调研的实例，苏州从西部地区引进的一些人才，之后却去了上海。苏州政府认为，因为上海是大城市，各种文化设施都比苏州强。其实，那时候苏州已经规模很大了，而且上海近在咫尺，可以很近便地享受上海文化。调查发现，问题不在规模，技术人员说主要的问题是苏州闭塞，在这里待几年以后技术水平就赶不上时代了，而在上海技术可以不断进步。所以苏州的主要问题是来者不拒，专业太多，于是同专业能够交流的人数太少，达不到提高技术水平的临界点。②

第三，国家整体人才发展环境有待优化，一定程度削弱了对海外高层次人才的吸引力。中国科学技术发展战略研究院对近 400 位引进的海外高层次人才开展的问卷调查结果显示，他们普遍认为我国与发达国家在科研硬件方面的差距已大大缩小，但软环境差距还比较大。他们反映突出的软环境问题包括：科研经费、学术荣誉等资源分配过于集中，学术界"讲关系、搞小圈子"的现象比较普遍，"山头主义"和"圈子文化"盛行；考核评价导向不合理，导致科研诚信不佳、学风浮躁和成果转化难等；科研单位中行政权力主导科研资源调配、管理的"官本位"问题仍十分突出；政府对科研机构的财政支持不足，科研人员在争取科研项目经费上花费过多精力，难以潜心研究；使用部分国外网站搜索学术资料存在困难等。除此之外，我国在知识产权保护、环境保护、外籍人员的医疗和养老保障制度等方面存在的问题，也影响海外高层次人才归国（来华）或长期留在国内。③ 国内创新创业审批烦琐、程序复杂、融资环境不佳、技术转化机制不成熟等障碍也影响了高层次人才创新创业的积极性。

---

① 李芹. 河南省科技人才政策及其效能评价. 河南农业，2016（12）：60 - 62.
② 吴敬琏：中国经济基本问题没弄清楚，也就不能从根本上解决问题.（2018-09-15）. https://www.sohu.com/a/253997910_100160903.
③ 石长慧，樊立宏. 我国高层次科技人才安全的挑战与建议. 中国人才，2018（8）：48 - 49.

四、推动我国高层次人才战略优化实施的政策建议

当前,中国特色社会主义进入了新时代,经济发展由注重速度向注重质量转变,因而对高层次人才的需求非常迫切。提高国家人才战略执行水平、推动人才战略优化实施、建设新时代高层次人才队伍是一项系统工程,亟须改革不适应新形势下高层次人才管理与服务的体制机制。一是完善人才工作的顶层设计,坚持"党管人才"的原则,处理好政府主导与市场、社会作用发挥,引进与服务、培养,海外人才与本土人才这三组重要关系;二是遵循市场经济规律,基于成本效益考量,从注重高层次人才身份的功利主义逐步向注重能力和业绩的实用主义转变;三是把握人才成长规律,创新奖励型、保障型、发展型三类政策,构建新时代中国特色社会主义人才政策体系,释放"引才"的活力、激发"用才"的动力和确保"留才"的定力。

(一)完善人才战略的顶层设计,建立中国特色人才政策法律体系,保证政策的权威性、完整性和稳定性

1. 坚持"党管人才"原则,建立常设机构统筹政策的协调实施

高层次人才战略实施要始终强调"党管人才"原则,各级党委从宏观、大局、战略、政策层面管人才。坚持"党管人才"不能管得过多过细,不能在细枝末节上费心力,而是要加强党对高层次人才工作的方向性领导,指引高层次人才战略走向。"党管人才"的最大优势,在于党的政治优势、组织优势和制度优势,在各级党委统一领导和组织部门的牵头抓总下,有效团结包括市场主体、社会组织在内的各方面力量,做好人才工作。坚持"党管人才"这一原则,是高层次人才战略实施与各项政策执行不走样的重要保证。在"党管人才"框架下,为增强部门间政策的协调性,建议在中央人才工作领导小组安排常设机构,统筹协调中央组织部、人力资源和社会保障部、科技部、教育部等与人才政策相关部门的工作。日常具体任务为研究人才成长与经济社会发展相适应的规律,制定人才工作条例,科学构建统一、有序、合理的人才分类体系,完善高层次人才引进、培养、使用等工作的顶层设计,出台人才引进评价办法,推行人才工作重大项目目标责任制,健全督促落实机制,推动人才工作规范化和制度化,

保证人才工作的连续性和稳定性，维护人才政策公信度。[①] 此外，要推动人才工作领域的"放管服"改革，由于我国各地区资源禀赋不同，高层次人才政策的制定和落实需要因地制宜，因此，必须统筹配置中央与地方关于人才管理服务方面的事权，通过赋予省级以下政府部门更多自主权，减少对地方政府人才工作的束缚，让地方依据自身实际情况制订有效的人才管理与服务方案，进而激发高层次人才的工作活力。[②]

2. 出台人才管理相关法律法规，保证政策权威性和稳定性

在推进全面依法治国的新时代，高层次人才政策体系构建应依据法律法规，推进高层次人才政策制定的法治化进程，建立中国特色人才政策法律体系，保证政策的权威性和稳定性，克服"朝令夕改""政出多门""上下不一"等问题，让高层次人才吃上"定心丸"，增强关注国内政策的海外人才信心。当前，我国在海外高层次人才引进与管理过程中遇到诸多制度性障碍，亦需要通过立法为政策创新与突破保驾护航。在高层次人才政策体系中人才立法是制度的顶层设计，不仅能够塑造良好的人才引进与培养的法制环境，而且能够推动政府人才政策制定与实施的制度化、规范化以及延续性。制定全局性的人才基本法是当务之急；在户籍管理、移民、人才市场管理、人才评价、人才安全、人才激励、社会保障等方面进行立法并颁布相关的法律法规、规章办法及实施细则等配套措施予以落实；对于一些运行有效的高层次人才政策，应在复制推广之后，通过立法程序上升为法律法规，确保政策执行到位。此外，为适应国际化人才吸引与发展需要，我国还应充分借鉴国际立法经验，出台移民法、海外高层次人才在华工作等方面的相关法律，形成全面覆盖、全方位保障的海外高层次人才法律体系，推进海外高层次人才工作法制化和标准化。[③]

3. 明确各级政府职责划分，注重政策执行系统性与适配性

从中央到各级地方政府部门，由于管辖范围、信息流动、规划视角以及公共权力运作条件等方面的不同，各级人才政策的制定与执行应当明确界定职责

---

① 倪海东，杨晓波. 我国海外高层次人才引进与服务政策协调研究. 中国行政管理，2014（6）：110-113.

② 薛澜. 行政审批改革的最大难点. 决策探索（下半月），2013（9）：20-21.

③ 张再生，杨庆. 海外高端人才政策评估及优化对策研究. 天津大学学报（社会科学版），2016，18（2）：123-128.

范围。中央政府作为人才战略顶层设计者,是最高级别人才政策的制定者和首席执行者,应做好以下工作:一是实施国家级重大人才工程、人才计划,招纳顶尖人才。二是致力于解决地方恶性竞争的问题,在全国范围内实现高层次人才的宏观调控,防止各地区恶性竞争造成地方政府财政压力过大的局面。三是推动各地方政府合作,以人才流动或项目合作的形式实现高层次人才优势互补,促进地区共同发展。如鼓励高层次人才流向中西部地区,流向非重点大学,以减少区域间、高校间发展差异。中央财政以转移支出的形式为当地政府提供更多的高层次人才引进专项资金,以减少这些地区和高校的资金压力。

省市地方政府应结合本地区资源禀赋,根据产业结构和发展规划吸引与之匹配的高层次人才;把高层次人才引进工作与地区特色文化、特色制度的宣传结合起来,提供差异化人才服务,让高层次人才对其工作、生活的整体环境有直观的认知。在省、市层面,应集中治理当前复杂混乱的学者计划、人才项目和头衔称号。着重保留省一级,逐步削减市级、各高校或其他单位的学者计划、人才项目和头衔称号,以实现政令统一、资源优化配置。在区、县层面,应着重配合上级政府部门的政策,在上级政府政策的基础上,制定适合本区、县的细则,充分规划好高层次人才政策的各项细节,使其具有可操作性,并根据地区实际情况做好合理财政预算。如对于高层次人才医疗保障应明确医疗和体检单位、大病医疗保险额度以及其他医疗保健措施。区、县级政府还可以在高科技园区建设上下功夫,打造一批具有地方特色、创新创业文化浓郁的科技园区,实现人才集聚效应。

(二)加强人才战略执行管理,引入多元主体参与,明晰权责关系,形成跨部门信息共享与业务协作机制

1. 加强人才战略执行管理,为各项政策优化实施保驾护航

政策优化实施需要一套行之有效的执行管理体系,应推进高层次人才战略的执行体制改革,完善政策执行活动中的各种制度规范,约束政策执行单位及人员,通过对政策管理方式、管理手段、管理技术、运行过程等方面的改革,实现政策运行的良性循环,建立有效的政策运行机制,推动政策的有效执行。[1]

---

[1] 杨芝. 湖北省高层次科技人才管理政策实施研究. 科技创业月刊, 2012, 25 (2): 17-19.

一是要完善执行机构,包括对内协调管理、对外引才和服务的机构。对内机构即是综合性机构,是中央工作领导小组之下的常设机构,负责做好高层次人才规划的制定,协调各部门政策执行,搜集全球人才信息和研究人才发展规律,是各级政府部门建立统筹人才政策执行的相应机构。对外机构可借鉴新加坡成立"联系新加坡"(Contact Singapore)组织推动企业与全球人才联系的先进经验,建立海外人才联络专门机构,健全海外人才信息库,完善海外人才服务保障措施。[1] 统筹设立集管理、协调、联系等功能于一体的高层次人才综合管理服务机构,统筹办理高层次人才日常所需服务。二是建立高层次人才管理服务权力清单和责任清单,对人才管理与服务工作实行"清单管理"。对涉及人才工作的部门在开展人才管理服务中的权限和责任进行厘定,内容涵盖政策制定、队伍建设、交流合作、职称评定等人才工作各领域,以便调动使用好行政资源开展人才服务,助力构建部门联动、分工合理、权责一致、运转高效的人才工作运行机制。三是完善执行监督制度,形成科学、多元的监督制度体系,强化政府内外部监督,建立人才服务督查问责协作机制。各部门要采取自查互查相结合机制,准确把脉引才、留才、用才问题,第一时间发现和处理问题。对相关部门执行不力的现象进行处置整改,以信息共享平台提供的进度信息为基础,推动各司其职。

2. 运用"互联网+"模式,建立信息共享与协作机制

高层次人才政策内容丰富、细节复杂,其执行涉及不同层级和同一层级的多个政府部门。若要有效实施高层次人才政策,必须推动多个单位跨层级、跨部门乃至跨地域的联动配合,共同达成政策目标。这就要建立高层次人才管理服务工作的信息共享与协同联动机制,即运用"互联网+"的技术和思维创新,打破原有管理体制的条块状态,解决部门壁垒、信息孤岛和服务碎片化等问题,形成人才工作的整体性治理体系。纵向上,确保从中央到地方各级政府相关部门之间在人才政策制定与执行时上下级相互协商、协调一致,厘清各级主体责任,通过统一的信息管理平台实时传递反馈高层次人才政策落实情况,实现全国过程监管;横向上,同级政府人才工作相关职能部门之间通力协作,通过跨

---

[1] 陈清. 自贸区建设须先做好人才文章. 光明日报,2015-4-28(16).

部门联席会议等形式积极开展工作会商,以明确共同任务,明晰部门权责,发掘工作难点,克服执行梗阻。除此之外,可专门设立高层次人才管理与服务委员会作为牵头单位,协调教育、科技、侨务、统战、外专、税务、市监等相关部门,这里可运用政务云、大数据等新一代信息技术,统建人才服务平台、人才数据库与信息共享交换平台,实现基础数据全面共享,专业业务数据按需共享。①

3. 引入社会、市场力量,探索人才服务的多中心治理模式

新公共治理理念下,公共事务由多元主体参与治理。当前,高层次人才政策实施在"党管人才"原则下,其执行主体除了党政部门,还应充分调动市场主体、社会组织的力量,实现人才服务主体多元化。一是发挥市场主体引才作用。市场主体拥有充分的信息,并且在市场竞争环境下有强烈的动机引进合适的人才。可重点围绕高层次领军型创业人才和企业急需的"高精尖缺"创新人才,出台政策鼓励企业多渠道、多方式引进高层次人才,充分发挥企业在人才引进方面的主体作用。各地区也可探索设立与引才相关的项目或奖励,以调动市场主体在人才发掘、推荐、引进等方面的行动力,特别是要解决一些高新技术企业想要引进高层次人才但资金不足的问题。二是发挥人才市场服务功能。建立国际化的高层次人才资源服务业,发挥市场主导作用,让市场机制在高层次人才引进、培养、使用、评价、交流方面起决定性作用。鼓励市场为高层次人才提供人力资源服务,配套政府专项资金投入做好高层次人力资源体系建设、在线招聘、人力资源管理咨询、人才测评、管理培训、人才发展、人力资源信息平台建设等。引入国际著名的猎头公司、人才中介服务机构,促进人力资源服务机构集聚化和规模化发展。推动本土人才中介服务机构的产业化发展,鼓励有条件的人力资源服务机构在境外建立分支机构,为高层次人才的事业发展提供个性化、专业化、高水平的中介服务。三是强化相关社会组织服务功能。地方政府牵头组建或培育支持为高层次人才提供服务的社会组织,推动与国内外知名高校、科研院所、高新企业、人才中介服务机构等建立常态化合作交流机制。

---

① 张再生,杨庆.海外高端人才政策评估及优化对策研究.天津大学学报(社会科学版),2016,18(2):123-128.

（三）构建科学的人才引进机制，端正引才导向，立足实际需求精准选才，引才方式注重与国际接轨

1. 推动引才观念、引才对象、引才方式、引才条件的转变

高层次人才引进政策的制定实施应突出灵活性与权变性，建立以人才的层次、特点、需求为内容的多维综合分类体系，通过分类管理和创新管理推动人才引进工作的革新升级。一是在引才观念上，秉持"不求所有所在，但求所用所为"的柔性引才观念，建立柔性引才与流动机制，例如，设计兼职聘用、客座讲席、业务咨询、课题合作、学术休假等政策，突破以往单位、行业、地域、国籍等对人才流动的限制，灵活引进国内外高层次人才。多元化安排引才方式，如尝试项目式、兼职式、候鸟式、组合式等方式和网络远程指导，以此让人才资源进出自由、合理流动、科学配置。二是在引才对象上，从以往单个人才引进的模式转为注重对人才团队的引进，集聚技术、管理、市场等多元人才的团队易获得规模优势。建议国家在实施人才计划的基础上，设立人才团队计划；在政策上要形成团队引进的完整服务链，建立服务直通道，帮助团队进行科技立项、工商注册、企业选址、融资咨询等。[①] 三是加强高层次人才战略与各项人才政策的营销宣传，利用最新技术，实现深层次、多方位、多角度宣传，真正把政策信息传递到位，用政策优势吸引目标人才。要细分营销目标市场，根据具体需求确立政策营销的目标对象。要让营销内容立体化，不仅宣传优惠政策本身，还应以人才个体为中心，以地方独特的文化、环境、价值观引发高层次人才的共鸣，强化对目标高层次人才的吸引力。要实现营销方式多样化，要善于使用微博、微信等新媒介，探索使用大数据技术，实现政策宣传的精准投放。此外，应当充分利用市场化手段，借助当地人才市场、猎头公司、招聘公司的专业能力推广高层次人才政策。四是放宽高层次人才引进条件（如放宽年龄门槛、户籍、编制等限制），进一步扩大人才引进范围，不拘一格降人才，立足本地区需求引进各类技术人才。要注重前沿交叉学科高层次人才的引进，瞄准关键领域关键项目，吸引综合能力强、能负责大型科研运作的科研管理人才。

---

① 顾承卫. 新时期我国地方引进海外科技人才政策分析. 科研管理，2015，36 (S1)：272-278.

2. 引才政策取向上以本地发展实际需求为出发点精准选才

高层次人才作为第一资源，其配置需遵循市场经济规律。要准确判断市场对高层次人才的需求，引进适用人才。不同的地区有不同的经济要素禀赋，将竞争优势与国家宏观的经济、科技战略相结合，在此基础上由经济、社会、文化发展战略引导人才政策的制定。各级政府在引才取向上，应从地区发展的实际需求出发，做好人才规划布局，避免盲目引进；制定重点引进高层次人才目录，从"大水漫灌"转为"精准滴灌"。一是人才规划要与经济社会结构相匹配，根据本地区经济社会发展水平和经济结构，制定高层次人才引进规划。结合客观实际引进不同层次、不同类别的人才，而不能一味追求高学历、高职称、高精尖行业人才。依照经济结构需求，优先引进急需的人才，降低产出与经济社会需求不适应的风险。二是与本地区产业发展战略布局相结合，遵循产业发展规律，围绕地区主导产业，重点引进适应"双循环"发展要求的人才，尤其是战略性新兴产业领域的人才。只有选才引才从产业配套、市场需求、带动能力等方面与本地产业深度契合，才能通过引进人才助推原有产业转型升级、做优做强。三是与本地区重点科技发展领域相结合，瞄准科技发展重大战略、重大科技创新工程及重点项目建设等实际，重点抓好学科带头人和学科紧缺人才的引进。四是要根据地区各行业发展阶段，适时作出政策方向调整。在经济起步和快速发展时期，政策偏重紧缺高层次人才的大规模引进，及时填补行业人才缺口，满足产业发展对人才的迫切需求。在完成一定规模的人才储备后，政策应转向关注如何发挥引进人才的作用，为人才提供良好的创新创业环境。当高层次人才聚集度较高、产业运行状况良好时，政策应当转向关注产业结构调整、新产业发展对前沿领域特殊人才需求增加的情况，重视高层次人才培育工作，满足产业发展对特殊人才的需求。

3. 转变单向引才方式，拓展企业为主的创新要素流动渠道

人才是第一资源，人才引进要发挥市场机制的决定性作用。从国际经验可知，企业尤其是跨国企业在吸引和培养高层次人才方面起着很大作用，而我国高层次人才引进是行政主导行为，政府在高层次人才的引进和培养方面处于绝对主导地位。作为科技创新重要主体，一线主要用人单位的引才潜能没有挖掘，积极性未能充分调动，根据对历年人才引进计划中引进单位的统计分析，企业为主的引才不足一成。在当今全球人才争夺中，必须改革与国际接轨的制度，

强化以企业为主的人才政策导向,打造市场化人才工作机制,形成"政府宏观引导、市场基础配置、企业自主用人、市场化运作"的多主体、立体化引才模式,使企业特别是跨国企业真正成为引进人才、使用人才的主体。政府主导创建人力资源服务产业园,推动形成高层次人力资源服务的完整产业链,同时向国际人才中介机构开放市场,逐步允许其以合资形式进入,促进人才资源的市场化、职业化、产业化和全球化。此外,以创新要素的开放实现高层次人才在智力上的交流是引进国外智力的重要手段。中国企业通过并购国外公司的实践也已经证明这是一种获得国外人才、专利、技术、品牌以及其他知识产权的有效方法。我国需逐渐转变单向引进高层次人才的方式,增加创新创业要素流动渠道。充分促进各类创新要素的流动,通过资本、技术、专利等要素的引入实现高层次人才的智力流入。总之,应按照推动人才国际化、引进国际化人才的任务目标,加强国际视野下的高层次人才政策体系构建,逐步形成更加有利于吸引、用好、留住人才的开放环境,增强在全球范围对高层次人才的吸引力。

(四)强化人才服务观念,提升服务水平,以制度创新优化人才服务保障体系,营造优质的科研生活环境

1. 树立以人为本的观念,持续提升服务能力与服务水平

高层次人才政策"以用为本"的观念影响至深,这种功利主义观点产生了以项目为本、以短期效益为本的负面作用。[①] 高层次人才战略的直接目标群体是人才,必须充分强调以人为本原则,把高层次人才作为服务对象,实现其个人价值与社会价值的统一。要转变政府观念,提高服务意识,创新服务方式。在构建服务型政府的背景下,高层次人才政策也要增强人才服务的观念,以人才为本,提供高质量服务。政策重心应当从吸引人才转移到留住人才、维持与人才的长期友好关系上,政策的直接目标应当致力于提供贴心服务,提升高层次人才的获得感与满意度。

建立重点人才服务专员制度(如党委联系服务专家制度),由专职人员定期跟踪服务重点人才(团队),强化感情留人,实现高层次人才服务工作的"点对点""心连心",营造重才敬才的人才发展生态环境。为高层次人才提供有效的

---

① 邹晓东,吴伟. 创新驱动与海外高层次人才区域政策. 杭州:浙江大学出版社,2015.

问题反馈和解决机制，以精细、精准、精益的全方位服务来解决人才后顾之忧，回应高层次人才在落户、租住房等方面的切身切实需求，着力解决"难点""堵点"，如高层次人才直面的出入境、落户、子女教育等问题，坚持降低门槛、简化手续。根据不同领域、不同层次、不同类型人才的需求，推出简政放权、优化服务的具体举措，不断疏通高层次人才引进梗阻，确保人才政策落地。

加强高层次人才工作执行人员培训。任何政策最终都是由具体的个人执行的，必须提高执行人员素质，提升其服务水平。一是要增强执行人员的专业化水平，对执行人员进行专业培训和业务指导，提高其基本业务素质，使其对所负责的引才领域有深入了解，以便深度服务高层次人才。二是在政策操作过程中要严明纪律性，防止执行人员违规操作、滥用权力，要加强监督，在高层次人才政务服务平台公开执行人员操作的步骤。三是应当注重对执行人员的激励，高层次人才政策工作细致繁复，需要面对方方面面难以预测的问题，需对执行人员本身进行鼓励，使其提供更为优质的服务。

2. 着力创新人才保障领域制度，优化人才服务保障体系

全方位的服务保障是吸引高层次人才入驻以及确保其正常工作的前提条件。优化人才服务保障体系要以人为本，为高层次人才提供人性化的便捷服务。一方面做好后台服务：整合多个部门职能，统筹设立集管理、协调、联系等功能于一体的高层次人才综合管理服务机构，统一办理高层次人才日常所需服务，实行有关手续办理"绿色通道""一站式"服务，让其"最多跑一次"。借助信息技术红利，改变人才服务方式，提升人才服务质量。围绕让"信息多跑路，人才少走路"，打造"前端引进、中期扶持、后续服务"的高层次人才综合服务平台，为人才提供项目申报、政策咨询、技术需求发布等"一条龙"服务，依托人才服务清单制度和高层次人才数据库，让高层次人才"一次不用跑"，在线即可办理所需服务项目。同时，整合统一的高层次人才综合服务网络，通过移动端（如手机 App、微信公众号）提供最新的人才服务信息。

另一方面优化前端服务：一是做好高层次人才安居保障工作。城市房价太高使得住房成为高层次人才尤其是青年人才关注的重要问题。地方政府要大力建设人才住宅小区，提供周转房、经济适用房，为青年人才租住房提供便利；为符合认定条件的高层次人才提供租购房补贴；给予引进的高层次人才与本地市民同等待遇的住房公积金福利。二是完善高层次人才子女入学安排。首先，必须加强教育设施建设，优化教育资源配置，提高教育质量，提供高水平的子女教育服务。其次，为高层次人才子女提供便利的入学手续，按照就近入学、个人意愿等实际情况妥善解决。最后，对于子女在义务教育阶段的高层次人才，提供户籍学生待遇；对于子女在高中阶段的高层次人才，提供学杂费补贴。三是提升高层次人才医疗保障水平。提供相应的保健待遇，设置保健医疗快速通道。完善高层次人才医疗保险制度，除社会保险之外为其提供大病保险，并每年提供高水准的体检服务。此外，在合适的条件下还应当为外籍人才提供国际医疗保险接入服务。四是为外籍来华专家提供更全面的出入境和居留便利服务。简化外国专家短期来华相关手续的办理程序，对于来华停留时间较短的外国专家，可简化来华程序、免办就业许可证；凭外国专家主管部门签发的邀请函，可办理多次往返中国签证。开设外籍人才停居留专门通道，放宽其申请办理签证和永久居留证件方面的资格条件。[①]

3. 营造良好的科研创新氛围，提供优质的工作生活环境

高层次人才受过高水平教育，有着广阔的视野，有着人生理想和目标追求。吸引并留住这样的优秀人才必须全面提升其生活和工作环境，包括制度环境、社会环境和生态环境等。良好的科研创新氛围和工作生活环境不仅能够吸引人才来本地创新创业，为他们提供一个在此扎根生活、奋斗的理由，而且能提供一个自由创新和施展才能的空间，帮助人才达成目标、完成事业、实现价值。一是从宏观上打造一个法治、廉洁、公正的社会，发展社会主义民主政治，建立现代化的政府治理体系，提高高层次人才的政治地位。二是为高层次人才提供良好的市场环境，充分发挥市场在资源配置中的决定性作用，保护知识产权，改善金融环境，构建"亲""清"新型政商关系，使高层次人才能够较为自由充分地发挥其能力进行创新创业。三是要打造宜居城市、和谐社区，给人才提供舒适的生活环境，全面提升城市教育水平、医疗水平以及其他政府公共服务水平，着力改善城市容貌和生态环境。四是在文化领域要为高层次人才提供开放的精神空间，充分满足其对历史、艺术、娱乐等方面的需求，彰显地方丰厚历史底蕴和文化内涵，增强城市的文化吸引力。此外，最为重要的是科研氛围和创新环境，塑造尊重知识、尊重人才的社会氛围，倡导诚信的学术氛围，净化

---

① 详见中共深圳市委、深圳市人民政府印发的《关于促进人才优先发展的若干措施》。

学界风气，解决"山头主义""学术圈子""论资排辈"及科研公关潜规则等问题，为高层次人才提供公平竞争的环境。

（五）遵循人才成长规律，创新人才激励机制，深化人才培养与使用办法，推动海外人才与本土人才共同发展

1. 因时制宜、因地制宜，采取差异化策略激励人才

激励政策要因时制宜，根据高层次人才成长阶段，适时针对性调整措施。如对于刚回国或新就业的青年人才，要以保障型激励政策为主，解决其安居乐业的基本生活问题和科研经费启动资金等工作条件问题。对于中青年阶段的人才，其有工作经验和社会声望并在财务方面压力较小，应提供有助于自我实现的发展型激励政策，在常规性物质激励基础上，着重为他们提供自由发挥才能的平台和资源，使其充分发挥个人天赋和职业技能，实现自身价值。对于中老年有突出贡献的人才，可设立国家荣誉奖励制度，突显此类群体的社会声望。对于创新创业人才，随着项目成长，应在创业初期的一次性或短期物质奖励基础上逐步采用长期性、多样化的激励手段；建立市场化薪酬制度，探索股权期权激励方法，将创新创业成果同人才自身的收益相关联，驱动人才产出效益；出台税收激励政策，设置税收优惠期，对项目产出给予一定的税收减免优惠待遇。

激励政策要因地制宜，根据不同学科性质及特点，采取差异化策略，细化激励措施。应用类学科通常产出较高、成果周期短，而基础学科研究周期非常漫长，投入无法立竿见影，但基础学科的重要性不容忽视。人才激励政策的制定要从科研规律出发，为基础学科的科研人员提供足够宽松的环境、持续的资金支持。与此同时，对应用类学科的科研人员层层叠加重奖，激发其勇攀高峰，不断实现突破。应进一步完善人才奖励办法，财政每年应安排专项资金，奖励那些在自主创新与产业发展方面作出突出贡献的人才。修订政府特殊津贴人员选拔管理办法，根据经济发展提高津贴标准。实施激励措施时，要保证奖惩制度的公平公正，公开评优标准和评优过程；建立申诉、督查机制，及时查证激励措施是否合规；探索经费管理方面的简政放权措施，科学规范地使用各项激励经费，以充分发挥激励机制的作用。

2. 强调人尽其才，充分发掘人才潜力发挥其专长

高层次人才成长、培育、发展是一个漫长的过程。首先，高层次人才的成

长有规律性，只有遵循这一规律才会形成人才辈出的局面。同时，人才价值的发挥必须遵循人才发展的一般规律。在市场经济条件下，评判高层次人才价值不仅要考虑学历和资历等硬条件，还要考虑其潜力或能力发挥等软条件。"人尽其用、才尽其用、用得其所"，使用高层次人才要充分发掘其比较优势。一个人在某个领域是专家，在另一个领域就不一定有发言权，或者说一个高层次人才只在某些岗位才能发挥才干。应建立以人才评价体系为核心的人才选拔使用机制，运用职业技能来评价、选拔人才。其次，要遵循高层次人才发展的生命周期。人才成长有一定的过程，其价值在不同阶段也是不同的。最后，在使用过程中对高层次人才的激励必不可少，而且需要多样化及个性化的激励方法以满足不同人才个体差异化的需求。除了经济激励，还应当为人才提供其所看重的社会地位、政治地位、自我实现等多方位的激励，如探索建立行政与学术职务分离及转换机制，每一种学术和技术职务对应一定的待遇和资源支持，方便承担行政职务的高层次人才向对等的学术和技术职务转换。

习近平总书记强调，"要最大限度调动科技人才创新积极性，尊重科技人才创新自主权，大力营造勇于创新、鼓励成功、宽容失败的社会氛围。"[①] 在高层次人才的使用过程中，要给予他们更加宽容和自由发展的成长环境，使他们有更多机会寻找自身的定位，包容其探索创新的"试错"，使其通过多种渠道挖掘、发展自己的潜能，从而在恰当的领域、岗位上作出创新性的贡献，同时实现自身价值。[②] 此外，要摒除"重体制内专家、轻体制外人才"的陈旧观念，让政策资源惠及更多体制外人才，调动其科研积极性，充分发挥创新创业能力。

3. 坚持引育并重，实现引进人才与原有人才共同发展

坚持高层次人才引进与培育相互协调的理念。除了吸引国内外高层次人才之外，还应当重视本土人才培育。引进高层次人才是为创新创业增添新鲜血液，培育本土高层次人才是制造血液。应当认识到，不管是"输血"还是"造血"，都是为了实现以人才促发展的根本目的；"输血"只是暂时的，"造血"才能为本土经济社会发展提供长久稳定的高层次人才资源。引入高层次人才主要是为

---

① 习近平在中国科学院考察时强调 深化科技体制改革增强科技创新活力 真正把创新驱动发展战略落到实处. 人民日报，2013-07-18 (1).
② 孙锐. 构建具有中国特色的人才治理体系：学习习近平总书记人才工作系列重要讲话精神. 行政管理改革，2015 (4)：4-8.

了弥补现阶段相关学科或行业人才的供给不足,"输血"为"造血"制造了机会,提供了更多缓冲时间,而更大规模持续供血还应当依靠"造血"。高层次人才战略要逐步把注意力从引进高层次人才转变到培育本土高层次人才的工作上。对本土人才培育的重视,主要是强调缩小其与引进人才的待遇差距,以免打击本土人才的积极性。需处理好引进人才和原有人才之间的冲突。引进高层次人才会对原有人才造成一定的冲击,新引进的人才通常会获得大量政策优惠、项目资助、生活补助,容易引起原有人才的不满。因此在引进人才的同时,也要加强内部原有人才的培养和扶持,并通过各种途径促进其相互了解、彼此合作、相互学习,以打造更具实力的人才团队。

同时,在知识迅速更新的当下,应当为高层次人才提供知识更新的便利条件、科研创新的平台、干事创业的载体,促进其与时俱进进一步成长,以发挥更大的社会价值。要建立高层次人才培养经费投入的动态增长机制,完善人才培养政策体系。培养经费投入不仅覆盖体制内高层次人才,而且应无差别关照体制外人才,毕竟民营经济亦是技术创新的重要主体。人才培养专项计划对象应从个体向团队延伸,提高领军人才的带动效应。加大对青年人才的培养支持力度,降低人才培养专项计划中青年人才的入选门槛,让更多青年人才获得资源支持并从中获益。制度设计要充分尊重科技劳动价值,提高科研经费中人力资本的收益,打破劳务费发放比例的刚性约束,以劳务费用补偿激励参与重大项目研究的青年人才。

(六)发挥市场作用优化配置人才资源,着眼人才流动的动态监测与规律研究,形成有序的人才环流格局

1. 充分发挥市场机制作用,打破人才流动的刚性约束

高层次人才政策应当致力于打破人才流动的障碍,破除人才发展的约束,建立开放、包容的高层次人才市场机制和环境。强化市场地位,借助市场力量和价格杠杆去吸引人才、使用人才、回报人才,更好地用活"第一资源"。[①] 习近平总书记提出"人才政策方面手脚还要放开一些"。须打破各种不利于人才引进与发展的制度性约束,以政策集成优势打造人才高地,让有志来华发展、为

---

① 孙锐. 构建具有中国特色的人才治理体系:学习习近平总书记人才工作系列重要讲话精神. 行政管理改革,2015(4):4-8.

华贡献的海外高层次人才"来得了、待得住、用得好、流得通"。例如，当前签证政策和国籍政策阻碍了人才国际自由流动，使得我国在国际高层次人才争夺中处于劣势。应针对外国高层次人才制定相对宽松与富有弹性的签证制度，出台便于外国专家入籍的方案，为人才的跨国流动"松绑"。改进绿卡制度，参照欧盟"蓝卡"计划和美国"绿卡"制度，建立我国"人才绿卡"，以及出台面向急需的高精尖领域创新人才移民的积分制，分层分类对人才施策，持卡人在住房、医疗卫生、子女教育、出入境与停居留便利等方面享受绿色通道或一卡通服务待遇。①

按照市场规律形成畅通的人才流动机制。建议放宽高校及事业单位、国有企业科研人员临时因公出国（境）限制，根据实际需要审批其因公出国（境）的批次数、人数及在外停留时间，灵活管理并简化审批程序。鼓励各单位高层次人才出国交流，学习和引进国外先进技术。支持具备较强专业技术的高校、科研院所等单位的高层次科研人员暂离岗创业，促进其实现技术成果转化。建立健全企业家和企业科研人员在高校和科研院所的兼职制度，吸引有丰富创新创业实践经验的企业家或企业科研人员兼职，借此推动校企人才流动与项目合作，并把企业家和企业科研人员的实践经验输入高校和科研单位。

2. 优化地区间人才调配，政策资源向欠发达地区倾斜

适当的人才流动机制有助于高层次人才尽其所能、发挥所长，同时也是助力高层次人才拓展事业、发展兴趣的一种激励方式。在激励高层次人才区域自由流动的同时，需依托一些行政调配手段，避免因信息不对称出现人才流动"失灵"问题，防止高层次人才配置的地区间失衡，向欠发达地区倾斜政策资源，鼓励高层次人才向基层和偏远贫困地区流动，帮助经济落后地区发展。一是鼓励和支持高层次人才到基层小微企业和偏远贫困地区创新创业、提供专业服务指导。重大人才工程项目根据具体情况适当向偏远地区倾斜，为经济落后地区提供更多的发展机会。中央政府财政应每年安排专项资金，对在基层偏远地区艰苦岗位工作的人才予以资助支持。二是需要协调东西部国家级高层次人才引进标准，国家级人才项目从政策上和名额数量上可以适度向西部高校倾斜，也可以降低国家级人才项目入选标准，但不鼓励西部高校国家级人才项目入选

---

① 杜红亮，赵志耘. 中国海外高层次科技人才政策研究. 北京：中国人民大学出版社，2015.

者跳槽到东部地区，搞乱评价体系，对西部高校发展不利。针对当前发达地区高校疯狂"挖人"，造成中西部和东北部地区高校自身"造血"能力减弱的现状，有关部门亟须出台一定措施，严惩恶意挖墙脚的高校，这样才能让人才真正安心搞学术，而不用过多权衡利益得失。此外，应加强区域间人才流动，进一步整合区域内人才资源，推进区域内人才合作与开发，增强区域整体人才吸纳能力。

3. 加强动态监测与规律研究，确保人才流动稳定有序

从全球范围来看，当前我国相关部门对海外高层次人才的地域分布、学术专长、人才跨国跨域流动等情况缺乏掌握，高层次人才信息（情报）收集工作滞后于高层次人才引进的迫切需求，导致政策目标不明确，人才管理相关工作开展颇为盲目，大大增加了政策实施风险。从国内情况来看，中央和地方政府有关部门缺乏对于国内高层次人才总体情况，如人才基本信息、人才流动情况等信息的搜集和共享，仅从表面掌握人才流动情况，而并未对人才流动进行动态监测和规律研究，难以解决区域人才失衡问题，无法优化人才资源配置。为解决这一问题，亟须安排特殊机构——高层次人才研究中心（政府内部成立或者政府与研究机构以智库形式组建的中央人才工作领导小组下的常设机构），专责搜集人才信息（情报），对国内外高层次人才的现况和动态变化进行跟踪监测，实时把握人才流动情况，研究人才流动规律，以便为政府决策部署和政策调整提供科学参考依据，以期增强我国高层次人才政策的科学性、及时性、精准性、延续性、完备性与可操作性。

研究中心需借助信息技术，搭建基于大数据挖掘技术的高层次人才信息动态数据库，形成相对完整的海内外高层次人才档案资料库，包括海内外高层次人才的基本资料、专长领域、研究经历、取得成果、信用记录等方面信息，对高精尖科技人才进行科技人力值的动态测评，加强对高层次人才流动的跟踪。信息数据定期更新以保障情报的准确性，同时可推动与国际组织如 OECD、联合国教科文组织统计研究所等合作，探讨统计方法，制定统计标准，共享存量资源。[1] 对于中央而言，可依托人才流动现状与趋势分析，给出政策支撑，合理调配资源，确保整体人才流动稳定有序。对地方而言，可立足本地区实际需

---

[1] 杜红亮，赵志耘. 中国海外高层次科技人才政策研究. 北京：中国人民大学出版社，2015.

要，通过大数据分析寻找合适人才，并与人才猎头公司合作，聘请专业猎头公司精准掌握人才动态，接触了解其意向。

（七）打造完备的人才评价体系，探索设置退出机制，建立跟踪与反馈机制，做好人才政策执行的风险管理

1. 构建科学合理的人才评价体系，形成完备人才评价机制

人才评价制度具有重要的导向作用，人才评价的内容设置往往决定了人才发展导向。习近平总书记在中国科学院第十九次院士大会、中国工程院第十四次院士大会上的讲话要求，"创新人才评价机制，建立健全以创新能力、质量、贡献为导向的科技人才评价体系"，"正确评价科技创新成果的科学价值、技术价值、经济价值、社会价值、文化价值"，"把人的创造性活动从不合理的经费管理、人才评价等体制中解放出来"。建议相关单位安排专责考评部门，加快建立引进人才的分类评价体系，出台高层次人才评价条例，明确评价对象、标准及评价过程中会涉及的组织机构设置、人员配备、经费支出、评价时限等问题。每年对本单位高层次人才进行一次全面评估，有条件的地区可以探索人才引进单位和引进人才的双向考核。在人才认定期满时，对其成果作总体评估，特别注重质量评估，以确定是否为其颁发下一期高层次人才认定证书，或是否提高其高层次人才认定水平。

考核内容包括几个方面：一是岗位职责，包括在岗时间、工作完成率、工作目标实现情况等，评估是否按照协议约定要求履行工作职责；二是获得成果，不仅包括项目立项/结项、论文著作及新专利数量、荣誉奖励等，而且包括其创新能力发挥情况、科研过程质量，评价论文时，要尊重学科之间的差异，不能一味追求以期刊分区作为统一标准；三是人才培养，包括其培养的硕士、博士等；四是科研团队管理，主要是其领导的团队的目标实现情况；五是经济社会效益，即科研成果转化情况，科研产出的经济和社会贡献程度，通常自然科学成果更为具体，而基础学科及社会科学贡献更为抽象，要给出差异化评价办法，如严格审查社会科学成果的原创程度和合理性；六是身体和精神条件，主要结合体检或其他方面的信息，考察其身体、心理状况能否继续担任当前职务。高层次人才评价的具体方式和内容由其所在单位根据人才层级和工作性质确定。制定评价的规范程序，公开程序和操作办法，应用现代技术确保考核工作全过程

可追溯，随机抽取同行专家或委托第三方专业机构进行考核工作，以确保公正、公平。

2. 人才评价结果与激励挂钩，探索不合格人才退出机制

将常规性的人才评价工作与人才激励相挂钩，奖罚并重、奖惩分明。着力规范当前各类人才无序竞争与各类人才"帽子满天飞"的现象，避免重复获得同级别人才项目，杜绝资源集中、重复支持一个人。人才项目称号等不能作为永久性头衔，合理的认定资格期限和退出机制有助于激发人才更大的创新创业热情，促使项目效率最大化，这是高层次人才政策持续发展的必要条件。建议遵照"德才兼备、以德为先"的原则，推动建立不合格人才的退出机制，避免"只进不退""一劳永逸"风气蔓延。评价高层次人才是否按照约定要求承担工作职责，如人才计划入选者若不能履约回国工作，应当撤销其资格。对不再符合要求的人才应当依据情况，劝其退出或取消其资格。退出机制须根据评价情况，对主观上工作态度懒散、成果完结率低、管理混乱、浪费资金等的人员，坚决取消其资格，对弄虚作假、挪用资金的个人和单位更要依法处置；对因年龄、健康或其他原因不能继续当前工作，但工作积极、有较大贡献的高层次人才则劝其退出，并为其提供一定数额的退出保障金，以奖励其所作贡献。

高层次人才有着较高的社会地位和声望，因而其道德水平不仅关系到重大项目能否完成、社会利益能否实现，同时也会对学界风气乃至社会风气有影响。必须坚持把道德品质放在人才评价的首要位置，不仅要考察高层次人才职业道德，还要充分考察其个人品德。一方面，用人单位可以采用人才聘期述职、测评考核等方式把握高层次人才是否遵循职业操守；另一方面，用人单位需注重民意调查，及时收集生活作风相关信息，防止出现生活腐化及师德师风问题。在制度上，在规范人才诚信档案的同时探索建立失信黑名单制度，完善诚信承诺和失信惩戒措施，实行学术造假、专利造假"一票否决制"，撤销其违规取得的头衔称号，收回课题经费等项目支持，并终身不再授予其相关称号。此外，还应当将失信、惩罚记录对接全国信用信息平台。

3. 健全风险监管体系，建立执行全过程跟踪与反馈机制

针对当前人才政策执行过程中的管理松散、违约履职等问题，亟待加强高层次人才工作重点领域与关键环节的风险管理，充分考虑高层次人才引进、保障、激励等项目执行各个环节隐含的风险，建立政策执行全过程跟踪与反馈机

制。一是严格审查引进人才的履历，防止弄虚作假。对申报人才提供的学位学历、发表文章著作、承接项目、取得专利等资料严格把关，通过国内外相关网站、导师及同事等多种途径进行查验。对于重大引才，应当委托专业机构进行尽职调查，做好同行评审工作，查验征信信息等。除了审查所取得成果、荣誉，还需要综合考量其技术操作能力、团队协作意识、项目管理能力，以考察是否值得支持其研究。二是对于高层次人才的认证、评价以及项目支持，应注重考察其产出成果和实际影响，防止简单以各种头衔（职称）为标准。推动人才称号（头衔）的"去利益化"，斩断潜藏的利益链条，防止高层次人才头衔变为敛财手段。鼓励创新创业的高层次人才潜心研究和发展，真正发挥社会价值。三是对高层次人才申报的重大项目做风险评估并予以公开（涉密除外）。重大项目必须做好前期调研工作，防止后期执行中的财政资金损失。聘请专业领域评估专家或第三方管理咨询公司进行项目风险评估，对重大项目的风险发生概率、风险可能影响范围、风险预期发生时间、风险可能产生的后果、风险等级进行判定。根据风险评估结果决定是否同意或如何开展该项目，以便将可预见性风险降至最低。此外，项目风险管理是一个动态的过程，需要在项目不同阶段持续跟踪，及时反馈处理问题，做到项目全过程的风险管理。四是分散创新创业金融风险，健全高精尖项目的投融资体系。建立风险投融资机制，制定科学有效的资金管理制度，广泛吸纳海内外各类社会资本、金融机构参与高层次人才创新创业项目。引导和建立一批高精尖项目的风险投资基金，逐渐减小政府资本比例，让市场化投融资保障项目自由运转，确保项目以结果产出为导向，以便分散和减小各方投资风险。

专题四
高校高层次人才引进的地区性差异研究 *

        一、引言

        二、文献综述

        三、研究设计

        四、高校高层次人才引进数量的地区性差异

        五、高校高层次人才引进质量的地区性差异

        六、高校高层次人才引进政策的地区性差异

        七、研究结论、讨论与政策启示

---

* 本专题为中央高校基本科研业务费专项资金项目"高校教师人才数据库/案例库建设"(项目编号：20720151200) 研究成果，作者为丁煜、胡悠悠、张梦圆。

一、引言

知识经济时代，人才的价值日益凸显。党的二十大报告指出："我们要坚持教育优先发展、科技自立自强、人才引领驱动，加快建设教育强国、科技强国、人才强国，坚持为党育人、为国育才，全面提高人才自主培养质量，着力造就拔尖创新人才，聚天下英才而用之。"可以说，国家间的竞争本质上就是人才的竞争，因此越来越多的国家积极制定各种人才发展战略，在全球性人才市场"抢挖"人才。

高层次人才作为核心技术知识的掌握者，处于人力资本金字塔的顶端，是攻破关键技术、带动高新技术产业或新兴学科发展的领军人物，或是具有一定发展基础并有潜力成为未来领军人才的青年才俊[1,2]。高层次人才具有"学术人"身份，并具有学术界认可度较高、核心性、稀缺性、不可替代性等特征[3]。而高校作为高层次人才的聚集地和培养地，对于其核心竞争力——高层次人才的需求更为迫切，因而高校间的竞争本质上就是高层次人才竞争。

高层次人才是全球性稀缺品。发达国家和地区主要通过移民政策、入境居留政策、留学生政策、科技项目资助政策以及丰厚的劳动报酬等措施来吸引高层次人才。研究表明，虽然国家科研投资实力和学术研究环境在人才引进中起决定性作用[4]，但高校基于自主性人才政策所建立的雇主品牌，包括保障高层次人才的学术自主权、提供科研资金支持和学习机会、创造职位发展空间等方面，也有助于提升高校在高层次人才竞争中的优势地位[5]。

目前我国关于高层次人才引进的研究主要聚焦于"人才东南飞"的地区失衡问题，认为西部地区高层次人才的存量远远低于东部地区，且与东部地区的差距逐年拉大，主要原因在于西部地区高校在人才引进中居于弱势地位，人才

---

[1] 高筱梅. 论新型高层次人才及其培养. 现代大学教育，2004（2）：109-111.
[2] 倪海东，杨晓波. 我国海外高层次人才引进与服务政策协调研究. 中国行政管理，2014（6）：110-113.
[3] 斯蒂芬·罗宾斯. 组织行为学. 北京：中国人民大学出版社，2005.
[4] Kim D, Bankart C, Isdell L. International doctorates: trends analysis on their decision to stay in US. Higher Education, 2011, 62 (2): 141-161.
[5] Brosi P, Welpe I M. Employer branding for universities: what attracts international postdocs?. Journal of Business Economics, 2015, 85 (7): 817-850.

难以引得来；即使引来了，也难以留得住。[1] 尽管西部地区的政府出台了一系列人才引进政策，但人才引进工作依旧成效不显著。[2] 而东部地区的高校，由于可以为高层次人才提供极具吸引力的薪酬待遇和其他生活保障，因而在"人才大战"中成为中西部地区的"人才收割机"。一些研究从高校角度关注高层次人才的引进，认为高层次人才的需求已经从中央部属高校向其他高等院校延伸，越来越多的地方普通高校加入高层次人才的竞争。[3] 甚至有研究表明，比起高校所在城市，高校本身与高层次人才的关系更加显著。

可见，无论是实践领域还是学术研究领域，高层次人才引进问题都备受瞩目。但从国内关注的主要内容来看，仍存在一定的局限性，主要表现在以下两方面：一是片面关注高层次人才流动的地域偏好，忽视了地域偏好表象下的内在拉力；二是片面关注高层次人才流动的地区数量差异，忽视了高层次人才内部质量的异质性。本专题即针对以上两点局限性，旨在探讨高层次人才引进过程中，隐藏在地区偏好表象下的高校层次偏好问题。具体的研究问题包括：第一，"人才东南飞"现象是客观存在且具有长期性的，但"东南"地区不仅具有社会经济发展水平高的特征，也同时具有高校尤其是高水平高校密集的特征，因而，如果控制各地区高校数量的差异，高层次人才引进是否仍会表现出显著的地区偏好？第二，更具竞争优势的高层次人才引进地是否具有"撇脂"（creaming）行为，即高层次人才竞争市场是否已经分层，地区间竞争是否开始从直接对抗转向梯度互补？

二、文献综述

（一）国外研究现状

当今，国家间的竞争归根到底是高层次人才的实力竞争。各国政府认识到人才尤其是高层次人才的价值和重要性，积极制定各种人才发展战略，出台各

---

[1] 冉向东. 贵州地方高校转型发展中高层次人才引进的措施及建议：以 TR 大学为例. 中国管理信息化，2018，21（21）：2.

[2] 史策. "四个一流"背景下陕西高校高层次人才引进现状及对策研究. 经济研究导刊，2018（18）：123-124.

[3] 张建奇，刘向红. 广东省"双一流"建设中人才引进的现状及对策建议. 广东技术师范学院学报，2018，39（2）：8-12.

种引才政策，参与全球性人才市场的竞争。从经济学角度出发，应由市场来进行资源配置，全球人才市场也是如此，人才流动也遵循市场规律。由于发达国家在人才引进上更具优势，成果颇多，引才工作的经验也更为丰富，因此关于国外人才政策的研究主要集中在美国、日本、加拿大、新加坡等经济发达国家的人才政策上。

米歇尔·格里高洛（Michele Grigolo）、马修·利塔特（Matthieu Lietaert）等人分析了欧洲国家的高层次人才引进和人才流失问题，他们认为欧洲国家高层次人才流失的主要原因是其学术体系缺乏竞争性，同时，高校改革的滞后性以及人才引进相关政策法规的缺失对吸引人才产生负面作用，因此欧洲国家应当尽快出台并不断完善人才引进政策。[1] 金东彬（Dongbin Kim）等人剖析了大量人才流向美国的现象，发现国籍和研究领域是人才引进的影响因素，但起决定性作用的因素是某一研究领域的国家科研投资实力和学术研究环境。[2] 布罗西（P. Brosi）和韦尔普（I. M. Welpe）则创新性地将信号理论应用于高校人才引进的研究中，结合285名国际博士的调查研究结果，提出高校应该出台相关政策来建立自己的雇主品牌（包含保障高层次人才的学术自主权、提供资金支持和培训机会、说明职位发展等重要内容），以在人才市场竞争中获取优势，实现吸引人才的目的。[3]

通过梳理全球发达国家和地区的人才引进政策发现，发达国家和地区主要通过移民政策、入境居留政策、留学生政策、科技项目资助政策以及丰厚的劳动报酬来吸引人才，并且通过完善相关的中介服务体系、提供完善的配套服务来创造良好的人才引进环境，提升引进人才的工作效率。[4] 学者较多关注的是德国、日本、新加坡的人才引进经验做法。

21世纪初期，大量高层次人才涌向美国，对欧洲的人才引进工作产生了较大影响。为此，德国政府积极采取措施，于2000年实施绿卡计划，制定宽松的移民法案；创造有竞争力的人才环境，实施各种人才计划，如德国政府制定的

---

[1] Grigolo M, Lictaert M, Marimon R. Shifting from academic "brain drain" to "brain gain" in Europe. European Political Science，2010，9（1）：118-130.

[2] Kim D, Bankart C, Isdell L. International doctorates: trends analysis on their decision to stay in US. Higher Education，2011，62（2）：141-161.

[3] Brosi P, Welpe I M. Employer branding for universities: what attracts international postdocs？. Journal of Business Economics，2015，85（7）：817-850.

[4] 陈永乐. 临沂市高层次人才引进的问题与对策研究. 南京：南京航空航天大学，2018.

"国际研究基金奖",德国联邦经济和技术部启动的"2008 特修斯人才创意竞赛"计划,洪堡基金会制订的一系列人才吸引计划;针对海外留学生,德国政府不断完善中介机构的服务,促使人才回流等。[①]

日本为了应对国际"人才争夺战",积极制定人才政策,开放国内环境,吸引国外优秀人才加入。例如,成立"21 世纪留学生政策委员会",出台人才落户政策,制定"留学生 30 万政策";为学生提供免费研修计划,设立补助金项目帮助本国出国留学生在国外生活以及入境的短期留学生在日学习和生活;此外,通过一定的激励政策和手段,邀请国外优秀研究人员到日本高校和科研院所从事研究工作,并资助日本年轻研究人员到国外开展合作研究。[②]

新加坡通过政策优惠来积极引进海外人才,提高国际竞争力。例如,新加坡政府从 20 世纪 80 年代开始就制订了一套详细的移民计划,如今已经成为国内的一项制度;新加坡政府颁布规定,企业在人才培养方面的支出可以享受减税优惠;政府通过提供奖学金等激励手段,吸引国外的一些优秀学生来新加坡上大学并给予培养,与其签订工作协议;更值得一提的是,新加坡国家领导人会亲自邀请优秀人才到新加坡工作生活。[③]

(二)国内研究现状

关于我国高校高层次人才引进的现状,学术界已形成一定的研究成果。大多数学者以地区、省市甚至某所高校为研究对象,分析其人才引进现状。整体上,我国高层次人才引进的数量逐年增加,国家及各地方政府的相关引才政策也陆续出台,但各地区、高校人才引进的成效不尽相同。吴德刚等人指出,受我国地区经济发展不均衡等众多因素的影响,西部高层次人才存量与东部差距较大,高层次人才规模与东部和全国平均水平的差距非常明显。[④] 刘方成等人通过收集数据,统计了 2013 年我国各地区高校平均高层次人才分布情况,数据

[①] 张文剑. "双一流"建设视阈下高校高层次人才管理战略研究. 广州:世界图书出版广东有限公司,2017.

[②] 张文剑. "双一流"建设视阈下高校高层次人才管理战略研究. 广州:世界图书出版广东有限公司,2017.

[③] 张文剑. "双一流"建设视阈下高校高层次人才管理战略研究. 广州:世界图书出版广东有限公司,2017.

[④] 吴德刚,曾天山,邓友超. 我国西部地区人才资源开发战略研究. 教育研究,2015,36(4):33-41,69.

表明：西部地区高校平均高层次人才数量最少，远远低于东部地区。[1] 冉向东进一步对西部地区贵州省高校开展深入研究和调查分析，结果发现，贵州地方高校在高层次人才引进上表现较弱，难以吸引人才，即使引进了人才，也难以留住[2]；史策则分析了西部地区陕西省高校高层次人才引进现状，研究发现：尽管地方政府出台了一系列人才引进政策，但陕西省高校的人才引进工作成效依旧不显著。[3] 而学者张建奇、刘向红选择对经济发达省份广东省的人才引进工作进行研究，结果表明：在"人才大战"中，广东省高校拥有为高层次人才提供极具吸引力的薪酬待遇的物质能力，因而引进了不少高层次人才。其中，南方科技大学在人才引进的力度上超过了全国很多211高校甚至是985高校，深圳大学的高层次人才数量已达到全国211高校的中等水平。[4] 可见，高层次人才引进成效与所处地区、高校息息相关；同时应注意到，高层次人才的引进需求已经从中央部属高校向其他高校延伸，越来越多的地方普通高校陆续成立人才办公室[5]，负责海内外优秀人才引进工作，加入高层次人才的竞争。

然而，究竟哪些因素会影响高校高层次人才的引进呢？学者多从社会因素、组织因素和个体因素等层面进行探讨。比如，2013年5月，中央多个部门联合对全国范围内的211大学及各省重点建设大学的教师进行了问卷调查，结果表明：家庭和个人因素对人才引进的影响更大，而学术发展和薪资待遇的影响相对较弱。[6] 由26国合作完成的"学术职业变革"调查发现：性别、年龄等基本特征和工作满意度等对高校人才引进的影响较大，而学校声誉、薪资收入等因素并无显著影响。[7] 此外，学者由由通过回归分析发现与教师机会成本

---

[1] 刘方成，吴孟桃. 西部地区高校人力资源现状与发展预测. 重庆高教研究，2016，4(2)：7-14.

[2] 冉向东. 贵州地方高校转型发展中高层次人才引进的措施及建议：以TR大学为例. 中国管理信息化，2018，21(21)：2.

[3] 史策. "四个一流"背景下陕西高校高层次人才引进现状及对策研究. 经济研究导刊，2018(18)：123-124.

[4] 张建奇，刘向红. 广东省"双一流"建设中人才引进的现状及对策建议. 广东技术师范学院学报，2018，39(2)：8-12.

[5] 朱晗文. 地方普通高等院校人才引进现状及改善措施研究. 教育教学论坛，2017(24)：215-216.

[6] 郭洪林，甄峰，王帆. 我国高等教育人才流动及其影响因素研究. 清华大学教育研究，2016，37(1)：69-77.

[7] 谷志远. 我国学术职业流动影响因素的实证研究：基于"学术职业的变革—中国大陆"问卷调查. 清华大学教育研究，2010，31(3)：73-79，89.

相关的能力、搜寻、匹配和机构特征等因素对高校教师的流动意向有显著影响。[1]

高校高层次人才引进过程中所暴露出的种种问题也是学者关注的重点。整理归纳发现，高校在高层次人才引进的过程中主要存在如下问题：第一，盲目引进人才。某些高校基于一时的评估、声誉等需要，一味地引进人才，而缺乏前期的调研和后期的人才发展规划，导致人岗不匹配、师资队伍结构不合理、人才难以发挥积极作用等。[2] 第二，人才引进测评存在片面性。高校侧重于对人才的论文发表数量、主持科研项目数量以及获奖情况进行衡量，而对科研成果质量、人才发展潜质、教学水平以及团队协作能力缺乏考察。[3] 第三，"重引进、轻培养"现象严重。高校引进人才后对人才到校后的培养缺乏长期性的常态化管理，很多招聘时强调的待遇、优惠政策等存在投入不足、持续性不足的问题[4]，并且高校没有为人才的后续发展创造有利的环境。[5] 第四，人才流失严重。部分高校没有采取有效的稳定人才措施，导致引进的人才大量流失。[6] 李越等基于重庆市 13 所高校海外高层次人才引进的实证分析发现：重庆市高校引进的海外高层次人才存在"引得进"，但是"用得不够好""留得不够好"的问题。[7] 第五，人才难以发挥效用。谢婷婷指出部分高校引进的人才喜欢"关门"研究，此外，大多数的高层次人才是以兼职的身份引进的，在国内高校的工作时间分散、过短，难以对整个学校学术科研水平的提升发挥作用。[8] 许谦基于江苏省十年的高层次人才引进数量进行分析，结果发现，江苏省高校的高层次人才在数量规模上发展效果显著，但是人才数量的增长对江苏省高校的建设发

---

[1] 由由．机会成本与高校教师流动意向的实证研究．中国高教研究，2014（3）：60-67.
[2] 孙佩佩，曹丽丽．浅析高校高层次人才引进工作存在的问题及对策．科教文汇，2018（34）：122-123.
[3] 邵会婷，杨华春．双一流视角下高校人才引进工作中存在的问题及对策．教育教学论坛，2018（49）：16-17.
[4] 王生．新形势下高校人才引进和培养机制研究．辽宁高职学报，2018，20（8）：81-83.
[5] 蒋莹，陈斐．高校海外高层次人才引进现状与优化对策研究：以江苏省为例．科技管理研究，2014（24）：107-111.
[6] 王妍妮．关于地方高校人才引进工作的思考．智库时代，2018（40）：82-83.
[7] 李越，何艳君，刘向莉．海外高层次人才引进的市场化研究：基于重庆市13所高校的实证分析．西南师范大学学报（自然科学版），2018，43（7）：13-18.
[8] 谢婷婷．浅析我国高校人才引进现状．科技经济导刊，2016（28）：184.

展乃至江苏省整体经济发展的效用并不显著。[①] 除此之外，学者提出的问题还包括：高层次人才引进渠道单一[②]、在人才引进中缺少成本核算及引进后缺乏相关考核机制[③]、引进人才与现有人才的融合问题[④]等。

　　针对上述人才引进过程中出现的各种问题以及相关影响因素，学者从多方面提出了解决对策。刘永林和周海涛从高校引才工作的过程出发，提出高校人才引进要把握四个"度"，即精准度、和谐度、达成度及持久度[⑤]，总结出人才引进工作的关键要点。布罗西和韦尔普以信号理论为基础，提出高校应通过相关政策来建立自己的品牌，帮助人才更加清晰地了解高校实情，包括学术自主权、科研资源、职位发展情况等[⑥]，以吸引人才流入。除此之外，很多学者提倡从人才引进激励机制、人才引进评价机制、人才培育机制和人才考核机制等方面加强高校人才引进的相关机制建设。杨新华和居占杰认为解决高校人才引进工作中的种种问题需要通过健全人才引进、培养、激励与评价等机制，协调各环节工作。[⑦] 钱逸昀结合浙江省高校海外高层次人才引进与管理的现状，从引进计划与前期评估体系构建、引进途径拓展、引进后服务体系完善及人才可持续发展机制探索四个方面构建浙江省高校海外高层次人才引进机制。[⑧] 王振合基于对地方高校人才引进工作的实证分析提出，通过完善学术评价制度、建立人才引进的激励与监督制度、建立人才引进后的管理制度等来建立、完善人才引进和管理制度。[⑨] 陶玉霜和居占杰提出了健全人才引进制度、规范人才招聘程序、创新人才评价机制、完善人才使用与培养机制的高校高层次人才引进

---

　　① 许谦．高校高层次人才队伍建设策略研究：基于江苏的十年数据统计．江苏科技信息，2018，35（30）：11-14．
　　② 邵会婷，杨华春．双一流视角下高校人才引进工作中存在的问题及对策．教育教学论坛，2018（49）：16-17．
　　③ 王妍妮．关于地方高校人才引进工作的思考．智库时代，2018（40）：82-83．
　　④ 孙新卿，王朋举，孙晓曦．高校高层次人才引进对现有师资人员心理契约的影响机制研究．科技管理研究，2013，33（10）：96-98．
　　⑤ 刘永林，周海涛．"双一流"建设下人才引进的"四个度"．研究生教育研究，2018（4）：66-69．
　　⑥ Brosi P, Welpe I M. Employer branding for universities：what attracts international postdocs?. Journal of Business Economics，2015，85（7）：817-850．
　　⑦ 杨新华，居占杰．地方高校高层次人才队伍建设中的问题及对策研究．湖南师范大学教育科学学报，2015（3）：69-73．
　　⑧ 钱逸昀．浙江高校海外高层次人才引进机制的构建．教育评论，2014（3）：123-125．
　　⑨ 王振合．地方高校人才引进现状与引进机制研究．青岛：中国海洋大学，2010．

机制的建设思路。① 王晓丹提出通过完善立法、人才评价机制、签证法律机制、就业管理机制、永久居留管理机制以及社会融入机制等来引进并留住海外人才。② 周乐平和薛声家则采用层次分析法（analytic hierarchy process，AHP）研究实际案例，建立了一套高校高层次人才引进评价体系，为高校人才引进过程中的人才评价提供了可靠的理论依据。③

（三）文献评述

通过搜集、梳理大量的文献资料发现，高校人才引进已经成为学术界十分关注的主题，且学者已取得一定的研究成果。随着国家对人才的重视程度加深，可以预见该研究领域将产生更多优秀新成果。

已有研究成果表明：一是现有研究多是对人才引进现状的浅层分析，对某一引才政策文本或人才计划的深入全面研究较为缺乏。二是相关研究发现人才引进在地区、不同层级高校中存在差异，但仅停留在引才数量层面，尚未进行相关的引才政策和引才质量的差异性研究。三是相关研究主要还是基于现实状况分析问题，进而提出对策，尽管已有学者尝试用经济学和管理学相关理论进行分析，但多数研究还是对现实问题的总结和经验的归纳，缺乏相应的理论支撑，难以发现问题的本质。四是现有研究多是定性分析，研究内容同质化严重，缺乏创新性，且部分定量分析局限于基础的描述性统计分析，少有学者采用严格的实证分析反映人才引进的问题。

因此，要进一步研究我国高校高层次人才引进问题，除了借鉴现有的研究成果，还需要在研究方法、研究对象、研究内容上有所创新，才能凸显研究的价值。本专题结合人力资本理论和激励理论，在9批青年人才"A计划"入选者的基本信息数据库基础上，科学选择地区高校样本，借助文本分析、描述性统计和方差分析的研究方法，将研究内容从衡量引进人才的数量差异扩展到衡量引进人才的质量（学术生产力）差异及人才引进的政策激励差异，形成我国高校高层次人才引进的地区性差异研究。

---

① 陶玉霜，居占杰."双一流"建设背景下高校高层次人才引进的思路及对策．齐齐哈尔大学学报（哲学社会科学版），2018（3）：176-179．

② 王晓丹．国际人才竞争背景下我国海外人才引进机制的完善．北京：中国人民公安大学，2018．

③ 周乐平，薛声家．基于AHP的高校高层次人才引进评价体系研究．科技管理研究，2011，31（18）：4．

三、研究设计

（一）概念界定

1. 高层次人才

关于高层次人才的概念，学术界尚未给出统一的定义。高筱梅从人才自身能力、社会贡献及社会认知三个角度提出了对高层次人才的认识，认为高层次人才是核心知识和技术的掌握者，是能够突破关键技术、促进高新产业发展、带动新兴学科发展的领军人才，是经济社会发展的引领者。[①] 倪海东等从人才层次结构和人才潜力特征两个方面阐述了对高层次人才的理解，一方面高层次人才处于人力资本金字塔的顶端，另一方面部分高层次人才已在某些领域有一定的发展基础，拥有巨大的潜力。[②] 斯蒂芬·罗宾斯（Stephen Robbins）指出高层次人才具有"学术人"身份，并具有学术界认可度较高、核心性、稀缺性、不可替代性等特征。[③] 综合来看，学者对高层次人才的定义形成了一个共识，即高层次人才受过高等教育，具备较强的专业能力和理论研究水平，能够推动新技术、新学科、新产业的创新发展，是促进社会经济发展的中坚力量。

徐振鲁从广义和狭义的角度对高校高层次人才的概念有所区分，他认为，广义的高校高层次人才包括学校资深管理者、学术研究专家、优秀教师等人员；而狭义的高校高层次人才是指高学历、高研究水平、科研上积极创新、发挥骨干作用的高层次科研人员。[④] 而本专题所研究的高校高层次人才特指上述狭义的高校高层次人才。

不同高校对于高层次人才的具体评估标准是不同的，但基本都从硬件（工作资历、学术水平）和软件（品德能力）两个方面进行判断。目前，国内高校在人才引进实践中已经对高层次人才做了几类划分：一是拥有国家最高学术称

[①] 高筱梅. 论新型高层次人才及其培养. 现代大学教育，2004（2）：109-111.
[②] 倪海东，杨晓波. 我国海外高层次人才引进与服务政策协调研究. 中国行政管理，2014（6）：110-113.
[③] 斯蒂芬·罗宾斯. 组织行为学. 北京：中国人民大学出版社，2005.
[④] 徐振鲁. 高校高层次人才：概念、类型与特征. 郑州大学学报（哲学社会科学版），2007，40（5）：69-71.

号的学者，如两院院士；二是国家部委专项高层次人才计划入选者，例如，教育部"长江学者奖励计划"入选者、中央组织部"海外高层次人才引进计划"入选者、中央组织部及人力资源和社会保障部等的"国家高层次人才特殊支持计划"入选者等；三是国家级科学基金项目获得者，如"国家杰出青年科学基金"项目获得者、"优秀青年科学基金"项目获得者，此外，承担教育部哲学社会科学研究重大攻关项目的首席专家、"973 计划"或"863 计划"的课题负责人等也被视为高层次人才；四是国内公认的重大奖项获得者，例如，国家自然科学奖、国家技术发明奖、科技进步奖荣获者，高等学校科学研究优秀成果奖的获得者等。[①]

2. 学术生产力

学术生产力是指通过学术研究活动实现知识增值的能力和水平，具体表现为通过教学提高学生知识水平以及致力于研究创造以各种形式存在的知识成果。[②]可见，学术生产力不局限在科研产出成果，还包含教学成果。但是，由于本专题中涉及的高校高层次人才都在某一学科或领域科研成就显著，科研产出是他们学术生产力的主要构成部分，因此，从研究操作的可行性角度考虑，本专题参照学术界大多数学者的研究，对其学术生产力的衡量特指对其科研成果的考量。

科研成果最直接的表现为论文发表情况。学者赫希（J. E. Hirsch）曾提出，论文数量可以直接测度学术生产力。[③] 国内学者在相关研究中往往也是直接采用论文数量来衡量学术生产力，例如，有学者借助科学引文索引（SCIE）数据库，搜集整理青年人才样本在引进前后的 SCIE 论文发表数量，通过产出对比来衡量青年人才的学术生产力变化。董彦邦和贾佳在研究中用近 11 年的论文数量反映高校长期的学术生产力，用当年论文数量反映高校短期的学术生产力。[④] 但是，也有少数学者在衡量科研产出时不局限于论文数量这个单一指标。例如，

---

① 郭书剑，王建华. "双一流"建设背景下我国大学高层次人才引进政策分析. 现代大学教育，2017（4）：82-90.

② 邬伟娥. 知识增值视角的学术生产力分析. 生产力研究，2015（6）：56-59.

③ Hirsch J E. An index to quantify an individual's scientific research output that takes into account the effect of multiple coauthorship. Scientometrics，2010，85（3）：741-754.

④ 董彦邦，贾佳. 中国大学学术生产力、学术影响力和学术卓越性的特点分析：基于台湾"世界大学科研论文质量排行榜"的视角. 高教探索，2016（9）：44-51.

一些学者以中国首批青年高层次人才计划143位入选者为研究对象,在探讨国际与国内二元关系网络对科学产出的影响时,采用当年发表的国际论文数量和期刊影响因子两个变量来衡量科学产出,以兼顾科学产出的数量和质量。本专题为更加准确地测度青年人才的学术生产力,主要采用两个指标:一是结合论文发表数量、期刊影响因子以及作者署名排名三个指标,通过相应公式测算出学者的论文得分,以论文得分作为学术生产力的综合测量指标;二是考虑到高层次人才的科研产出价值,以其1区期刊论文发表数量衡量其最优学术产出,作为衡量学术生产力的一部分。

(二)理论基础

1. 人力资本理论

早在17世纪中期,英国经济学家威廉·配第(William Petty)首次涉及人力资本的含义,他在关于生产要素的研究中,创新性地提出除了土地、劳动力及物质资本,"技艺"也是一种生产要素,且拥有技艺的劳动力所能创造的价值远远高于没有技艺的劳动力。而当时拥有"技艺"的劳动力其实就是现在所指的人力资本。之后,著名古典经济学家亚当·斯密在其代表作《国富论》中最早提到了人力资本的思想,他认为"固定资本"的其中一项是"人们在社会上所拥有的知识和技能",包含"生产过程中的工人熟练操作""劳动者所拥有的知识"等。这项"固定资本"需要通过教育、培训等方式获得,为此需要支出一定的成本,而这种成本能够得到相应补偿并创造一定的价值。[①] 亚当·斯密关于"知识和技能"的描述与人力资本概念的本质思想非常接近。直到1906年,美国经济学家费雪在《资本和收入的性质》(*The Nature of Capital and Income*)一书中第一次正式提出了人力资本的概念。他首先将所有能够给人们带来收益的物品统称为资本,而资本可以是物质资本,也可以是人力资本、知识资本。[②] 从费雪的表述中可以看出,他已经将人力资本等同于一种生产资料。

人力资本理论真正兴起于20世纪60年代。1960年,美国经济学家西奥多·舒尔茨(Theodore W. Schultz)在《论人力资本投资》(*Investment in Human Capital*)中提出,人力资本与物质资本同为资本,应当更新传统的资本概念,

---

① 亚当·斯密. 国民财富的性质和原因的研究. 北京:商务印书馆,1972.
② 欧文·费雪. 资本和收入的性质. 北京:商务印书馆,2017.

加入人力资本的含义。此外，他还认为提高人力资本水平是推动经济发展的关键力量，因为对人力资本投资而获得的收益远远大于对物质资本投资而获取的收益。① 可见，舒尔茨开始强调人力资本对宏观经济发展的价值。1964年，加里·贝克尔（Gary S. Becker）在《人力资本》（Human Capital）一书中提到，人力资本体现为个人各种专业知识、技能及健康素质的存量总和，所有的基于增加个人拥有的资源而进行的投资都属于对人力资本的投资，包括用于教育、培训、医疗、就业流动等的开支，并且对人力资本的投资有利于个人和社会的长期发展。此外，他还从微观层面出发，将人力资本与个人收入分配相联系，创造性地提出了计算人力资本收益率的方法，并据此分析不同教育水平的人力资本投资收益率的差别。② 而自舒尔茨和贝克尔提出人力资本理论后，其他经济学家开始重视并补充完善人力资本的相关理论，例如，将人力资本作为内生变量建立经济学模型，强调人力资本中的专业知识技能具有溢出效应从而能促进经济增长等。

人力资本区别于物质资本（厂房、设备、原材料、土地、资金等），人力资本可理解为被发掘出来的人的天赋、才能和资源的集中体现，即为智慧。③ 人力资本的核心不是"人力"，而是"资本"及"资本"所能创造衍生出的更大价值。因而，人才的竞争力不仅表现在人才数量上，也体现在人才质量上，即人才所拥有的专业知识和技能的水平。基于人力资本的价值和重要性，我国出台各种人才政策和人才计划，各地高校纷纷制定相应的人才引进政策，通过优惠性政策吸引更多优秀高层次人才的加入，增加国内或某一地区、某高校的人才拥有量。

2. 激励理论

激励是指人在外部刺激下产生内在心理驱动力，强化个体行为，努力奋进实现已有目标的心理过程。④ 较为典型的激励理论主要有马斯洛的需要层次理论与赫茨伯格的双因素理论。

---

① 西奥多·舒尔茨. 论人力资本投资. 北京：北京经济学院出版社，1990.
② 加里·贝克尔. 人力资本. 北京：机械工业出版社，2016.
③ 周坤. 论人力资本的特征及其价值实现. 中国科技论坛，1997（3）：4.
④ 张景华. 论激励原则在高校管理中的应用. 中国成人教育，2004（2）：2.

(1) 需要层次理论

1943 年，美国心理学家亚伯拉罕·马斯洛（Abraham Maslow）在《人类动机理论》（*A Theory of Human Motivation*）一书中提出了需要层次理论，他将人类需要从低到高按层次分为五种：生理需要、安全需要、爱与归属感需要、尊重需要和自我实现需要。

生理需要是级别最低的个体需要，比如水、食物、空气等，只有这些最基本的需要得到一定程度的满足后，其他需要才能成为新的激励因素。为满足生理需要采取的激励措施有：改善薪酬、优化工作条件等。安全需要是第二层次的需要，包括人身安全、健康保障、财产保障、工作职位保障等。为满足安全需要采取的激励措施有：给予一定的职业保障、提供保险和退休福利等。第三层次的需要是爱与归属感需要，包括亲情、友情和爱情的需要等，属于较高层次的需要。为满足这个层次的需要，通常会采取的激励措施是：提供同事间社交的机会、支持员工建立和谐人际关系、组织集体活动等。[1] 第四层次的需要是尊重需要，尊重需要又分为内部尊重和外部尊重，内部尊重是指人的自尊，外部尊重是指受到别人的尊重。尊重需要包括声誉、地位、成就和晋升机会等。相应的激励措施有：公开奖励和表扬、颁发荣誉奖章和荣誉称号等。第五层次的需要是自我实现需要。自我实现需要是最高层次的需要，包括自我价值实现、发挥潜能等。相应的激励措施有：根据员工的特长委派不同的任务。此外，1954 年马斯洛在《激励与个性》（*Motivation and Personality*）一书中还提出求知需要和审美需要，他认为这两种需要应当处于尊重需要和自我实现需要之间。马斯洛的需要层次理论认为，人的需要是一个从低级向高级发展的过程，即从最基本的生存所需的物质需要，发展到高层次的情感、精神需要，这是符合人类发展规律的。[2]

(2) 双因素理论

1959 年，美国心理学家赫茨伯格提出双因素理论，又被称为激励-保健理论。该理论认为，影响员工工作动机的因素主要分为两种：第一类是激励因素，主要包括工作的认可、成就、责任感、晋升、发展等内在因素，这些因素得到满足后能够使员工在工作中产生满足感且获得激励；第二类是保健因素，主要

---

[1] 刘烨. 马斯洛的人本哲学. 内蒙古：内蒙古文化出版社，2008.
[2] 同[1].

包括公司的政策、管理、薪酬待遇、工作条件以及人际关系等外在因素，满足这些因素能够消除员工的不满情绪，但不能激励员工作出更加积极的行为，如果这些因素得不到满足，员工就会在工作中产生不满情绪。[①] 因此在实际工作中，一方面，通过满足员工基本的工作保障需求，能够有效阻止其负面情绪的产生，使其正常有序地工作；另一方面，通过满足员工高层级的非物质需求，能激发其工作热情，提升其工作的积极性和满意度。

总体上，赫茨伯格双因素理论与马斯洛需要层次理论存在一些共通之处，例如，他所提出的保健因素大致相当于马斯洛提出的生理需要、安全需要和感情需要，是较低层次的需要；而激励因素相当于马斯洛提出的尊重需要和自我实现需要，是较高层次的需要。

综上，结合两种激励理论可知，人才激励工作可以从三个方面开展：一是物质激励，满足人才的物质需求和基本工作保障；二是精神激励，对人才在精神和心理上进行嘉奖和表扬；三是情感激励，满足人才情感上的需求。就各高校引进青年人才的政策来说，物质激励主要包括高额的年薪、奖金、安家费以及各种津贴与福利等；精神激励包括拥有较高的职称、较好的名誉声望等，更具体的是职业发展激励；情感激励包括家乡地缘关系或者母校血缘关系，如家乡人才引进的实施或者母校人才引进政策等。当然，现有的高校人才引进政策中还包含一些配套服务的提供，比如安排配偶工作、安排子女入学入托等，本专题将此类激励视为人才引进的配套服务激励。图4-1综合上述分析绘制了我国高校高层次人才战略的激励政策模型。

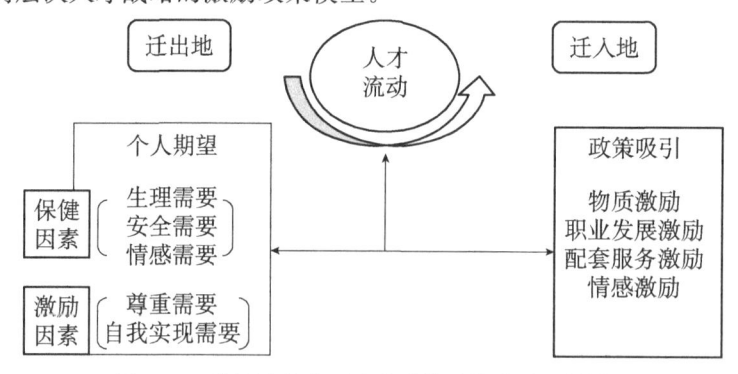

图4-1 我国高校高层次人才战略的激励政策模型

[①] 林崇德，等. 心理学大辞典. 上海：上海教育出版社，2003.

(三) 研究问题

首先，国内"人才东南飞"现象明显，已有学者研究也表明高层次人才数量存在地区差异。东部沿海发达地区往往能够通过更加优惠的福利待遇吸引更多人才加入，而西部、东北部地区高校普遍较难引进人才，甚至出现严重的本地人才流失问题。[1],[2] 但有学者通过统计分析发现，高校所处地区对引进的青年人才数量没有显著影响，而高校类型对青年人才引进数量有显著影响。因此，"高校类型差异还是所处地区差异对青年人才引进数量产生影响"是本专题研究的问题之一。

其次，根据人力资本理论，人才的竞争力不仅体现在人才数量上，也体现在人才质量上，即人才所拥有的专业知识和技能。所以，对于高层次人才引进成果的衡量，除了关注人才数量，还应关注人才质量的差异性，即不同地区引进青年人才的质量是否有差异，是否受到高校类型的影响。

最后，在人才大战中，国内各地区高校制定引才政策，采取各种措施和手段抢夺人才，大致包括提供高额年薪、科研经费、住房和生活补贴，提供教授职称，负责安排子女上学、配偶工作等。地区间人才政策包含的模块大致趋同，但实际研究中有学者表示人才激励政策存在差异，如张建奇和刘向红认为广东省高校能为高层次人才提供丰厚的薪酬待遇，因而能够吸引大批优秀人才加入[3]。因此，本专题需要进一步确定高校高层次人才激励政策是否存在地区性差异，是否受到高校类型的影响；同时，进一步厘清人才政策激励力度的地区性差异是否是推动"人才东南飞"的主要原因。

(四) 样本选择

由于青年高层次人才计划所涉及的地区较广，参与高校众多，考虑到地区高校数量差异可能对研究以及实际开展研究的可操作性产生影响，本专题利用青年人才数据库，首先选取上海、武汉、西安、哈尔滨四个城市，分别作为中

---

[1] 吴德刚，曾天山，邓友超. 我国西部地区人才资源开发战略研究. 教育研究，2015，36 (4)：33-41，69.

[2] 刘方成，吴孟桃. 西部地区高校人力资源现状与发展预测. 重庆高教研究，2016，4 (2)：7-14.

[3] 张建奇，刘向红. 广东省"双一流"建设中人才引进的现状及对策建议. 广东技术师范学院学报，2018，39 (2)：8-12.

国东部、中部、西部和东北部地区参与青年人才引进工作的最发达城市代表（见表4-1）；其次，考虑到不同层次高校对引才差异性的影响，分别从上述每个城市的985高校、211高校（本文中的211高校，不包含同时拥有985头衔的211高校）和普通高校（非985、211高校）类别中各选择一所排名相差不大、具有可比性的引进青年人才的理工类高校[①]作为研究样本，展开比较分析，具体研究对象如表4-2所示。

表4-1 样本城市经济水平（2017年）[1]

地区[2]	城市	GDP（亿元）	GDP地区排名
东部	上海	32 925.00	1
中部	武汉	13 410.34	1
西部	西安	7 469.85	3[3]
东北部	哈尔滨	6 355.05	3[4]

注：[1]数据来源于中华人民共和国国家统计局网站。

[2]本文参照统计上中国四大经济区域的常用分组方法：东部地区包括北京、天津、上海、河北、山东、江苏、浙江、福建、广东、海南；中部地区包括山西、河南、湖北、安徽、湖南、江西；西部地区包括内蒙古、新疆、宁夏、陕西、甘肃、青海、重庆、四川、西藏、广西、贵州、云南；东北部地区包括黑龙江、吉林、辽宁。

[3]2017年西部地区主要城市GDP排名，第一名是重庆，第二名是成都。之所以选择西安作为西部地区城市代表，原因是重庆、成都这两个城市不满足"能分别从该城市985高校、211高校、普通高校类别中各选择一所引进青年人才的理工类高校"的条件，故而选择经济发展较佳的西安作为西部地区城市代表。

[4]2017年东北部地区主要城市GDP排名，第一名是大连，第二名是长春。之所以选择哈尔滨代表东北部地区城市，原因是大连、长春这两个城市不满足"能分别从该城市985高校、211高校、普通高校类别中各选择一所引进青年人才的理工类高校"的条件，故而选择经济发展较佳的哈尔滨作为东北部地区城市代表。

表4-2 研究样本具体研究对象

地区	城市代表	高校样本
东部	上海	上海交通大学（985高校）
		华东理工大学（211高校）
		上海理工大学（普通高校）

---

① 考虑到高层次青年人才计划入选人才的研究方向多属于自然或工程领域，引进高校也多为理工类高校。

续表

地区	城市代表	高校样本
中部	武汉	华中科技大学（985高校）
		武汉理工大学（211高校）
		武汉科技大学（普通高校）
西部	西安	西安交通大学（985高校）
		西安电子科技大学（211高校）
		西安理工大学（普通高校）
东北部	哈尔滨	哈尔滨工业大学（985高校）
		哈尔滨工程大学（211高校）
		哈尔滨医科大学[1]（普通高校）

注：[1]东北部地区选择哈尔滨作为城市代表，在选择高校样本时，普通高校的理想样本是哈尔滨理工大学，但该校未引进青年人才，且东北部地区引进青年人才的普通高校数量很少，所以选择哈尔滨医科大学作为普通高校代表。

（五）数据来源

1. 青年人才"A 计划"数据库

本专题根据 9 批某国家级青年人才计划（下文统称为青年人才"A 计划"）拟入选者公示名单及最终通过审批的入选者名单建立了青年人才数据库（数据收集截止时间为 2018 年 12 月 31 日），并从数据库中提取 12 所样本高校入选青年人才"A 计划"的人才信息，包括姓名、性别、出生日期、申报单位、专业领域、毕业时间、毕业国家、毕业单位、现任职国家、现任职单位和现任职务等。

2. 政策文本

通过网络搜集 12 所样本高校的人事部门发布的关于引进海外高层次青年人才的最新政策，对政策文本中关于年薪、科研经费、提供的住房面积或购房补贴、一次性生活补贴或安家费、是否帮助解决配偶工作和子女入学入托问题、职称等内容进行整理、提炼和归纳，作为本专题青年人才政策激励差异研究的重要材料。

3. SCI 论文得分

本专题依据青年人才发表论文数量、期刊分区（JCR 期刊分区，即期刊影响力)以及作者署名排名计算出论文得分,代表其综合学术生产力。因青年人才入选者的研究领域都属于自然或工程领域,且大多在海外留学或工作,为保证数据更加精准,本文借助 Web of Science 数据库,确定检索方式为:首先,通过作者姓名("姓氏＋名字首拼"、"姓氏＋名字全拼"或简历中标明的英文名)展开检索,限定论文发表时间为青年人才入选者公示时间的前 3 年内(比如第一批入选的青年人才公示时间为 2011 年 8 月 19 日,则检索时设置论文发表的时间跨度为 2008—2011 年,共 4 年,然后手动删除在 2008 年 8 月 19 日—2011 年 8 月 19 日时间范围外的论文);其次,依据青年人才的研究领域、所在机构、论文署名排名(只取作者署名排名前 3 的论文)等信息对论文进行手动甄别,与简历中的成果进行对比,并删去会议论文等学术成果(将文献类型限定为 article、letter、review 和 editorial material),最终获取每位青年人才的实际 SCI 论文数量、期刊分区和论文署名排名等信息,作为衡量其学术生产力的指标构成。

四、高校高层次人才引进数量的地区性差异

(一)人才引进数量的地区性差异

通过对青年人才数据库中的相关信息进行整理,本专题统计了样本高校 9 批青年人才"A 计划"引进的总人数,具体如表 4-3 所示:

表 4-3　各地区高校高层次人才引进数量

所处地区	高校类型	高校名称	引进人数(人)
东部	985 高校	上海交通大学	157
	211 高校	华东理工大学	9
	普通高校	上海理工大学	2
中部	985 高校	华中科技大学	114
	211 高校	武汉理工大学	8
	普通高校	武汉科技大学	2
西部	985 高校	西安交通大学	59
	211 高校	西安电子科技大学	11
	普通高校	西安理工大学	1

续表

所处地区	高校类型	高校名称	引进人数（人）
东北部	985高校	哈尔滨工业大学	26
	211高校	哈尔滨工程大学	3
	普通高校	哈尔滨医科大学	1

从表4-3可知，不同地区高校引进的青年人才数量有所差异。东部地区引进青年人才共168人，中部地区引进青年人才共124人，西部地区引进青年人才共71人，东北部地区引进人才共30人。从数量上来看，东部地区引进的青年人才数量稍多于中部地区，而远远多于西部地区和东北部地区。为了进一步说明地区对引进人数是否有影响，本专题以"所处地区"为自变量，以"引进人数"为因变量，通过方差分析得出结果如下：从表4-4中模型一的结果可知，不同地区高校引进的青年人才数量无显著差异（p值为0.770，大于0.05）。

表4-4 分析结果

	自变量	因变量	F值	显著性（p值）
模型一	所处地区	引进人数	0.380	0.770
模型二	所处地区	引进人数	1.119	0.413
	高校类型		8.783	0.017

（二）不同类型高校人才引进数量的地区性差异

考虑到高校类型可能对青年人才引进数量有影响，本专题按照985高校、211高校和普通高校的类型划分，比较同一高校类型下，不同地区高校人才引进数量的差异。从表4-3可以看出：985高校中，上海交通大学的青年人才引进数量是哈尔滨工业大学的约6倍，是西安交通大学的近3倍，差异明显；而211高校和普通高校中，除哈尔滨工程大学的人才引进数量较少之外，其他高校人才引进数量的地区性差异不是非常明显。

从样本高校人才引进数量差异来看，不同地区、不同类型高校的引进人数都存在或多或少的差异。为了进一步探讨不同高校类型和不同地区对高校青年人才引进数量的影响，本专题以"高校类型"和"所处地区"为自变量，以"引进人数"为因变量，采用方差分析得出统计结果如表4-4所示。

从表4-4中模型二的结果可知，不同类型高校的青年人才引进数量存在明显差异（p 值为 0.017，小于 0.05），不同地区高校青年人才的引进数量无明显差异（p 值为 0.413，大于 0.05），即高校类型对高校青年人才引进数量有显著影响。

此外，通过高校类型的多重比较结果得出（见表 4-5），985 高校的青年人才引进数量与 211 高校、普通高校存在显著性差异（p 值分别为 0.013、0.009，均小于 0.05），211 高校的青年人才引进数量与普通高校无显著性差异（p 值为 0.797，大于 0.05）。故类型是否是 985 高校对青年人才引进数量存在显著性影响。

表 4-5 高校类型的多重比较结果

高校类型		因变量	显著性（p 值）
985 高校	211 高校	引进人数	0.013
	普通高校	引进人数	0.009
211 高校	985 高校	引进人数	0.013
	普通高校	引进人数	0.797
普通高校	985 高校	引进人数	0.009
	211 高校	引进人数	0.797

五、高校高层次人才引进质量的地区性差异

（一）论文得分的计算方式

本专题选择"论文得分"作为衡量高校高层次人才引进质量的指标，具体而言，就是青年人才入选前 3 年内发表的 SCI 真实论文得分（根据发表论文数量、期刊分区和作者署名排名等信息综合计算得出）。本专题参考了多个高校科研成果评分方式，以制定本专题的学术生产力衡量方式，最终确定论文得分具体计算公式如下：

$$论文得分 = \sum(权重因子 \times 合作因子)$$

1. 权重因子计算方法

论文权重因子的数值依据 Web of Science 数据库显示的 "JCR 期刊影响力

和分区情况"（数据来自第 2017 版《期刊引证报告》（*Journal Citation Reports*）），具体权重赋值情况如下：

在 1 区（Q1）期刊发表的论文，每篇权重因子为 80；
在 2 区（Q2）期刊发表的论文，每篇权重因子为 40；
在 3 区（Q3）期刊发表的论文，每篇权重因子为 20；
在 4 区（Q4）期刊发表的论文，每篇权重因子为 10。

考虑到有些期刊在不同划分类别中的分区情况是不一致的，比如期刊 *Physical Chemistry Chemical Physics*，在"Chemistry, Physical"类别中属于 Q2 期刊，在"Physics, Atomic, Molecular & Chemical"类别中属于 Q1 期刊，因此本专题将其分区定为 Q1—Q2，在该期刊发表的论文，每篇权重因子取 Q1 和 Q2 权重因子的平均值，即为 60。同样，在 Q2—Q3 刊物发表的论文，每篇权重因子取 Q2 和 Q3 权重因子的平均值，即为 30；在 Q3—Q4 刊物发表的论文，每篇权重因子取 Q3 和 Q4 权重因子的平均值，即为 15。因此，得出如表 4-6 所示的各期刊分区中的论文权重因子赋值情况。

表 4-6　各期刊分区中的论文权重因子赋值情况

期刊分区	权重因子
Q1	80
Q1—Q2	60
Q2	40
Q2—Q3	30
Q3	20
Q3—Q4	15
Q4	10

2. 合作因子计算方法

科研成果的测算，除了考虑发表论文数量、期刊分区，还要考虑作者署名排名。本专题采用合作因子表示该因素的作用和影响，以确保最终得出的青年人才学术生产力计算方法具有科学性、准确性和客观性。

论文权重因子的数值要按论文署名分摊记分，本专题的研究只选取作者署名排名前 3 的论文，具体的合作因子计算方法如下：

(1) 一人撰写，合作因子为100%；

(2) 二人合作，按6∶4分摊，第一作者的合作因子为60%，第二作者的合作因子为40%；

(3) 三人及以上合作，第一作者的合作因子为50%，第 n 作者的合作因子为 2^{-n}，最后两名作者分值比为3∶2。

接下来，随机选取其中一位青年人才，通过计算其论文得分来具体展示学术生产力的衡量方式。选取华东理工大学第13批引进的青年人才CYF，采用上述方法计算其论文得分，具体计算如表4-7所示。

表4-7 论文得分计算方法举例

序号	期刊名称	期刊分区	论文署名排名	权重因子	合作因子	论文得分
1	Journal Of The American Chemical Society	Q1	第一作者（共3人）	80	50%	80×50%=40
2	Synlett	Q2	第二作者（共3人）	40	50%×(3/5)=30%	40×30%=12
3	Journal of The American Chemical Society	Q1	第一作者（共3人）	80	50%	80×50%=40
4	Angewandte Chemie-International Edition	Q1	第二作者（共6人）	80	2^{-2}=25%	80×25%=20
5	Chemistry-A European Journal	Q1	第一作者（共8人）	80	50%	80×50%=40
总分						152

（二）人才引进质量的地区性差异

学术界对于高层次人才流动的现状研究，多是从人才数量的角度进行探讨，较少对人才质量进行研究。根据人力资本理论的思想，引才的关键不仅仅是人才数量，更要注重人才的专业知识、技能等资本的含量，也就是本专题所要表达的人才质量。为此，本专题在研究高层次人才引进的地区性差异时，除了考虑人才数量的差异性，也对人才质量的差异性进行衡量。

本专题研究的青年人才均在自然科学或工程技术领域的科研学术上有很大的成就，其专业知识和技能的最重要衡量指标就是学术生产力。借助 Web of Science 数据库，通过对样本高校引进青年人才的论文数量、期刊分区、作者署名排名等信息进行搜集，采用相应的计算方法得出各青年人才的论文得分，然后统计出各高校的人均1区论文数量、人均论文得分等。其中，人均论文得分体现的是青年人才的综合学术生产力，人均1区论文数量反映的是青年人才的最优学术产出，如表4-8所示。

表4-8　各地区高校高层次人才的学术生产力[1]

所处地区	高校类型	高校名称	人均1区论文数量[2]（篇）	人均论文得分[3]
东部	985 高校	上海交通大学	6.63	257.18
	211 高校	华东理工大学	6.56	223.67
	普通高校	上海理工大学	4.5	142.25
中部	985 高校	华中科技大学	6.5	236.51
	211 高校	武汉理工大学	5.13	205.25
	普通高校	武汉科技大学	2.5	140.50
西部	985 高校	西安交通大学	5.24	236.54
	211 高校	西安电子科技大学	5.45	213.73
	普通高校	西安理工大学	2	144.50
东北部	985 高校	哈尔滨工业大学	6.32	243.20
	211 高校	哈尔滨工程大学	5.33	245.83
	普通高校	哈尔滨医科大学	2	111.88

注：［1］数据统计的是样本高校引进的青年人才入选前3年内的发文情况。

［2］人均1区论文数量是指在 Q1 分区（不包括 Q1～Q2 分区）发表的人均论文数量。

［3］人均论文得分计算公式为：人均论文得分 $= \dfrac{\sum(\text{权重因子} \times \text{合作因子})}{\text{人数}}$。

从表4-8可以看出，首先在人均论文得分上，东部地区引进青年人才的人均论文得分整体上较高，但东部、中部、西部和东北部地区尚未出现较为明显的差异规律。其次，在人均1区论文数量方面，东部地区明显高于其他地区。为了进一步说明人均论文得分及人均1区论文数量是否存在地区性差异，本专题以"所处地区"为自变量，分别以"人均论文得分""人均1区论文数量"为因变量，通过方差分析得出结果（如表4-9所示）。由模型一的结果可知，所处地区对青年人才的人均论文得分没有显著影响（p值为0.993，大于0.05）；所处地区对青年人才的人均1区论文数量也没有显著影响（p值为0.731，大于0.05）。

表4-9 模型分析结果

	自变量	因变量	F值	显著性（p值）
模型一	所处地区	人均论文得分	0.028	0.993
	所处地区	人均1区论文数量	0.440	0.731
模型二	所处地区	人均论文得分	0.361	0.784
	高校类型		49.075	0.000
模型三	所处地区	人均1区论文数量	4.951	0.046
	高校类型		42.041	0.000

（三）不同类型高校人才引进质量的地区性差异

考虑到高校类型可能对高校青年人才引进质量存在影响，本专题按照985高校、211高校和普通高校进行划分，比较同一高校类型内，不同地区高校引才质量的差异。

从表4-8可以看出：首先，在人均论文得分上，985高校中，上海交通大学得分最高，为257.18，华中科技大学得分最低，为236.51，但数值上的差异较小；211高校中，哈尔滨工程大学得分最高，为245.83，武汉理工大学得分最低，为205.25，差异较为明显；普通高校中，西安理工大学得分最高，为144.50，哈尔滨医科大学得分最低，为111.88，存在一定差异。可知，虽然不同地区高校青年人才的人均论文得分存在差异，但是没有形成一定的地区性规律。

其次，从人均1区论文数量来看，985高校中，最多的依旧是上海交通大学，为 6.63 篇，最少的是西安交通大学，为 5.24 篇；211 高校中，最多的是华东理工大学，为 6.56 篇，最少的是武汉理工大学，为 5.13 篇，存在差距；普通高校中，最多的是上海理工大学，为 4.5 篇，最少的是西安理工大学和哈尔滨医科大学，都为 2 篇。因此，从青年人才人均 1 区论文数量来看，东部地区高校相对高于中部、西部和东北部地区的高校。

为了进一步探讨不同高校类型和所处地区对高校青年人才引进质量的影响，本专题以"高校类型"和"所处地区"作为自变量，分别以"人均论文得分""人均 1 区论文数量"作为因变量，采用方差分析得出具体分析结果如下。

1. 人均论文得分差异

从表 4-9 模型二的结果可知，不同类型高校引进青年人才的人均论文得分存在显著性差异（p 值为 0.000，小于 0.05），不同地区高校的青年人才人均论文得分无显著性差异（p 值为 0.784，大于 0.05），即高校类型对高校引进青年人才综合学术生产力有显著性影响。

通过高校类型间的多重比较得知（见表 4-10），985 高校与 211 高校青年人才的人均论文得分差异不显著（p 值为 0.117，大于 0.05），但 985 高校与普通高校的青年人才人均论文得分差异显著（p 值为 0.000，小于 0.05），且 211 高校与普通高校在青年人才人均论文得分上差异也显著（p 值为 0.000，小于 0.05）。即高校类型是否是普通高校对引进青年人才的综合学术生产力存在显著性影响。

表 4-10 多重比较结果

自变量		因变量	显著性（p 值）
高校类型	985 高校	211 高校	人均论文得分	0.117
		普通高校	人均论文得分	0.000
	211 高校	985 高校	人均论文得分	0.117
		普通高校	人均论文得分	0.000
	普通高校	985 高校	人均论文得分	0.000
		211 高校	人均论文得分	0.000
	985 高校	211 高校	人均 1 区论文数量	0.215
		普通高校	人均 1 区论文数量	0.000

续表

自变量		因变量	显著性（p值）
高校类型	211高校	985高校 人均1区论文数量	0.215
		普通高校 人均1区论文数量	0.000
	普通高校	985高校 人均1区论文数量	0.000
		211高校 人均1区论文数量	0.000
所处地区	东部地区	中部地区 人均1区论文数量	0.043
		西部地区 人均1区论文数量	0.011
		东北部地区 人均1区论文数量	0.027
	中部地区	东部地区 人均1区论文数量	0.043
		西部地区 人均1区论文数量	0.339
		东北部地区 人均1区论文数量	0.741
	西部地区	东部地区 人均1区论文数量	0.011
		中部地区 人均1区论文数量	0.339
		东北部地区 人均1区论文数量	0.515
	东北部地区	东部地区 人均1区论文数量	0.027
		中部地区 人均1区论文数量	0.741
		西部地区 人均1区论文数量	0.515

2. 人均1区论文数量差异

从表4-9中模型三的结果可知，不同类型高校引进青年人才的人均1区论文数量存在显著性差异（p值为0.000，小于0.05），不同地区高校引进青年人才的人均1区论文数量也存在显著性差异（p值为0.046，小于0.05），即高校类型、所处地区对高校引进青年人才的最优学术产出有显著性影响。

从表4-10高校类型间的比较来看，首先，985高校青年人才的人均1区论文数量与普通高校青年人才的人均1区论文数量存在显著性差异（p值为0.000，小于0.05），211高校青年人才的人均1区论文数量与普通高校青年人才的人均1区论文数量也存在显著性差异（p值为0.000，小于0.05），而985

高校与 211 高校在人均 1 区论文数量上无显著性差异（p 值为 0.215，大于 0.05）。即高校类型是否是普通高校对引进青年人才的最优学术产出存在显著性影响。其次，从不同地区高校引进青年人才的人均 1 区论文数量来看，东部地区高校的青年人才人均 1 区论文数量与中部、西部以及东北部地区高校的青年人才人均 1 区论文数量存在显著性差异（p 值分别为 0.043、0.011、0.027，均小于 0.05），而中部地区高校与西部、东北部地区高校在青年人才人均 1 区论文数量上无显著性差异（p 值分别为 0.339、0.741，均大于 0.05），西部地区高校与东北部地区高校的青年人才人均 1 区论文数量也无显著性差异（p 值为 0.515，大于 0.05）。因此，所处地区是否是东部地区对高校青年人才的最优学术产出存在显著性影响。

六、高校高层次人才引进政策的地区性差异

（一）政策激励指标的计算方法

1. 极值标准化

本专题将样本高校青年人才引进政策中的年薪、科研经费、住房补贴和生活补贴视为高校提供给青年人才的物质激励，对其进行整合处理得到物质激励指标。首先，将年薪、科研经费、住房补贴和生活补贴采用极值标准化处理，得到标准化后的数值；其次，分别赋予年薪、科研经费、住房补贴和生活补贴三项等同的权重，即将三项标准化后的数值进行加总计算平均数，此数值即为每所样本高校的物质激励指标数值。

2. 赋分

本专题将样本高校青年人才引进政策中的"是否安排配偶工作、是否安排子女入学入托以及职称"等非物质激励进行整合处理得到相应指标。其中，将是否安排配偶工作、是否安排子女入学入托这两项内容视为高校提供给青年人才的配套服务激励，将职称视为高校提供给青年人才的职业发展激励。本专题对这三项内容视情况分别赋分（3 分、2 分和 1 分），然后根据各激励指标的内容进行相应加总，具体赋分情况如表 4-11、表 4-12 所示。

表4-11　高校青年人才配套服务激励指标的赋分

激励指标		安排	协助安排	不安排
配套服务激励	配偶工作	3	2	1
	子女入学入托	3	2	1

表4-12　高校青年人才职业发展激励指标的赋分

激励指标		教授	其他（如研究员）	未说明
职业发展激励	职称	3	2	1

（二）人才引进政策的地区性差异

我国各地区高校利用国家大力支持引进高层次人才的契机，出台各种相应的人才引进政策，以政策激励为导向，形成特有的人才引进模式。其中，为高层次人才提供的薪资待遇是各高校人才引进政策的主要组成部分，作为吸引高层次人才加入的主要手段。本专题搜集了样本高校网站关于青年人才引进政策的信息，通过整理政策文本发现，大多数高校在激励政策中明确引进人才的薪酬、科研启动经费、住房面积或购房补贴、生活补贴或安家费等，除此之外，还给予青年人才其他的配套服务，如帮助解决配偶工作、子女入学入托等问题。鉴于此，本专题对东部、中部、西部和东北部地区12所样本高校人才引进政策文本中关于青年人才引进后的职称、年薪、科研经费、住房补贴和生活补贴、是否安排配偶工作及子女入学入托等内容进行提取和归纳，获取青年人才薪资待遇的基础信息（见表4-13）。从表中可以看出，各高校在引进青年人才时积极投入，不惜高成本提供全方位的服务与支持，以"打动"人才。但是，各地区高校由于资源禀赋不同，因而在人才引进政策的具体内容上也有所差异。比如，陕西省直接给青年人才提供一次性个人资助50万元，上海市给予青年人才25万元安家补贴；华中科技大学给予青年人才的年薪不低于50万元，而哈尔滨医科大学提供的年薪只有30万元；上海交通大学将引进的青年人才聘为特别研究员，西安交通大学则直接聘为教授。

为了进行高校高层次人才薪资待遇的地区性比较，分析我国高层次人才引进政策的地区性差异，本专题对表4-13中的基础信息进行进一步量化处理和统计计算，得出各地区高校高层次人才的薪资待遇对比情况，具体如表4-14所示。

表 4-13 高校高层次人才的薪资待遇情况

高校类型	高校名称	年薪	科研经费	住房补贴和生活补贴	配偶工作	子女入学入托	职称
985高校	上海交通大学	50万元	除享受国家提供的100万~300万元科研经费外，学校另提供500万元科研启动经费	提供全装修的过渡性人才公寓；享受150万元住房津贴及安家费（含入选青年人才计划所获国家和上海市资助）	协助落实配偶工作	为子女入学提供便利	特别研究员
	华中科技大学	不低于50万元	除享受国家提供的100万~300万元科研经费外，学校另按照1:1配套科研经费	提供拎包入住的周转房；除国家提供的生活补贴外，另提供200万元安家费和购房补贴	安排配偶工作	落实子女校内入学	教授
	西安交通大学	不低于45万元	在国家提供的科研启动经费的基础上，学校提供200万元及以上的配套科研经费	享受35万元（税后）安家费；同时可租住或购买学校提供的住房；享受国家及陕西省一次性个人资助100万元	不安排	为子女提供本地区最优质的就学条件	教授
	哈尔滨工业大学	40万元左右	提供科研经费200万~600万元（含国家配套）	提供安家费110万元（含中央财政发给子女的一次性补助）；提供70平方米左右的周转房，拎包即住；学校在周边等建教职工住房，给予优惠的购房政策	协助解决配偶工作	协助解决子女入学入托问题	教授

续表

高校类型	高校名称	年薪	科研经费	住房补贴和生活补贴	配偶工作	子女入学入托	职称
211高校	华东理工大学	45万元及绩效奖励	给予100万~300万元科研配套经费，学校提供1:1配套	160万元住房补贴（含国家、上海市生活补贴）；提供全配过渡性人才公寓	协助解决配偶工作	协助解决子女入学入托	教授
	武汉理工大学	40万~45万元	400万~800万元（含国家提供的科研经费补助）	安家费100万元（税后）；同时提供周转房一套（校内，约120平方米）；国家一次性补助50万元	解决配偶工作	解决子女入学问题	教授
	西安电子科技大学	不低于45万元	国家拨付100万~300万元，学校按照1:1配套	学校发放一次性安家费40万元（免税）；享受国家及陕西省一次性个人补助100万元，可以优惠价格购买学校人才房	为配偶提供工作岗位	安排子女就读附属学校	教授
	哈尔滨工程大学	不低于50万元	中央财政提供100万~300万元的科研经费支持，学校提供额配套科研经费	学校提供安家费30万元；中央财政提供给每人50万元的一次性补助；学校提供不低于80平方米住房1套或100万~150万元购房补助	协助解决配偶工作	安排子女入学	教授

续表

高校类型	高校名称	年薪	科研经费	住房补贴和生活补贴	配偶工作	子女入学入托	职称
普通高校	上海理工大学	40万～50万元	学校提供科研启动经费20万～200万元	购租房补贴40～80万元；提供过渡性住房；中央财政给予每人50万元一次性补贴；上海市给予25万元安家补贴	安排配偶工作	协调安排子女入学	未说明
	武汉科技大学	60万～80万元	自然科学、工程技术领域资助300万～500万元，人文社会科学领域资助150万～300万元	购房补贴不少于200万元，安家费不少于50万元（含中央财政给予的一次性补助）	安排配偶工作	不安排	未说明
	西安理工大学	不低于40万元	学校为自然科学类提供100万～300万元科研启动经费	提供不小于160平方米校内住房一套（按校内政策购置）；一次性提供高额安家费（包括国家及陕西省个人补助100万元）	配偶随调并安排工作	解决子女入学	教授
	哈尔滨医科大学	30万元	提供科研经费50万～150万元	提供住房或补贴30万～50万元；中央财政给予每人50万元的一次性补助	不安排	不安排	未说明

表 4-14　高校高层次人才的薪资待遇对比情况

所处地区	高校类型	高校名称	年薪[1]（万元）	科研经费[2]（万元）	住房补贴和生活补贴[3]（万元）	配偶工作[4]	子女入学入托[4]	职称[5]
东部	985高校	上海交通大学	50	700	150	2	3	2
	211高校	华东理工大学	45	400	160	2	2	3
	普通高校	上海理工大学	45	310	135	3	2	1
中部	985高校	华中科技大学	50	400	250	3	3	3
	211高校	武汉理工大学	42.5	600	150	3	3	3
	普通高校	武汉科技大学	70	400	250	3	1	1
西部	985高校	西安交通大学	45	400	135	1	3	3
	211高校	西安电子科技大学	45	400	140	3	3	3
	普通高校	西安理工大学	40	400	260	3	3	3
东北部	985高校	哈尔滨工业大学	40	400	110	2	2	3
	211高校	哈尔滨工程大学	50	400	205	2	3	3
	普通高校	哈尔滨医科大学	30	300	90	1	1	1

注：[1]年薪：给出最低值的取最低值，给出区间值的取区间中位数。

[2]科研经费：科研经费＝国家提供的科研经费补助＋学校提供的科研经费。其中，中央财政给予青年人才"A计划"入选者3年100万～300万元的科研经费补助；数值为区间值的取区间中位数。

[3]住房补贴和生活补贴：包含中央财政给予青年人才"A计划"入选者每人50万元的生活补助、地方政府提供的一次性补贴、学校提供的安家费、住房补贴等；提供住房的，根据当地房价均价进行折算；由于各高校均有提供周转房或过渡性人才公寓，且该项福利难以量化比较，因此不计入；数值为区间值的取区间中位数。

[4]"配偶工作、子女入学入托"赋分："安排"赋予3分，"协助安排"赋予2分，"不安排"赋予1分。

[5]"职称"赋分："教授"赋予3分，"特别研究员等其他岗位"赋予2分，"未说明"赋予1分。

从表4-14中可知，目前，高校青年人才引进政策中关于人才薪资待遇的内容主要分为三个方面：一是物质激励，即青年人才所能获得的年薪、住房补贴和生活补贴以及科研经费等；二是职业发展激励，体现在提供给青年人才的职称等；三是配套服务激励，主要包括是否安排配偶工作、是否安排子女入学入托等各种服务。基于此，本专题对政策文本中提及的年薪、科研经费、住房补贴和生活补贴进行极值标准化处理，按照等比权重合成物质激励指标；对职称进行赋分处理作为职业发展激励指标;对是否安排配偶工作、是否安排子女入学入托进行赋分及分值加总,作为配套服务激励指标,具体处理结果如表4-15所示。

表4-15 高校青年人才的政策激励情况

所处地区	高校类型	高校名称	物质激励	职业发展激励	配套服务激励
东部	985高校	上海交通大学	0.62	2	5
	211高校	华东理工大学	0.35	3	4
	普通高校	上海理工大学	0.22	1	5
中部	985高校	华中科技大学	0.56	3	6
	211高校	武汉理工大学	0.47	3	6
	普通高校	武汉科技大学	0.73	1	4
西部	985高校	西安交通大学	0.30	3	4
	211高校	西安电子科技大学	0.31	3	6
	普通高校	西安理工大学	0.50	3	6
东北部	985高校	哈尔滨工业大学	0.21	3	4
	211高校	哈尔滨工程大学	0.48	3	5
	普通高校	哈尔滨医科大学	0.00	1	2

从表4-15中可以看出,东部、中部、西部和东北部地区在人才引进政策激励方面并没有形成一定的规律性。因此,为了更加清晰地体现地区对物质激励、职业发展激励和配套服务激励的影响,本专题以"所处地区"为自变量,分别以"物质激励""职业发展激励""配套服务激励"为因变量进行分析,结果如表4-16所示。从表中模型一的结果可知:无论是物质激励、职业发展激励还是配套服务激励,各地区之间都未形成明显的差异(p值分别为0.182、0.647、0.313,均大于0.05)。

表4-16 模型分析结果

	自变量	因变量	F值	显著性(p值)
模型一	所处地区	物质激励	2.072	0.182
	所处地区	职业发展激励	0.576	0.647
	所处地区	配套服务激励	1.396	0.313

续表

	自变量	因变量	F 值	显著性（p 值）
模型二	所处地区	物质激励	1.597	0.286
	高校类型		0.083	0.922
模型三	所处地区	职业发展激励	1.462	0.316
	高校类型		7.154	0.026
模型四	所处地区	配套服务激励	1.288	0.361
	高校类型		0.692	0.536

（三）不同类型高校人才引进政策的地区性差异

考虑到不同类型高校的青年人才引进政策激励可能有所不同，本专题按照985高校、211高校和普通高校的分类，结合表4-15对同一类型高校内的青年人才引进政策的地区性差异进行分析。985高校中，在物质激励方面，东部和中部地区高校表现较好；在职业发展激励方面，各地区差异不大；在配套服务激励方面，中部地区表现较好。211高校中，在物质激励方面，东北部和中部地区表现较好；在职业发展激励方面，各地区没有明显差异；在配套服务激励方面，中部和西部地区表现较好。普通高校中，在物质激励方面，中部地区表现较好，东北部地区表现较弱；在职业发展激励方面，西部地区表现较好；在配套服务激励方面，东北部地区表现较弱。

为了进一步探讨不同类型和不同地区的高校青年人才引进激励政策的差异性，本专题以"高校类型"和"所处地区"作为自变量，分别以"物质激励""职业发展激励""配套服务激励"作为因变量，采用方差分析得出具体分析结果。从表4-16中模型二、模型三和模型四的结果可以看出，所处地区与高校类型对青年人才的物质激励没有显著性影响（p值分别为0.286、0.922，均大于0.05）；所处地区与高校类型对青年人才的配套服务激励没有显著性影响（p值分别为0.361、0.536，均大于0.05）；所处地区对青年人才的职业发展激励没有显著性影响（p值为0.316，大于0.05），但高校类型对青年人才的职业发展激励有显著性影响（p值为0.026，小于0.05）。

通过表4-17中985高校、211高校和普通高校的职业发展激励比较可知，985高校与普通高校、211高校与普通高校的人才引进政策中的青年人才职业发展激励存在显著性差异（p 值分别为 0.026、0.012，均小于 0.05），但 985 高校和 211 高校之间的青年人才职业发展激励不存在显著性差异（p 值为 0.578，大于 0.05）。即高校类型是否是普通高校对高校青年人才引进的职业发展激励存在显著性影响。

表 4-17　职业发展激励多重比较结果

高校类型		因变量	显著性（p 值）
985 高校	211 高校	职业发展激励	0.578
	普通高校	职业发展激励	0.026
211 高校	985 高校	职业发展激励	0.578
	普通高校	职业发展激励	0.012
普通高校	985 高校	职业发展激励	0.026
	211 高校	职业发展激励	0.012

七、研究结论、讨论与政策启示

（一）研究结论

本专题从高层次人才引进的数量、质量和政策激励三个方面，较为全面地分析了不同高校引进人才的差异性，探讨了高层次人才引进是地区导向优先还是高校类型导向优先，得出如下结论：

第一，在引才数量方面，高校类型对高校引进高层次人才数量有显著性影响，且 985 高校的引才数量与 211 高校、普通高校的引才数量存在显著性差异；所处地区对高校引才数量无显著性影响。

第二，在引才质量方面，高校类型对高校引进青年人才的综合学术生产力有显著影响，且 985 高校、211 高校青年人才的综合学术生产力与普通高校青年人才的综合学术生产力有明显差异；而所处地区对高校引进青年人才的学术生产力无显著性影响；高校类型、所处地区对高校引进青年人才的最优学术产出有显著性影响，且 985 高校、211 高校青年人才的最优学术产出与普通高校青年人才的最优学术产出存在显著性差异，东部地区高校青年人才的最优学术产出与中部、西部以及东北部地区高校青年人才的最优学术产出存在显著性差异。

第三，在引才政策方面，高校类型对高校青年人才的职业发展激励有显著性影响，且 985 高校、211 高校青年人才的职业发展激励与普通高校青年人才的职业发展激励存在显著性差异；而所处地区对高校青年人才的职业发展激励无显著性影响；所处地区与高校类型对高校青年人才的物质激励、配套服务激励均无显著性影响。

（二）基于研究结论的讨论

基于上述研究结论，本专题认为在高层次人才引进的地区性差异方面，以下几点研究发现值得进一步讨论。

1. 高层次人才的高校类型偏好凸显

本专题青年人才"A计划"的全样本数据库分析情况表明，东部地区的青年人才引进数量占到青年人才引进总数的 71.64%，同时，东部地区引进青年人才的高校多达 99 所，远远超出中部、西部和东北部地区引进青年人才的高校数量之和。因此，可以认为东部地区的人才聚集，很大程度上是因为东部地区高校密度大，并聚集了北京大学、清华大学、上海交通大学等知名高校。为剔除这个因素的影响，本专题选择了具有可比性的样本高校进行研究分析，从方差分析的结果可知高校类型而不是所处地区对引才的数量、质量产生影响。

（1）高层次人才仍倾向于选择 985 高校

研究结果表明，高校类型对高校青年人才引进数量及质量有显著性影响，且 985 高校引进的青年人才数量更多，质量相对更佳。这进一步说明人才尤其是高质量的高层次人才在选择时更多考虑的还是高校的综合实力和研究水平。一方面，这一结论是与人才激励理论中的人才需要层次相关联的。各地区高校在引进高层次人才时均提供丰厚的物质条件，高层次人才的低层次物质需要往往都能得到满足。在此基础上，他们通常追求更高层次的精神需要，如尊重需要和自我实现需要，而国内 985 高校的学科实力和研究水平往往更能够支持他们在专业研究领域得到更大的发展，更好地实现自我价值，获得更佳的社会声誉，因此，对于高层次人才来说，高校类型往往是他们流动时优先考虑的因素。另一方面，这与已有的学术研究结果也是相一致的。学者在对海外高层次青年人才引进现状进行分析时，通过回归分析发现高校类型对青年人才引进数量有显著性影响，而高校所处地区则无显著性影响，这也进一步说明海外高层次青年人才在选择就业单位时，看重的不是城市环境，而是高校实力，即高校的学术科研能力。因而，一些本身吸引力一般的城市（比如合肥），因拥有一流高校或实力强大的科研院所（中国科学技术大学）而吸引了大量优秀高层次人才的流入。

(2) 地区因素对高层次人才流动无显著性影响

尽管大数据库的研究表明青年人才的地区分布不均衡，但这很大程度上可能是受到地区高校数量和高校类型的影响。为此，本专题在控制高校数量和高校类型的情况下，通过方差分析得出所处地区对高校青年人才引进数量无显著性影响。因此，我们应该谨慎地对待社会媒体舆论，改变自身形成的惯性认知，理性分析"人才东南飞"的现象。一方面，不得不承认这种人才流动现象是存在的；另一方面，我们也要清晰认识到这种现象的产生不是基于地区本身的优势，而是基于地区高校所带来的吸引优势。因此，地区因素本身对高层次人才流动并无重要影响。

2. 最优高层次人才仍表现出地区偏好

研究表明，所处地区对高校引进青年人才的最优学术产出有显著性影响，东部地区高校青年人才的最优学术产出与中部、西部以及东北部地区高校青年人才的最优学术产出存在显著性差异。东部地区如北京、上海、江苏等地，经济发达，聚集了国内多所名校和科研机构，学术研究资源丰富。因此，对于高层次人才尤其是期望在学术上取得先进成果的顶尖人才来说，东部地区平台和资源俱佳，吸引力更大。例如，上海交通大学诚邀全球优秀青年学者申报某青年人才计划的公告中就明确提出：申请者需要"具有世界一流大学博士学位和学术工作经历，在学科前沿领域开展创新性研究，取得重要的研究成果，表现出很强的学术潜力，达到世界一流大学助理教授水平"。而哈尔滨工业大学的人才引进政策中提到申请者需要"在海外知名高校、科研机构和知名企业研发机构有正式教学或科研职位，为所从事领域同龄人中的拔尖人才"。两者相比较，足以表明不同地区高校对人才质量要求的差异，尤其是对人才最优学术产出重视程度的差异。

3. 职业发展激励更具吸引力

本专题通过对样本高校的引才政策进行文本分析，对政策内容进行极值标准化处理和赋分处理,将激励政策分为三部分:物质激励、配套服务激励和职业发展激励,分析结果表明人才激励政策的地区性差异不显著。

(1) 地区高校政策激励呈现趋同化

研究发现,所处地区与高校类型对高校青年人才的物质激励、配套服务激励没有显著性影响。在人才重要性和价值凸显的当下,关于人才的竞争尤为激烈,各地区各高校纷纷制定人才引进政策,以"高薪酬、高福利和高待遇"吸引人才。这导致的结果是,各地区高校在高层次人才的年薪、补贴、科研经费上不惜重金投入,力度逐渐趋同,而且在相关的配套服务激励方面,比如配偶工作、子女入学入托上尽力提供全方位的服务,因此,各地区、各高校的高层次人才物质激励和配套服务激励共性越来越大,没有显著性差异。

(2) 物质激励、配套服务激励同质化,职业发展激励作用凸显

在地区高校物质激励、配套服务激励出现趋同的情况下,高校的职业发展激励显现出了重要性。已有研究表明:在引才政策方面,高校类型对高校青年人才的职业发展激励有显著性影响,且985高校、211高校与普通高校对青年人才的职业发展激励存在显著性差异。本专题所指职业发展激励其实是高校给予青年人才的教授职称。我国在推行高等教育改革前,地方普通高校在教授职称评审上没有自主权,往往是学校提交申请,由地方教育厅统一进行审核;而教育部直属高校则有一定的自主权,按照校内名额自主组织教授评审。由于985高校大多是教育部直属高校,因而在教授职称评审上拥有更多的优势。从2016年开始,国内陆续有省份开始推行高等教育改革,将大学教授职称评审权下放到高校。例如,山东省发布《关于推进高等教育综合改革的意见》,推进高校职称制度改革,明确各高校可依据情况需要自主组织职称评审。[①] 这种方式虽然能够给予普通高校一定的职称评审自主权,但教育部门仍会依据高校的定位、类型、特点等对每个高校的教授名额进行控制。通常情况下,985高校、211高校的教授职称名额多于普通高校的名额,因此,高校教授职称评审依然与高校级别、高校类型等相挂钩。同时,相对于普通高校来说,985高校以及211高校的教授职称在业界的名誉和声望更大,出于对人才尊重需要的考虑,很多985高校或211高校在人才引进政策中将引进的高层次人才直接聘为教授,以此作为吸引人才的关键点。

---

① 王原.评教授,高校有了终审权.大众日报,2016-12-25 (3).

4. 可能存在非制度性因素的激励效应

本专题的研究结论可能受到其他一些非制度性因素的影响，但在本专题的分析研究中没有体现，如人才的情感激励，即人才对家乡或者母校产生的归属感，促使其更倾向于参与家乡人才引进或者母校人才引进计划。为此，本专题对西部样本高校西安电子科技大学引进的 11 位青年人才进行简历搜索，结果发现有 4 人的简历中明确体现了其与西安的地缘关系：QR，陕西西安人，曾在西安电子科技大学获得学士学位；CB，曾在西安电子科技大学获得学士、硕士及博士学位；SG，曾就读于西安交通大学；GP，博士毕业于中国科学院西安光学精密机械研究所。上述内容表明，地缘、学缘关系在人才引进过程中有一定的影响力，且很可能影响人才的地区选择。已有研究也证实了非正式制度因素对于人才引进的激励效应，学者王小力和彭正霞对九校联盟高校青年高层次人才引进问题进行研究，结果发现：北京大学 111 名青年人才中有 20 人在北京大学获得博士学位，中国科学技术大学 119 名青年人才中有 18 名毕业于该校，清华大学 130 名青年人才中有 21 人毕业于该校[1]，进一步说明了学缘关系可能对人才引进产生影响。

（三）政策启示

基于上述研究，本专题得出如下政策启示：

第一，东部地区高校应努力打造自己的"雇主品牌"，吸引最优人才。东部地区高校尤其是高水平的高校，应关注到最优高层次人才表现出的地区偏好，逐步摆脱非理性"抢挖"人才的盲目行为，致力于通过形成自己的"雇主品牌"（如保障高层次人才的学术自主权、提供科研资助和交流平台、提高专业领域的科研实力等）来吸引最优高层次人才的主动流入。

第二，中西部及东北部地区高校应注重自身能力建设，在引进人才的同时能够留住人才。中西部地区高校的引才数量相对而言不少，但存在严重的人才流失问题。此外，在中西部地区积极加入高层次人才竞争的同时，东北部地区明显落后，引进的高层次人才数量偏少。但值得注意的是，研究表明，高层次人才在流动时往往更加注重的是高校实力。因此，对于经济不发达的中西部及

---

[1] 王小力，彭正霞. C9 高校青年高层次人才引进问题与对策研究. 高等教育研究，2017（6）：32-39.

东北部地区高校而言，应保持足够的信心和动力，虽然所处地区的经济发展水平难以在短时间内赶上东部地区，但是可以将地区发展的重点转向提升高校的学术研究水平，尤其是对于具有传统优势的学科，若可以发展或保持在国内前沿、一流的研究水平，则能够很好地吸引并留住高层次人才。

第三，高校应优化人才引进政策，吸引优秀人才资源回流。为了增强人才吸引力，各地区高校纷纷出台相应的人才引进激励措施，主要包括物质激励、配套服务激励和职业发展激励。首先，激励理论的内容表明，各地区高校应该坚持物质与精神双重激励的原则，提高激励制度的多元化和丰富化；其次，从现有研究结论来看，各高校的青年人才物质激励和配套服务激励趋于同质化，故职业发展激励的价值凸显，因此，各地区高校亟待优化人才引进激励措施，增加对青年人才的职业发展规划和激励，在保障高层次人才物质层面需求的基础上充分满足其个人发展的精神层面需求；最后，考虑到非制度性因素可能对人才引进产生影响，各高校在引进高层次人才时可充分利用地缘、学缘关系等情感因素，建立人才库或者校友联络网，发挥非制度性因素对高层次人才的作用，吸引人才回流。

第四，继续推进高校"双一流"建设，驱动高校专业竞争。现有研究结果表明，无论是从引才质量还是从人才激励政策方面来看，985高校与211高校是基于同一平台竞争人才。因此，在高层次人才引进上，传统的985高校、211高校类型的区分已无明显价值，而高校的"双一流"建设凸显出必要性，并且未来人才的竞争将从高校品牌竞争逐步转向专业排名竞争。

第五，关注普通高校人才引进手段，保证人才竞争的合理有序。研究发现，普通高校在高层次人才引进工作中开始发力，从南方地区的部分高校（如深圳大学、南方科技大学）延伸到中西部地区的普通高校（武汉科技大学），它们往往承诺远超市场平均水平的引才条件。这表明，一方面，相对于985/211高校类型的封闭性，普通高校在"双一流"建设上更具上升可能性，因此其愿意提供丰厚待遇大力引进高层次人才，提升自身的学术实力，加入"双一流"竞争行列；另一方面，尽管人才竞争渐趋理性，但也要防止一些急于求成的高校带来新一轮的恶性竞争。因此，需要关注普通高校的人才引进政策和手段，引导合理有序的人才竞争。

第六，进一步拓展人才引进地区，促进人才结构合理化。根据2018—2019年QS世界大学排名，世界排名前百的大学中，美国的高校有33个，英国的高校有18个，日本的高校有5个，德国、法国和荷兰的高校共有9个。可见，除美国外，其他国家的高校实力也是不容忽视的。然而，青年人才"A计划"入选者中，接近40%的青年人才毕业于美国高校，而毕业于英国高校的青年人才仅占3.77%，不到毕业于美国的人数的1/10。此外，毕业于日本高校的青年人才只占1.97%，毕业于德国、法国和荷兰的青年人才合计仅占4.32%。从上述数据来看，青年人才"A计划"入选者总体上过于集中在美国。而就世界一流大学的分布而言，理应增加引进其他地区的人才，促使引进的海内外高层次人才的布局更加广泛化，人才结构更加合理化。

第七，注重本土人才培养，提升高校研究实力。在青年人才"A计划"入选者中，大多数是华人，其中有38.08%的青年人才毕业于中国，数量仅次于毕业于美国的人数，这进一步表明对本土人才的培养和引进应是青年人才"A计划"引才工作的重点。根据2018—2019年QS世界大学排名，清华大学、北京大学、复旦大学、上海交通大学、浙江大学和中国科学技术大学均位于世界百强名校行列，表明国内高校的实力已经不容小觑。近年来，我国又加大高等教育的发展力度，注重对博士研究生的培养，毕业于国内一流高校的博士已成为国家高层次人才的重要来源。因此，在积极引进海外优秀人才的同时，必须重视国内本土高层次人才的培养。一方面，增加高校科研投入，促进学科建设，提高国内博士的教育质量，提升国内高校的科研学术水平和综合实力；另一方面，为本土培养的博士和科研人员提供更多的机会，例如，选派高层次人才到世界一流高校或者科研机构进行交流学习，锻炼其学术思维和研究能力，同时，增强其对祖国的归属感和认同感，争取人才积极主动回流，为祖国的教育和科研工作贡献力量。

专题五
人才引进政策执行的理论建构[*]

一、人才引进政策执行的研究进展

二、理论建构

[*] 本专题作者为曹瑞阳。

人才政策是当前学术界研究的热点之一，已有研究从不同视角丰富了对人才政策执行的认识，但具有较强解释力的全局性框架仍不多见。作为人才政策的重要组成部分，人才引进政策引起较多关注。因此，本专题针对人才政策执行展开研究，以期增进对人才政策执行过程的了解，提高整改的针对性，深化人才领域的交流与合作，促进执行理论的丰富与发展。

一、人才引进政策执行的研究进展

（一）人才引进政策研究

国家层面提出"人才强国战略"后，学术界对人才政策的关注度明显提高，相关研究成果数量明显增多。在中国知网上，输入"人才引进政策"，选择"篇名"，检索出195条结果。学术期刊103篇，其中，CSSCI来源期刊18篇。学位论文76篇，其中，博士论文1篇，硕士论文75篇（见图5-1）。

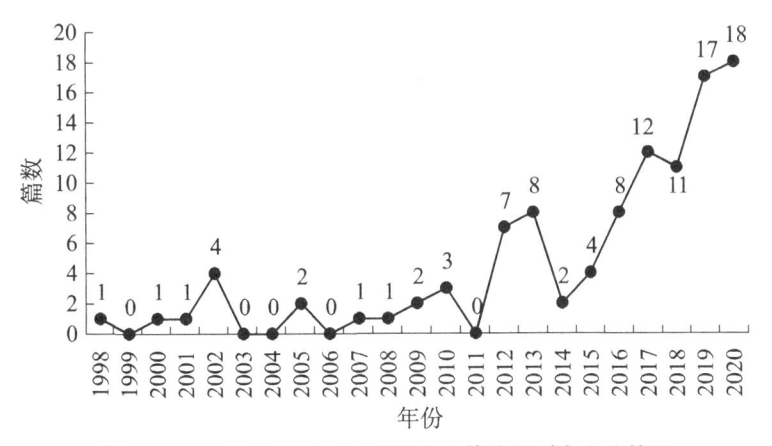

图5-1　1998—2020年人才引进政策的期刊发文趋势图

在中国知网上，输入"人才引进政策"或"人才政策"，选择"篇名"，检索出1 081条结果。学术期刊727篇，其中，CSSCI来源期刊126篇。学位论文195篇，其中，博士论文6篇，硕士论文189篇。2012年以后，该主题下的发文量明显增多，尤其在2017—2020年，相关研究成果数量呈大幅增长态势（见图5-2）。

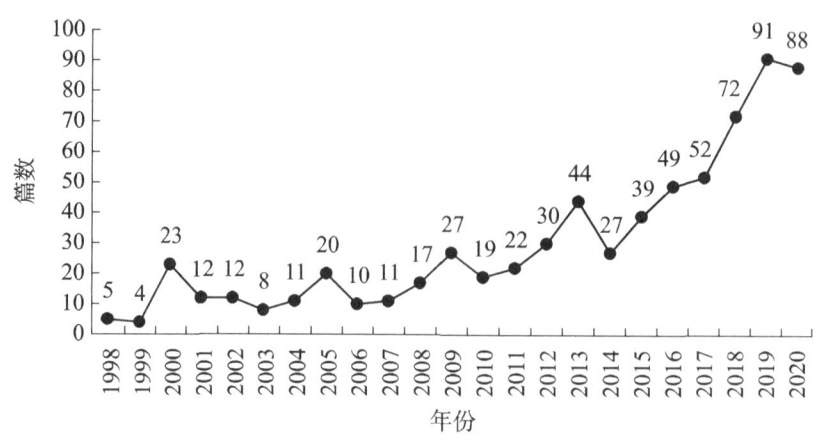

图 5-2 1998—2020 年人才（引进）政策的期刊发文趋势图

从相关研究成果中提炼出人才引进政策的研究主题，如表 5-1 所示，包括人才引进的意义、人才引进机理、人才引进政策内容分析、人才引进政策制定、人才引进政策实施效果评估、人才引进政策影响、人才引进政策系统、人才引进地方实践、人才引进经验借鉴、人才引进政策问题和建议。

表 5-1 人才引进政策研究主题分布情况

主题	引才意义	引才机理	政策内容	政策制定	政策效果	政策影响	政策系统	地方实践	经验借鉴	问题建议
篇数	2	3	8	4	12	6	1	17	6	32
内容	经济推手、科创动力	马斯洛需要层次理论	文本、对比、演进	科学、合理的政策制定	实施效果（绩效）、政策效应	创新能力或人口增长	系统观、政策环境	京、沪、苏、莞	美、韩、欧盟	复制、趋同、供需失衡、代理成本

资料来源：中国知网。

以下是各主题的详细研究。

1. 人才引进的意义

一些学者认为，科技人才引进政策有助于形成全球性科技强国的聚集机制，

推动科技强国建设。[1],[2],[3]

2. 人才引进机理

王命瑞、高远忠和倪馨等实务工作者强调人才引进应以马斯洛需要层次理论为指导。[4] 高子平认为，了解海外人才流动的影响因素是做好人才引进工作的前提，国家的人才吸引力、国内外经济环境差距、职业发展满意度与规划等是影响人才流动意愿的主要方面。[5]

3. 人才引进政策内容分析

孙锐和孙雨洁从政策内容视角出发，按供给型、需求型、环境型三个维度构建青年科技人才引进政策的评价体系及量表标准手册，促成政策文本从非结构化向结构化转换。[6] 郑金连和苗绿指出人才引进政策的复制跟风现状，认为制定本地化人才引进政策，需综合考虑自身需求、资源条件、政策内容、政策工具、磋商协调过程等。[7] 吴伟东和陈铀从资金支持、医疗保障、子女入学、配偶就业方面对大湾区各地市人才引进政策内容展开分析。[8] 郭柏林和鲁世林认为高校人才引进政策内容表现出偏重成熟期人才、重视科研实力、青睐高学历与海外背景的特点。[9] 刘晓光和黄恽围绕人才范畴、所属领域、资助补助、配套保障、培养激励等方面，采用政策文本分析法对四川省和江苏省两省的人才引进政策展开对比分析，从中总结东西部地区人才引进的共同点与不同点。[10]

---

[1] 苗绿，王辉耀，郑金连. 科技人才政策助推世界科技强国建设：以国际科技人才引进政策突破为例. 中国科学院院刊，2017，32（5）：521-529.

[2] 王辉耀. 揽海外英才，筑大国梦想. 人民论坛，2017（15）：24-25.

[3] 吴江. 坚持以用为本方针 创新人才体制机制. 理论探讨，2013（3）：139-144，1.

[4] 王命瑞，高远忠，倪馨. 构建以马斯洛需求层次理论为基础的人才引进政策：以福州市为例. 中国劳动，2017（10）：49-52.

[5] 高子平. 在美华人科技人才回流意愿变化与我国海外人才引进政策转型. 科技进步与对策，2012，29（19）：145-150.

[6] 孙锐，孙雨洁. 青年科技人才引进政策评价体系构建及政策内容评估. 中国科技论坛，2020（11）：120-128，146.

[7] 郑金连，苗绿. 人才引进政策复制概念探析. 中国人事科学，2020（5）：60-69.

[8] 吴伟东，陈铀. 湾区城市高层次人才引进政策研究：以深圳、珠海为例. 城市观察，2020（2）：30-38.

[9] 郭柏林，鲁世林. "双一流"背景下高校人才引进政策特点、问题与对策：基于六所部属师范院校的分析. 研究生教育研究，2019（5）：76-82.

[10] 刘晓光，黄恽. 我国东西部高层次人才引进政策文本比较：以四川省和江苏省为例. 科技管理研究，2018，38（24）：51-56.

吴凡梳理西部地区高校人才引进政策的演变历程，并作出人才引进政策向战略性、高标准、系统性以及多维度方向演变的判断。[1]

4. 人才引进政策制定

彭庚强调，人才政策制定中要注重创新，如健全政策创新体系，对人才政策创新形成正确价值取向，避免政策同质化，改善政策实施的软硬环境，创新人才引进方式，明确自身定位，突出地方特色，善用激励手段，注重为政策执行提供法律保障等。[2] 杨杰以中部地区六省作为研究对象，围绕用人单位属性、所属地域、住房安置、薪资奖补、项目扶持、合约周期以及家庭成员安置等方面，对人才引进政策内容进行对比分析，总结出影响人才引进政策制定的主要因素。[3]

5. 人才引进政策实施效果评估

张兰霞等采取QFD方法，以辽宁省海外科技人才引进政策为研究对象，选取引得进、留得住、用得好、流得动四个方面，以及招聘、使用、培养、激励、考核、退出六个环节构建评估指标，对政策执行效果展开评估，发现政策实施中存在重引进、轻管理、留人难等问题。[4] 孟华等使用一套评价指标体系得出各省人才引进政策相对吸引力情况，发现政策吸引力能部分弥补当地客观条件吸引力的不足。[5] 还有学者选取"引得进、留得住、用得好"维度建构人才引进政策效果评估指标体系，得出研究对象整体实施效果为收益大于成本的评价结果。

6. 人才引进政策影响

叶卓雅针对人才引进政策对地区创新能力的影响展开研究，发现若以专利申请数量衡量，人才引进政策能够促进地区创新能力。若以专利授权数量衡量，

---

[1] 吴凡. 西部高校人才引进政策历史演变与发展路向研究. 广西社会科学, 2016 (1): 209-212.
[2] 彭庚. 高层次人才引进政策创新路径研究. 安徽理工大学学报（社会科学版), 2014, 16 (5): 50-54.
[3] 杨杰. 中部地区人才引进政策设计研究. 管理学报, 2009, 6 (7): 967-971.
[4] 张兰霞, 宋嘉艺, 王莹. 基于QFD的海外科技人才引进政策实施效果评价：以辽宁省为例. 技术经济, 2017, 36 (5): 28-33.
[5] 孟华, 刘娣, 苏娇妮. 我国省级政府高层次人才引进政策的吸引力评价. 中国人力资源开发, 2017 (1): 116-123.

人才引进政策未能促进地区创新能力。[1] 陈秋玲等运用准自然实验法开展研究，发现加大人才引进力度可促进人才流动，激励创新氛围。[2] 胡元瑞运用双重差分法对南京、武汉、西安开展实证研究，发现人才引进政策短期内会推动当地房价上涨。[3]

7. 人才引进政策系统

郁俊莉和步星辉认为，信息、服务、评估是政策系统的核心构件。人才引进政策系统优化可通过改善政策环境、提升政策内容间的衔接性与系统性实现。[4] 周子楠和张鹏主张营造良好的政策环境，构建和谐的人才环境。[5]

8. 人才引进地方实践

钟晴伟介绍了东莞市人才引进政策实践。[6] 杨小玲等介绍了上海市科技人才引进政策实践。[7]

9. 人才引进经验借鉴

李秀珍和孙钰对韩国的海外人才引进政策展开分析，认为韩国在海外人才评价标准、扶持归国人才发展、投资未来人才方面的完备经验可为我国提供有益借鉴。[8] 毛黎对美国的人才引进政策展开研究，总结出以移民法作保障、以外国留学生充当人才后备军的有益经验。[9]

10. 人才引进政策问题和建议

当前，人才引进政策存在的主要问题有：政策趋同；重视引进人才，忽视

---

[1] 叶卓雅. 人才引进政策对区域创新能力影响效果的实证分析. 北京印刷学院学报，2020，28(3)：125-127.

[2] 陈秋玲，黄天河，武凯文. 人力资本流动性与创新：基于我国人才引进政策的比较研究. 上海大学学报（社会科学版），2018，35(4)：124-140.

[3] 胡元瑞. 人才引进政策对城市住房价格影响研究：基于南京、武汉、西安三市的实证分析. 价格理论与实践，2019(4)：38-41.

[4] 郁俊莉，步星辉. 系统观视阈下西北人才引进政策. 宁夏党校学报，2013，15(4)：64-68.

[5] 周子楠，张鹏. 兰州高新区人才引进政策的问题与对策浅析. 甘肃科技，2010，26(21)：17-20，95.

[6] 钟晴伟. 东莞市人才引进政策综述. 产业与科技论坛，2017，16(15)：110-111.

[7] 杨小玲，陈刚，王建平，等. 上海科技人才引进政策综述. 上海有色金属，2012，33(1)：32-34.

[8] 李秀珍，孙钰. 韩国海外人才引进政策的特征与启示. 教育学术月刊，2017(6)：81-87.

[9] 毛黎. 美国：成功的人才引进政策. 国际人才交流，2009(3)：10-11.

现有人才,挫伤存量人才积极性;人才资源局部浪费;供求失衡;政策配套不足;政策兑现不到位;政策制定缺乏连贯性;地区间引才不良竞争等。成芳指出,海外高层次人才引进中存在个体引才独大、配套政策缺失、评估公正性受质疑、区域间恶性攀比等问题。[①] 李福华认为,高校人才引进政策中存在政策出台随意,系统规划不足;一味提升待遇,益本比考量不足;偏重专业技能,轻忽综合能力等问题。[②]

针对存在的问题,学者提出以下完善建议。李蕾认为,人才引进政策应坚持因地制宜,切忌复制照搬,坚持整体推进,做好增量人才与存量人才之间的公平感维护。[③] 郭书剑和王建华指出了人才引进政策中的人才"商品化"问题,倡导高校人才引进从"资本本位"转向"学术本位"。[④] 成芳建议,加强团队引进,营造良性竞争氛围,打造无缝对接的服务保障体系,建立科学的政策评估机制。[⑤] 李国君和韦伟光建议,系统考虑政策制定,兼顾地方人才引进中的竞争合作;推动政策制定主体多元化发展;因地制宜实现政策本土化改进;注重政策绩效评估。[⑥] 朱军文和沈悦青建议,增加实质性引才,减少柔性引才;增加团队引才;在国家层面加强对人才引进的政策调控,奠定区域均衡发展的人才基础。[⑦]

(二) 政策执行研究

政策执行涉及范围广,对其展开分析的理论视角也较多。[⑧] 当前,政策执行领域具有较高认知度的理论视角有阶段论视角、行为视角、制度视角、组织视角、网络视角、演进视角、阐释视角、整合视角等。对以上政策执行理论视角进行梳理发现,当前学术界对于政策执行过程的观察与解释缺乏普遍共识。

---

① 成芳.试论海外高层次人才引进政策研究.黑龙江高教研究,2014 (3): 54-56.
② 李福华.高等学校人才引进政策与人力资本投资风险.清华大学教育研究,2010,31 (1): 93-97.
③ 李蕾.城市人才引进政策的潜在风险与优化策略.中国行政管理,2018 (9): 154-155.
④ 郭书剑,王建华."双一流"建设背景下我国大学高层次人才引进政策分析.现代大学教育,2017 (4): 82-90.
⑤ 同①.
⑥ 李国君,韦伟光.高层次创新创业人才引进政策的比较分析.中国人力资源开发,2013 (9): 82-84.
⑦ 朱军文,沈悦青.我国省级政府海外人才引进政策的现状、问题与建议.上海交通大学学报(哲学社会科学版),2013,21 (1): 59-63,88.
⑧ 赵德余.实施公共政策:来自跨学科的声音.上海:上海人民出版社,2013.

组织视角、网络视角、制度视角这三种路径偏向于实证主义取向，将政策目标设定视为政策执行的重要前提，显示出政策执行过程的因果推演逻辑。监督与评估手段的运用是确保政策执行效果的关键。在政策执行理论与经验材料基础上进行政策执行评估，探寻影响政策执行的关键因素。通过反馈机制实现对执行问题的随时掌握与及时纠偏，确保政策执行不偏离预期目标与预设方向。目前，学术界关于政策执行影响因素的研究成果可归结为以下几方面：政策类型[①]、政策环境、执行主体（意愿、能力、利益）、执行机关的管控效率、跨组织协作（"条块分割"、碎片化权威主义[②]、部门利益分化[③]）等。

（三）人才政策执行研究

按照洛伊（Lowi）的政策类型理论[④]，人才政策有其面向的特定人群，无明显强制性，属于分配型政策类型。相较于规制型政策，人才政策重视回应受众需求；相较于再分配政策，人才政策中执行者与受众间的互利性部分抵消了政策执行中的冲突性。陈丽君和傅衍总结出人才政策的以下特点：具有资源供给性；重视激励手段的采用；人才与地方经济同向互促；人才可"用脚投票"选择所在城市，城市间在引才方面存在竞争。[⑤] 政府执行主体是政策的制定者与执行者，人才本身和用人单位既是人才政策的接受者，也是人才政策的受益者。

国内人才政策执行文献较少，已有研究多是对我国人才政策执行的简单描述性分析，在本土化人才政策执行模型与执行评估模型的开发方面较为薄弱。此外，立足于本土人才政策执行案例，应用政策执行经典理论也不够充分。

1. 人才政策执行的实践检视

俞快运用核心系统模型，分析了杭州市地方高校人才引进政策执行问题、

---

① Lowi T J. Four systems of policy, politics, and choice. Public Administration Review, 1972, 32 (4): 298 – 310.
② 李侃如. 治理中国：从革命到改革. 北京：中国社会科学出版社，2010.
③ Shirk S L. The political logic of economic reform in China. Berkeley: University of California Press, 1993.
④ West W. The politics of administrative rulemaking. Public Administration Review, 1982, 42 (5): 420 – 426.
⑤ 陈丽君，傅衍. 人才政策执行偏差现象及成因研究：以 C 地区产业集聚区创业创新政策执行为例. 中国行政管理，2017 (12): 95 – 100.

成因以及改进思路。[1] 陈丽君和傅衍以 Z 省 H 市 C 区产业集聚区人才创业创新激励政策执行为例，探讨人才政策的执行偏差问题，发现人才政策执行偏差主要表现为政策功能异化、政策实施梗阻、政策对话缺失等。[2] 张廷君介绍了福建省台湾高层次人才引进政策的运行现状、存在问题和改进建议。其他学者也对人才政策展开评估，积累了一些初步成果。

2. 人才政策执行存在的问题

在政策本身方面，张廷君指出人才政策内容规定不够清晰明确、政策本身存在真空环节。[3] 宁甜甜和张再生从工具视角出发，认为人才政策内容存在环境型政策短缺、供给型政策不足、需求型政策薄弱等问题。[4] 孙昌璞认为，应将更多年轻研究人才纳入人才政策的受众范围。[5] 在执行主体方面，徐倪妮和郭俊华发现，存在政出多门、政策主体协同不均衡的状况。[6] 领导的观念[7]、关注[8]，以及一线执行者能力[9]均会影响人才政策执行。在执行结构方面，陈丽君和傅衍发现，存在层级传递功能异化、跨部门联合执行梗阻、对话互动信息阻塞等问题。在政策环境方面，有学者指出，人才政策环境存在体制不顺、机制不新、立法滞后等问题。还有学者强调政策执行面临的社会、经济、政治环境变动对执行的影响。顾承卫和田贵超认为，当前我国人才制度和发展环境同一流标准仍有差距。王洪川等认为，财政经费、后期发展扶持等方面存在的障碍制约人才政策执行。

---

[1] 俞快. 基于"核心"系统模型的地方高校人才引进政策执行研究：以杭州地区为例. 上海：华东师范大学, 2016.
[2] 陈丽君, 傅衍. 人才政策执行偏差现象及成因研究：以 C 地区产业集聚区创业创新政策执行为例. 中国行政管理, 2017 (12)：95 - 100.
[3] 张廷君. 引进台湾高层次人才政策的运行现状及改进：以福建省为例. 福建行政学院学报, 2013 (5)：30 - 35.
[4] 宁甜甜, 张再生. 基于政策工具视角的我国人才政策分析. 中国行政管理, 2014 (4)：82 - 86.
[5] 孙昌璞. 人才政策应倾向于更年轻的基础理论研究人员. 中国战略新兴产业, 2018 (41)：95.
[6] 徐倪妮, 郭俊华. 中国科技人才政策主体协同演变研究. 中国科技论坛, 2018 (10)：163 - 173.
[7] 王洪川, 李博, 王术光. 辽宁科技创新人才政策执行状况分析. 科技成果纵横, 2009 (1)：53 - 54.
[8] 李振. 注意力推动政策执行：中国领导人的"现场主义"机制研究. 马克思主义与现实, 2018 (5)：189 - 196.
[9] 陈德权, 李博, 王术光. 推进辽宁科技创新人才政策执行模型研究. 科技管理研究, 2009, 29 (12)：480 - 482.

3. 人才政策执行优化的建议

许多学者主张通过强化监督机制，破除政策执行阻碍。郁建兴和高翔提出，通过完善问责机制来防范地方政府的"选择性执行"行为。[1] 薛琪薪和陈俊杰主张打造产业平台，为人才提供动态服务，持续优化人才政策执行。[2] 吴木銮认为，政策目标的适度模糊可减少政策执行中的对抗行为。[3] 赵勇主张培育尊重知识、尊重人才的政策环境。[4]

（四）已有研究简评

纵观国内外研究现状，可以看出相比国内，国外政策执行研究方面起步早，成果更为丰硕。无论是研究内容、研究方法或是研究领域，国外的研究成果与不足之处均为本专题提供了借鉴。一是研究内容方面。国外政策执行研究的内容主要包括执行者、跨组织网络、执行类型、政策制定（政策本身）以及政策环境等。二是研究方法方面。国外政策执行研究多采用案例研究法，研究方法单一，对执行过程的"深描"相对不足。三是研究领域方面。国外人才政策执行的专门研究较少，在政策执行研究领域占比较低。由于缺乏国内人才战略号召的独特背景，与国内迎来一波人才政策执行研究的小高峰不同，国外人才政策执行研究呈现出平稳增长态势。四是研究框架方面。不同于国内政策执行研究相对薄弱的状况，国外政策执行研究起步早，已形成较为成熟的理论体系，涵盖政策执行的内涵界定、理论基础、类型划分、执行过程、执行评估、影响因素（包括政策本身、目标群体、政策环境、基层官僚、执行结构等）等内容，勾勒出政策执行的整体概貌，为本专题的理论建构提供了良好基础与重要启发。

经过20多年的发展，国内政策执行研究已从分散式探索迈入群体性开拓阶段[5]，所形成的本土化理论成果为本专题提供借鉴。首先，已有研究对国内政策执行研究的背景进行交代，阐释执行研究的必要性与重要性，为本专题的开展提供前期论证，帮助形成对政策执行实践的初步认知。其次，已有研究对政

---

[1] 郁建兴，高翔. 地方发展型政府的行为逻辑及制度基础. 中国社会科学，2012（5）：95-112.
[2] 薛琪薪，陈俊杰. 城市人才政策环境的四维评估及优化路径. 科学发展，2020（6）：32-39.
[3] 吴木銮. 公务人员调薪执行：困境及启示. 公共行政评论，2011，4（2）：169-177.
[4] 赵勇. 金融危机背景下吸引海外科技人才的思考. 科技与经济，2009，22（3）：28-31.
[5] 赵德余. 实施公共政策：来自跨学科的声音. 上海：上海人民出版社，2013.

策执行的概念、内容的探讨为本专题的概念界定提供了一定启发。最后，已有研究中关于政策执行影响因素的讨论，为本专题对人才政策执行影响因素的分析提供维度参考，防止对关键维度有所遗漏。

尽管如此，也需正视已有研究的不足，并以此为突破口，进一步拓展政策执行研究的空间。

第一，当前的政策执行研究多是对国外要素与模型的简单套用，存在生搬硬套、理论材料"两张皮"问题，在模型的适用性和解释力方面仍有待改进。

第二，政策执行的本土化概念和理论框架较少。当前，接受度较高的本土化概念有"压力型体制"、"变通执行"、"扭曲执行"以及"共谋"行为等，"政治势能"等较新概念的接受度也在不断提升。但总体上，理论框架方面的本土化创新较少，与国际上主流的政策执行理论对话较为不足，国内学术界广为接受的本土化政策执行框架仍较为缺乏。

第三，研究方法单一。当前，案例研究在政策执行研究中占据主流地位，该方法常通过访谈、参与观察、文本分析等方式实现资料收集，图片、影像等可视化资料的收集和运用较少，所获数据资料相对单一，制约了论证材料的丰富度与说服力。

第四，对于环境因素对人才政策执行影响的关注与讨论相对不足。人才政策执行深受国际环境影响，尤其在世界局势多变、百年未有之大变局的背景下，人才政策执行更需时刻关注环境变动以作出及时响应。一方面，中国的内部环境影响人才引进的吸引力。国外社会发展已进入稳定期，对于政策执行问题中的环境因素的讨论相对较少。中国良好的经济发展形势与稳定的政治环境是成功引进人才的前提。但由于国内正处于快速发展时期，政策执行面临的内部环境存在较大不确定性。另一方面，流入国家或地区的内部环境、国际关系也会对人才引进造成影响。一国内部环境不佳会推动其人才外流。由于人才是地区发展的第一战略资源，人才引进较为敏感。尤其当一国的国际关系不睦时，人才引进政策很可能因人才流出国家或地区的阻挠而陷入执行困境。

二、理论建构

本专题建构的人才政策执行框架如图5-3所示。

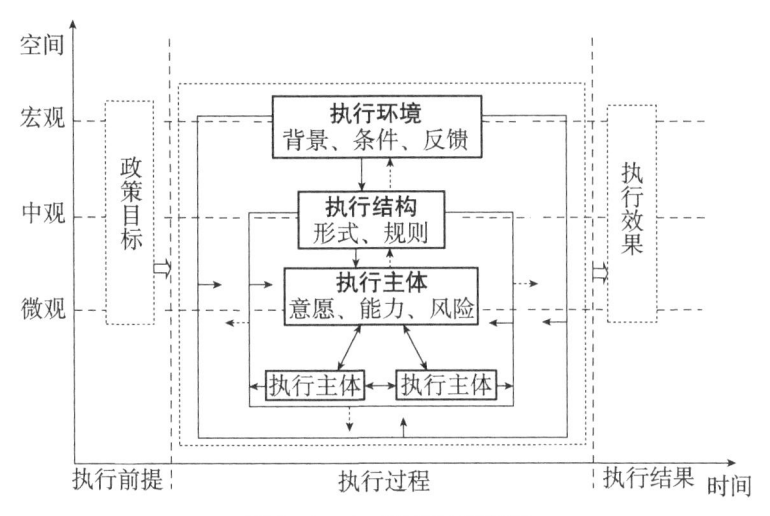

图 5-3　人才政策执行框架

本专题在对政策执行影响因素既有研究的充分剖析与审慎筛选基础上,选取主体、结构、环境作为影响人才政策执行的关键因素,所建构的主体-结构-环境执行框架具有深厚的理论渊源与扎实的文献基础。

(一) 主体-结构-环境执行框架的维度构成

1. 主体维度

一些学者在其政策执行模型中均谈及主体对政策执行的影响。范·米特(Van Meter)和范·霍恩(Van Horn)强调执行主体对政策的认知情况、反应方向与强度对执行的影响。[①] 爱德华兹(Edwards)强调执行主体意向对执行的影响。萨巴蒂尔(Sabatier)和马兹曼尼安(Mazmanian)强调执行主体招录、领导支持、执行主体投入度与领导技能对政策执行的影响。吴定强调执行者对政策目标的理解力和共识度对政策执行的影响。马什(Marsh)和史密斯(Smith)在其政策网络辩论模型中,强调执行主体技能对政策执行的影响,如天赋技能、学习技能等。[②] 陈振明强调执行人员组织配备、综合素质、工作态

[①] Van Meter D S, Van Horn C E. The policy implementation process: a conceptual framework. Administration & Society, 1975, 6 (4): 445-458.

[②] Marsh D, Smith M. Understanding policy networks: towards a dialectical approach. Political Studies, 2000, 48 (1): 4-21.

度等对政策执行的影响。[①] 阿伦斯（Aarons）、赫尔伯特（Hurlburt）和霍维茨（Horwitz）认为，执行主体个人特质影响公共服务领域的政策执行。[②] 宋雄伟认为执行主体（包括组织和个人）的知识、技能、价值、利益取向、资源占有度等影响政策执行。[③] 钟海关于权宜性执行的研究发现，执行主体的角色定位与自利性影响政策执行。[④] 伦诺克斯（Lennox）等人认为，执行主体的自我效能感影响政策执行。[⑤] 费希尔（Fisher）等人认为，执行主体在创新方面的知识和信仰影响政策执行。[⑥] 伍德（Wood）等人认为，领导参与情况影响政策执行。[⑦]

2. 结构维度

国内外许多学者在其政策执行模型中均提到结构对政策执行的影响。史密斯强调执行组织结构的稳定性、行政组织的风格和本质、执行组织的程序和实现目标的能力对政策执行的影响。范·米特和范·霍恩、吴定、陈振明强调执行机构特性（包括组织结构、组织规模）、组织间沟通与协作执行活动的能力对政策执行的影响，如执行机构的互动程度与效果等。萨巴蒂尔和马兹曼尼安强调执行机构内部与执行机构之间的层级整合、决策规则等对政策执行的影响。爱德华兹强调机关结构的权责配置和标准化操作程序对政策执行的影响。

马什和史密斯在其政策网络辩论模型中强调网络结构（即单一组织内部）、

---

① 陈振明. 政策科学：公共政策分析导论. 2 版. 北京：中国人民大学出版社，2003.
② Aarons G A, Hurlburt M, Horwitz M C. Advancing a conceptual model of evidence-based practice implementation in public service Sectors. Administration and Policy in Mental Health and Mental Health Services Research，2011，38（1）：4 - 23.
③ 宋雄伟. 政策执行网络：一种研究政策执行问题的理论探索. 国家行政学院学报，2014（3）：66 - 70，122.
④ 钟海. 权宜性执行：村级组织政策执行与权力运作策略的逻辑分析：以陕南 L 贫困村精准扶贫政策执行为例. 中国农村观察，2018（2）：97 - 112.
⑤ Lennox L, Green S, Howe C, et al. Identifying the challenges and facilitators of implementing a COPD care bundle. BMJ Open Respiratory Research，2014，1（1）：1 - 9.
⑥ Fisher K A, et al. Successful use of noninvasive ventilation in chronic obstructive pulmonary disease: how do high-performing hospitals do it? . Annals of the American Thoracic Society，2017，14（11）：1674 - 1681.
⑦ Wood R L, Migliore L A, Nasshan S J, et al. Confronting challenges in reducing heart failure 30-day readmissions: lessons learned with implications for evidence-based practice. Worldviews on Evidence-based Nursing，2019，16（1）：43 - 50.

网络互动（组织间关系）对政策执行的影响。[1] 济慈（Keats）和希特（Hitts）[2]、莱纳（Lehner）[3]指出，组织结构会对战略执行造成影响。龚虹波从结构角度观察执行过程，认为"关系主导"的非正式执行结构与"有限分权"的正式执行结构共同对执行结果施加影响。[4] 阿伦斯等人认为，组织内部特点、跨组织关系影响公共服务领域的政策执行。[5] 宋雄伟强调结构的制度性安排如规则、法律等对执行的影响。[6] 伦诺克斯等人认为，外部制度设计和激励影响政策执行。[7] 阿克森（Axon）等人认为，组织间网络关系影响政策执行。[8] 费希尔认为，组织文化影响政策执行。[9] 伍德等人认为组织学习氛围影响政策执行。[10]

3. 环境维度

许多学者在其政策执行模型中均提到环境因素对政策执行的影响。范·米特和范·霍恩强调经济、社会、政治环境对政策执行的影响。麦克拉夫林（Mclaughlin）强调外部环境与政策受众需求的改变对政策执行的影响，主张执

---

[1] Marsh D, Smith M. Understanding policy networks: towards a dialectical approach. Political Studies, 2000, 48 (1): 4–21.

[2] Keats B W, Hitt M A. A casual model of linkage of environmental dimensions, macro organizational characteristics and performance. Academy of Management Journal, 1988, 31 (3): 570–598.

[3] Lehner J. Strategy implementation tactics as response to organizational, strategic, and environmental imperatives. Management Revue, 2004, 15 (4): 460–480.

[4] 龚虹波. 执行结构-政策执行-执行结果：一个分析中国公共政策执行的理论框架. 社会科学, 2008 (3): 105–111, 190.

[5] Aarons G A, Hurlburt M, Horwitz S M. Advancing a conceptual model of evidence-based practice implementation in public service sectors. Administration and Policy in Mental Health and Mental Health Services Research, 2011, 38 (1): 4–23.

[6] 宋雄伟. 政策执行网络：一种研究政策执行问题的理论探索. 国家行政学院学报, 2014 (3): 66–70, 122.

[7] Lennox L, Green S, Howe C, et al. Identifying the challenges and facilitators of implementing a COPD care bundle. BMJ Open Respiratory Research, 2014, 1 (1): 1–9.

[8] Axon R N, Cole L, Moonan A, et al. Evolution and initial experience of a statewide care transitions quality improvement collaborative: preventing avoidable readmissions together. Population Health Management, 2016, 19 (1): 4–10.

[9] Fisher K A, et al. Successful use of noninvasive ventilation in chronic obstructive pulmonary disease: how do high-performing hospitals do it?. Annals of the American Thoracic Society, 2017, 14 (11): 1674–1681.

[10] Wood R L, Migliore L A, Nasshan S J, et al. Confronting challenges in reducing heart failure 30-day readmissions: lessons learned with implications for evidence-based practice. Worldviews on Evidence-Based Nursing, 2019, 16 (1): 43–50.

行主体预留弹性空间，及时将政策受众的价值反馈吸收进政策制定与执行中。执行主体与政策受众通过对观点的反复修正，逐步向双方均可接受的状态靠拢。萨巴蒂尔和马兹曼尼安强调社会经济环境和技术条件所构成的背景环境，财政资源所构成的条件环境，以及公众支持、选民态度与资源、外部人员参与渠道、政策受众行为等所构成的反馈环境对政策执行的影响。

布儒瓦（Bourgeois）和博德温（Brodwin）指出当外部环境具有较高不确定性时，执行主体应对环境保持开放，并通过自下而上进行战略规划的执行结构，实现对战略行动过程的渐进式调控，以确保执行的效率与效果。[1] 马什和史密斯在其政策网络辩证模型中指出，政策资源、结构所处的背景系统会影响政策执行。[2] 林水波、吴定、陈振明均强调政策受众服从对执行的影响。此外，陈振明还认为政策受众人数、政策受众行为多样性等反馈环境，政治、经济、社会等背景环境，以及政策资源等条件环境也会影响政策执行。济慈和希特[3]、莱纳[4]研究发现，外部环境会对战略执行造成影响。阿伦斯等人指出，服务环境、受众特点影响公共服务领域的政策执行。[5] 费希尔等人指出，监督、反馈、评估影响政策执行。[6] 钟海针对权宜性执行的研究发现，运行资源以及受众参与意识影响政策执行。[7] 耶格尔（Yeager）等人指出，受众参与情况影响政策执行。[8]

---

[1] Bourgeois L J, Brodwin D R. Strategic implementation: five approaches to an elusive phenomenon. Strategic Management Journal, 1984, 5 (3): 241-264.

[2] Marsh D, Smith M. Understanding policy networks: towards a dialectical approach. Political Studies, 2000, 48 (1): 4-21.

[3] Keats B W, Hitt M A. A casual model of linkage of environmental dimensions, macro organizational characteristics and performance. Academy of Management Journal, 1988, 31 (3): 570-598.

[4] Lehner J. Strategy implementation tactics as response to organizational, strategic, and environmental imperatives. Management Revue, 2004, 15 (4): 460-480.

[5] Aarons G A, Hurlburt M, Horwitz M C. Advancing a conceptual model of evidence-based practice implementation in public service sectors. Administration and Policy in Mental Health and Mental Health Services Research, 2011, 38 (1): 4-23.

[6] Fisher K A, et al. Successful use of noninvasive ventilation in chronic obstructive pulmonary disease: how do high-performing hospitals do it? Annals of the American Thoracic Society, 2017, 14 (11): 1674-1681.

[7] 钟海. 权宜性执行：村级组织政策执行与权力运作策略的逻辑分析：以陕南L贫困村精准扶贫政策执行为例. 中国农村观察, 2018 (2): 97-112.

[8] Yeager V A, Wharton M K, Monnette A, et al. Non-face-to-face chronic care management: a qualitative study assessing the implementation of a new CMS reimbursement strategy. Population Health Management, 2018, 21 (6): 454-461.

莫顿（Morton）等人指出，可用资源情况影响政策执行。[①]

（二）主体-结构-环境执行框架的具体内容

1. 主体维度内容

执行主体是指掌握公权力的政府执行部门与人员[②]，通过其意愿、能力以及风险规避意识影响政策执行。主体间通过联系与合作，促成资源交换，实现各自所控制资源的最大化。

第一，主体的执行意愿。一方面，领导关注度决定一线执行主体的执行资源，影响其执行意愿。落实人才政策并非人社部门的全部工作，其通常还需承担职称评定、人才房、博士后管理等事务，人少事繁、激励不足等导致其缺乏推动人才政策执行的强烈动机与意愿。另一方面，执行意愿深受执行环境影响。推动人才工作需要大量的配套资金，并非所有省市都有将大量财政资金用于推动人才引进与服务的意愿与实力。在大力推动人才工作的省市，执行主体意愿也不是稳定的，而是受到国际关系或地区关系的影响。比如当国际关系或地区关系紧张时，人才流动限制增加，上级部门对人才工作成果的预期会降低。当国际关系或地区关系和缓时，人才流动较为自由，上级对人才工作成果的预期会升高，并希望该项工作能成为整体工作的一大亮点。在这种情况下，人才工作跃升为人社部门的重点工作，主体的执行意愿随之增强。

第二，主体的执行能力。一线执行主体需具备的执行能力包括政策条文的理解能力、信息鉴别与核实能力、与成员单位资源交换的沟通协调能力等。执行结构中，组织与个人两类主体共同参与政策执行过程，政府机构间互动、政府内部互动、一线执行主体行为均是研究重点。对于执行结构中主体间互动，罗茨（Rhodes）给出"权力资源依赖理论"的解释。执行结构中，个人主体虽受到结构规则的约束，但其在利益、价值、信息、资源、行为、态度等方面仍拥有相当的自由裁量权，甚至可能执行不作为或对抗执行。[③] 譬如，一线执行

[①] Morton K, MacNeil S, Sanderson E, et al. Evaluation of "care bundles" for patients with chronic obstructive pulmonary disease (COPD): a multisite study in the UK. BMJ Open Respiratory Research, 2019, 6 (1).

[②] 麻宝斌，钱花花. 制度执行力探析. 天津社会科学，2013（3）：53-58.

[③] 宋雄伟. 政策执行网络：一种研究政策执行问题的理论探索. 国家行政学院学报，2014（3）：66-70, 122.

者承担人才申报材料的初筛工作,因而享有对筛选条件的解释权和相应的自由裁量空间。因此,执行主体细心勤勉、认真负责、公允客观的品格与能力对于政策执行格外重要。

第三,主体执行中的风险规避。风险因素对主体行为的影响同样不可忽视。在意愿和能力兼具时,风险因素便成为影响主体行动与否的关键。在风险较高时,即便具备较强的行动意愿与能力,执行主体也未必会采取切实行动,只做"表面功夫"也可能成为执行主体应对压力的选项。

2. 结构维度内容

为了顺利达成政策目标,各项要素的作用发挥以及资源的自由流通必须依托一定的执行结构。某种意义上,执行结构类似于整个管理系统的框架①,各执行主体相当于框架中的元素,其在执行结构中为实现共同目标而就资源控制权展开竞争和谈判。② 执行结构由结构形式与结构规则两方面构成。其中,结构形式表现为横向部门结构和纵向层级结构两种形式,决定执行主体的职责划分,以维持执行活动的有序运转。③ 结构规则由规则、法律等制度规则层面的制度性安排以及价值观、意愿、倾向等文化规则层面的非制度性安排构成,二者共同对执行主体行为施加约束与影响。④ 具体如下:

(1) 结构形式

第一,横向资源依赖下的松散联合。横向部门结构包括领导小组、联席会议、专题会、联审会、联合评议工作组、会签等不同形式。作为一种资源依赖下的松散联合,其实质是在科层制权威基础上,依靠项目制重构奖惩与问责机制,为行政链条的"职位权威"注入党政链条的"政治权威",提升执行链条的资源动员与整合能力。⑤ 横向部门结构形式虽在组织形式、应用目的、参与单位等方面有所不同,但其核心要义均是通过联合各部门召开会议,检查并推动人才工作进度,就联合行动中的问题展开协调,对入选人才集体把关,对反馈意见共商讨论,借助集体力量增进政策制定的科学性与执行的有效性,此处仅

---

① 李传军. 公共组织学. 北京: 中国人民大学出版社, 2008.
② 丁煌, 定明捷. 国外政策执行理论前沿评述. 公共行政评论, 2010, 3 (1): 119 - 148.
③ 同①.
④ 宋雄伟. 论中国公共政策执行研究的"整合式"视角. 天津社会科学, 2015, 4 (4): 78 - 82.
⑤ 原超. 理解"议事协调小组": 中国特色政策执行的实践工具. 领导科学论坛, 2019 (15): 36 - 48.

选取两种常见的横向部门结构形式展开论述。人才工作领导小组借助"政治势能"整合执行过程,推动跨部门协调整合,促进目标达成。其为完成项目任务而成立[①],当环境改变但仍有任务需要时,该临时结构仍可存续。[②] 联席会议是一种功能定位、运作模式与领导小组相近,但管理方式更松散、运用范围更广泛的部门间协调机制。人才工作联席会议依托市委人才工作领导小组而建,由组织部牵头,人力资源和社会保障局具体经办,各区、市直有关部门参与其中,通过会商作出决策,再经联合发文向各成员单位派发任务,分头贯彻。

第二,纵向资源自主下的有限指导。纵向层级结构包括中央、省、市、区多个行政层级,各层级均是由具有不同价值观、意愿、利益、能力、职位的分散个体组成。[③] 依靠上级的引导协调将各层级的分散个体凝聚成为共同目标而努力的有机整体,是纵向层级结构下政府为推动执行而必须解决的问题。推动执行的具体方式如下:一是层级任务下压。一方面是考核倒逼,通过量化方式为下级下达任务目标,并依据考核结果进行问责。[④] 在有限资源的约束下,基层政府按奖惩压力与后果对政策任务进行排序。[⑤] 奖惩压力越大,执行动力越足[⑥],但应警惕压力过大引发的"共谋"式执行应付。另一方面是资源配套,对于面对有限资源与无限任务的基层政府,政策资源配套是影响其执行的重要因素。因为无论是作为低冲突-低模糊的行政型政策[⑦]的人才政策,还是作为分配型政策的人才政策,政策资源均是影响其执行的关键。二是层级经验上传。政策出台时,上级仅在政策文件中提出总体目标与原则要求,还以提供优惠政策与财政支持的方式鼓励基层开展执行路径探索。基层政府在具体指标、实现手段、执行方式等方面展开探索,并将探索经验向上级反馈,以推动成功执行

---

① 朱水成.政策执行的中国特征.学术界,2013 (6):15-23.
② 周望.中国"小组"政治组织模式分析.南京社会科学,2010 (2):77-81,88.
③ 丁煌,定明捷.基于信息不对称的政策执行分析.北京行政学院学报,2008 (6):17-22.
④ 王汉生,王一鸽.目标管理责任制:农村基层政权的实践逻辑.社会学研究,2009,24 (2):61-92.
⑤ 印子.治理消解行政:国家政策执行偏差的一种解释:基于豫南G镇低保政策的实践分析.南京农业大学学报(社会科学版),2014,14 (3):80-91.
⑥ 周雪光,练宏.中国政府的治理模式:一个"控制权"理论.社会学研究,2012,(5):69-93.
⑦ Matland R E. Synthesizing the implementation literature: the ambiguity-conflict model of policy implementation. Journal of Public Administration Research and Theory,1995,5 (2):145-174.

经验的扩散。[1]

(2) 结构规则

结构形式与结构规则如同执行结构的两翼,结构形式制约结构规则的作用发挥,结构规则服务于结构形式的需要。结构规则又分为制度规则与文化规则。

第一,制度规则。制度规则是对主体行为施以制约与引导的显性约束机制,是不同层级部门间互动关系的制度化表现。[2] 健全执行结构的制度体系,为主体设定行为框架,以确保执行结构运转顺畅。[3] 一方面,通过正式制度施加约束与引导。执行主体间互动需遵循特定制度,执行活动开展也需以一定制度背景为依托。[4] 作为常见的正式制度,目标管理责任制通过逐级分解目标向下传递压力。[5] 另一方面,通过非正式制度施加约束与引导。非正式制度下成员间互动因社会关系的差异而不同,其实质是特殊关系。即通过动用私人关系来规避或破坏正式制度规则,以实现自身或团体利益,比如基层"共谋"便是较为常见的非正式制度行为。[6] 非正式制度一定程度上可弥补制度设计不完善与正式制度灵活性不足的缺陷,但也会挤压正式制度的作用空间,带来损害公平正义、削弱制度权威、增加社会治理成本的弊端。[7]

第二,文化规则。文化规则作为一种限制与引导主体行为的隐性约束机制,当制度规则遭遇判断困难时,通过识别具体情境差异,帮助适应环境变化、推动问题解决。[8] 思维理念、价值取向、行为准则、心理倾向、集体意识等是文化规则的具体表现。执行结构的文化规则表现在培养规则意识与塑造服务文化两方面。在规则意识方面,营造政策执行文化的核心在于培育出尊重制度规则、

---

[1] 殷华方,潘镇,鲁明泓. 中央-地方政府关系和政策执行力:以外资产业政策为例. 管理世界,2007 (7):22-36.
[2] 李传军. 公共组织学. 北京:中国人民大学出版社,2008.
[3] 来丽锋. 基层公务员政策执行影响要素研究. 北京:中国政法大学出版社,2015.
[4] 吴小建,王家峰. 政策执行的制度背景:规则嵌入与激励相容. 学术界,2011,163 (12):125-134.
[5] 董强,李小云. 农村公共政策执行过程中的监督软化:以G省X镇计划生育政策的落实为例. 中国行政管理,2009 (12):77-81.
[6] 刘圣中. 政府权威下的有限妥协:政策执行的三方行动分析. 南昌大学学报(人文社会科学版),2006,37 (1):17-23.
[7] 丁煌,汪霞. "关系运作"对地方政府政策执行力的影响及思考. 新视野,2012 (6):61-65.
[8] 闫洪芹. 公共组织理论:结构、规则与行为. 北京:北京大学出版社,2009.

以制度规则为最高行为准则的文化氛围。一是强化制度权威意识。培养全社会的制度敬畏感，形成人人敬畏制度权威、严守制度规则的良好社会氛围。二是强化规则平等意识。规则面前，人人平等。任何违反规则的行为，都要受到惩罚。三是强化执行自觉的规则意识。把维护与落实制度规则视为基本职责，养成"不打折扣"执行的行动自觉与组织惯性。在服务文化方面，良好的服务文化可在目标、意愿、协作等方面为政策执行提供聚合力，拥有高度服务意识和良好服务文化的政府部门通常具有较高执行效率。[①] 缺乏良好服务意识与整合型服务文化会使政策资源在执行延误中不断流失，影响执行的持续性与实效性。

3. 环境维度内容

人类社会的组织是开放的系统，其生存与发展受环境因素的影响[②]，故有必要将环境同结构与主体间的作用关系纳入有关政策执行的讨论。[③] 本专题中的环境维度可细分为政策执行所发生的背景环境、先期条件基础构成的条件环境、受众接受情况构成的反馈环境。

（1）背景环境

背景环境是指政策执行的外部宏观条件。任何政策的执行都受所处大环境的影响与制约。适宜的环境不一定必然导致成功的执行，但政策的有效执行必定离不开合适环境的加持。[④] 本专题中影响政策执行的背景环境是指政治环境、经济环境以及社会环境所构成的大环境。人才是发展的第一战略资源，从海外引进人才具有相当的敏感性，深受国际关系或地区关系的影响。国际关系或地区关系所构成的背景环境涉及因素多、牵扯关系复杂，中国能够施加影响的空间相当有限。换言之，受到多种因素的叠加影响，国家或地区之间的相对实力持续变动消长，存在较大不确定性。

（2）条件环境

政策条件环境是指在政策执行中对人、财、物、信息、权威等要素的掌控情况，由执行供给侧的政策资源情况所构成。在执行活动中，权威资源不足、

---

① 麻宝斌，钱花花. 制度执行力探析. 天津社会科学，2013（3）：53-58.
② 李传军. 公共组织学. 北京：中国人民大学出版社，2008.
③ 宋雄伟. 论中国公共政策执行研究的"整合式"视角. 天津社会科学，2015，4（4）：78-82.
④ 陈振明. 政策科学：公共政策分析导论. 2版. 北京：中国人民大学出版社，2003.

人力物力短缺以及信息技术不完备均会阻碍政策的有效执行。[①] 资源既是各方争相控制的要素，也是执行主体用以处理事务、激励人员的物质要素[②]，政策执行始终以最小资源投入换取最大政策产出为目标。条件环境又可细分为权威条件环境、物质条件环境、信息条件环境。

第一，权威条件环境。权威资源构成政策执行的权威条件环境，为政策执行提供合法性保障。作为一项涉及多主体、多部门的典型公共政策，人才政策的有效执行依赖于权威指挥协调下的联合行动。在我国当前行政体制下，权威资源自上而下逐级分配。上级官僚机构在资源分配与任务划分方面享有近乎绝对的主导权，一线执行主体只能被动接受，几乎不存在讨价还价的空间。资源紧张的基层执行者在任务分配中通常承担最繁重任务，不同层级机构间财权事权划分的合理性有待提高。[③] 除了通过成立领导小组为政策执行注入权威资源，借助领导"高位推动"增加资源跨部门统筹的顺畅性，党政联合发文也是增加政策权威资源的常用手段。

第二，物质条件环境。物质资源构成政策执行的物质条件环境，物质条件环境由两大要素构成。一是财政资源条件环境。财政资源是执行结构运转和维系的条件，也是启动其他物质资源的基础。对于作为分配型政策的人才政策而言，财政资源条件环境对执行的影响更显著。当要求地方政府提供配套资金时，人才引进政策的执行难度便会加大。二是人力资源条件环境。薄弱的人员组织配备难以支撑执行对话职能的有效履行。在市级层面，所辖各区的人才申报、评审及政策兑现等任务均由人力资源和社会保障局承担。而该部门负责人才工作的人员很有限，编内人员数量更少，还需同时承担职称评审、人才房安排、博士后管理等工作。由于开展政策对话的组织力量不足，政策制定中的受众参与以及执行中的评价反馈均被大幅压缩，限制了人才服务质量的提升与引进实效的发挥。[④]

第三，信息条件环境。信息资源构成政策执行的信息条件环境。政策执行

---

① 李瑞昌. 中国公共政策实施中的"政策空传"现象研究. 公共行政评论，2012，5（3）：59-85.
② 薛力. 结构主义与国际关系理论：变迁与创新. 北京：中国社会科学出版社，2016.
③ 刘鹏，刘志鹏. 街头官僚政策变通执行的类型及其解释：基于对 H 县食品安全监管执法的案例研究. 中国行政管理，2014（5）：101-105.
④ 陈丽君，傅衍. 人才政策执行偏差现象及成因研究：以 C 地区产业集聚区创业创新政策执行为例. 中国行政管理，2017（12）：95-100.

离不开执行主体与执行结构间的沟通协调,而丰富可靠的信息来源和畅通的信息流通是有效沟通的前提。一方面,真实、准确的信息是跨部门协作执行政策的保障。充分的信息是有效沟通的前提,政策执行离不开多部门、多层级间基于沟通协调而采取的联合行动。借助网络信息技术搭建部门间信息共享平台,可有效增进部门间信息沟通的便利性和安全性。另一方面,执行信息反馈有利于政策制定的改善。相较于制定者,执行者更了解政策受众对政策的诉求与反应,更清楚贯彻政策所需的资源,更方便掌握执行的问题与成效,能够在政策需求收集与反馈信息获取方面发挥更为重要的作用,也在执行反馈信息方面有更多的管理权限与自主行动空间。[①]

(3) 反馈环境

作为政策的接受者与服务对象,政策受众对政策的认同度与接受度也是影响政策执行的一项重要因素,构成人才政策执行的反馈环境。这一点已被多项相关研究所证实。李金龙等通过研究某政策执行情况发现,目标受众参与在增进其对政策执行的认同感、配合度以及监督力方面发挥显著影响,有利于"零偏差"达成政策目标。[②] 李燕研究发现,政策受众、政策本身、政策环境、执行主体等会影响民众的政策服从度。[③] 人才政策执行中的政策受众有两层:一是人才本身,其为最终受众,与政策执行主体之间形成直接反馈环境。二是用人单位,其为中介受众,与政策执行主体之间形成间接反馈环境。在人才政策执行中,人才工作的宣传、申报、评审、考核、兑现等环节均需依托人才所属用人单位开展。

第一,直接反馈环境。人才本身作为人才政策的覆盖对象,其对政策的反应与接受程度构成直接反馈环境,影响人才政策的具体执行。因此,掌握人才的政策心理是提升人才政策制定精准性与政策执行顺畅性的首要前提。人才所看重的政策收益、政策顾虑、改进意愿等心理层面因素均会对政策执行造成影响,必须对这些信息加以重点收集。当前国际关系复杂多变,一些国家对国际人才与科技交流严格管控,中国从某些国家或地区获得人才资源支持的难度加大。此外,人才工作在政策宣传环节遇阻。一方面,国外和国内存在信息不对

---

① 朱海香. 公共政策执行中的委托代理问题及其对策分析. 山东行政学院学报, 2013 (3): 1-4.
② 李金龙, 董宴廷. 目标群体参与精准扶贫政策执行的现实困境与治理策略. 西北农林科技大学学报(社会科学版), 2019, 19 (6): 52-56.
③ 李燕. 公民政策遵从:理论基础、形成机制与干预策略. 探索, 2020 (3): 156-169.

称,难以真实传达中国的学术水平与学术环境。另一方面,中国在国外对目标人才群体施加直接影响变得愈加困难。政策受众的较低接受度与满意度对直接反馈环境造成负面影响,成为人才政策执行的重要阻碍。在国际关系紧张时,可将人才工作重点转向存量人才,通过提高已引进人才的政策接受度与满意度来改善直接反馈环境。

第二,间接反馈环境。作为政府执行主体与引进人才之间的中介担保,用人单位构成人才政策执行的间接反馈环境。用人单位兼具执行主体与政策受众的双重角色,同时表现出两种属性。一是"理性人"属性。用人单位的自利属性必须得到客观看待与充分重视。作为一类社会主体,用人单位存在自身利益诉求,不可能单纯为实现公共利益而接受或响应一项公共政策。在政策制定环节,政府部门应调研走访各用人单位,向其收集人才需求与意见诉求。在政策执行环节,要善于从用人单位利益出发,通过有效激励引导用人单位自觉推动人才工作,促使其从"响应政策"到"利用政策"的心理转变。二是"守门人"属性。用人单位既是人才信息的把关者、提供者,也是人才业绩产出的观测者、评鉴者,更是人才信用风险的担保者和人才产出贡献的获益者,在人才政策执行中具有极为关键的"守门人"属性。一旦用人单位思想松弛、站位不稳,极可能为人才政策执行埋下隐患。因此,补齐有效制约用人单位的机制短板,堵住用人单位与引进人才之间的"合谋"套利空间,是当前的一项迫切任务。

(三) 主体-结构-环境执行框架的逻辑关系

1. 主体与结构间关系

一些学者围绕主体与结构间的"双生共栖"关系展开探索。例如,道丁(Dowding)指出,执行结构与执行主体相互影响,由于执行主体会对执行结构进行不同诠释,故在探讨政策网络对政策结果的影响时,应以执行结构中的执行主体作为自变量。[1] 查尔斯(Charles)认为,由于网络结构对于政策网络与政策结果间的因果关系阐释缺乏足够解释力,故应以执行主体作为分析单元。[2]

---

[1] Dowding K. Model or metaphor? a critical review of the policy network approach. Political Studies,1995,43 (1): 136-158.

[2] Charles D R. Understanding policy networks: a comment on Marsh and Smith. Political Studies,2001,49 (3): 551-556.

网络视角的倡导者马什（Marsh）[①]等学者指出，单纯从结构视角出发检视政策网络，容易忽视执行主体改进结构关系的能动性。

执行主体与执行结构间的相互作用关系如下：首先，执行结构通过筛选机制选择执行主体。执行结构通过设置门槛筛选涉入博弈的执行主体资格，在允许其表达自身利益与政策偏好的同时，也对其博弈行为加以限制。其次，合理的执行结构是执行主体发挥作用的前提。执行主体所处位置及与其他主体的互动关系构成执行结构，执行结构的权责分工、架构设置、规则设计会对主体行为产生约束和影响。科学的执行结构会促进执行主体发挥能动性，而规划失据、管理混乱的执行结构会阻碍执行主体的作用发挥。[②]最后，执行主体在执行结构中的位置决定其对政策结果的影响力。位于执行结构核心的执行主体占据更多资源，享有更大话语权，是政策执行的主导者，对政策结果影响更大。

从主体与结构互动的角度阐释政策执行的研究已有一定积累。比如伯恩斯（Burns）指出，主体根据结构设计其行为，以更好实现自身利益。[③]丁煌等从主体与结构结合角度解析房地产政策执行，认为主体间协调沟通、交换资源等必须以执行结构为依托，同时各行动主体通过博弈对执行结构施加影响。[④]宋雄伟探讨主体与结构的互动方式，指出结构借助制度性安排、规则、法律等对行动者施加影响、约束与激励，行动者通过所拥有的利益、价值、信息对结构施加反作用力。[⑤]

2. 主体与环境间关系

主体与环境相互作用、相互影响。[⑥]所谓"天时地利人和"，"人和"作用的发挥离不开"天时"即环境条件。人不是独立的个体，而是社会关系的总和，其行为从环境出发、受环境制约。一方面，执行主体始终处于一定的背景中，其行为表现与作用发挥必须依托于宏观背景环境和由政策资源构成的条件环境，

[①] Marsh D. The development of the policy network approach// Marsh D. Comparing policy network. Philadelphia: P. A. Open University Press, 1998.
[②] 李传军. 公共组织学. 北京：中国人民大学出版社, 2008.
[③] 汤姆·伯恩斯. 结构主义的视野：经济与社会变迁. 北京：社会科学文献出版社, 2000.
[④] 丁煌, 杨代福. 政策网络、博弈与政策执行：以我国房价宏观调控政策为例. 学海, 2008 (6): 79-85.
[⑤] 宋雄伟. 论中国公共政策执行研究的"整合式"视角. 天津社会科学, 2015, 4 (4): 78-82.
[⑥] 同⑤.

也会受到由政策受众构成的反馈环境的制约。另一方面，来自背景环境的现实基础、条件环境的资源限制以及反馈环境的有效回应能够帮助执行主体及时改进执行和达成目标。

3. 结构与环境间关系

分析执行结构时，必须树立全局意识与整体观念，认识到政策环境和内部结构是构成事物不可分割的两方面，二者通过持续的物质、信息以及能量交换，不断达成新的平衡，推动结构的演化与完善，为更好承担执行任务、推动目标达成做准备。① 一方面，结构向环境开放，受到环境的影响与制约，如经济、政治、社会等环境因素均会影响结构中各主体间的权力平衡。为有效执行政策，必须依据环境变化，选择相应的执行结构。② 当原有结构不再适应新环境的要求时，可以通过调整结构的职能划分、载体形式以及规则安排，对执行结构进行重塑。另一方面，结构会对环境施加反作用力，影响环境走向。③ 结构对环境进行有效识别，并通过反馈回应与反向输出对环境施加影响。

4. 主体-结构-环境互动关系

从系统观视角出发，对政策执行中的主体、结构、环境展开研究，具有深厚的理论渊源。由于政策执行的复杂性，有必要在方法论上从还原论转向整体论。系统观视角下的政策执行显示出一种反"阶段论"思维，主张从政策过程的全局高度审视政策执行。通过对政策执行影响因素间的关联与作用关系进行挖掘，分析因素间互动对政策执行的影响，弥补既有执行理论的不足，推动政策执行研究走向整体论。结构功能理论、行政生态理论均在某种程度上显示出整体论的思维特点。④ 如加布里埃尔·阿尔蒙德（Gabriel A. Almond）等人基于结构功能理论分析政治体系，提出体系、过程、政策三个层次⑤，王沪宁基

---

① 魏宏森，曾国屏. 系统论：系统科学哲学. 北京：中国出版集团，2009.
② 李传军. 公共组织学. 北京：中国人民大学出版社，2008.
③ 宋雄伟. 政策执行网络：一种研究政策执行问题的理论探索. 国家行政学院学报，2014（3）：66-70，122.
④ 李宜钊. 论政策执行研究的复杂性转向. 海南大学学报（人文社会科学版），2015，33（4）：37-43.
⑤ 加布里埃尔·阿尔蒙德，宾厄姆·鲍威尔. 比较政治学：体系、过程和政策. 上海：东方出版社，2007.

于行政生态理论分析公共行政。① 这些先期研究均在方法论层面为本专题选取系统观视角奠定了基础。

本专题采取系统观视角，从主体、结构、环境三个维度对人才政策执行展开剖析，也是受到已有研究的启发。如范·米特和范·霍恩在提出的执行框架中强调执行单位特性和执行人员倾向对政策执行的影响。② 拜尔（Beyer）、斯特文斯（Stevens）以及泰尔斯（Trice）均认为政策执行是一系列行为活动的组合，执行组织是执行活动的承担者，执行活动对执行组织施加反作用力。他们围绕"为了执行政策，执行组织的结构和行为需作出多大调整"问题展开研究，发现政策目标、政策资源等多种因素会对政策执行造成影响。出于权力、地位、资源的考虑，组织常与其他组织产生相互依赖关系，组织结构的决策与行动很大程度上受所处环境的影响。政策执行的开展必须依托一定载体，并会受到主体与环境的共同影响。由于外界环境不断改变，主体和结构也需保持开放与学习，坚持与时俱进、动态发展，通过改进各机构的结构形式以及其成员的能力、意愿，不断回应环境变化提出的新要求。③ 斯克罗德尔（Schroeder）提出的执行网络内容中包括执行环境、行动者。④

王学杰认为主体既受结构、环境制约，也是其他要素发挥作用的前提。执行结构在制度层面划定执行主体的活动轨道，政策环境是执行主体无法脱离的行政生态系统，其中，资源条件环境决定执行主体作用发挥的条件与动力。⑤ 陈家建、边慧敏和邓湘树认为，在科层制组织结构复杂、部门利益多元的情况下，政策执行离不开部门间协作，执行结构决定各部门的行动路径以及不同部门在政策执行中的互动关系。⑥ 宋雄伟突破"政策周期论"的思维限制，整合政策过程的各阶段，从执行环境、结构、行动者方面分析政策执行，强调要重

---

① 王沪宁. 行政生态分析. 上海：复旦大学出版社，1989.
② Van Meter D S, Van Horn C E. The policy implementation process: a conceptual framework. Administration & Society, 1975, 6 (4): 445-448.
③ Crosby B L. Policy implementation: the organizational challenge. World Development, 1996, 24 (9): 1403-1415.
④ Schroeder A D. Building implementation networks: building multi-organizational, multi-sector structures for policy implementation. Blacksburg: Virginia Polytechnic Institute and State University, 2001.
⑤ 王学杰. 我国公共政策执行力的结构分析. 中国行政管理，2008 (7): 62-65.
⑥ 陈家建，边慧敏，邓湘树. 科层结构与政策执行. 社会学研究，2013, 28 (6): 1-20.

视因素间互动关系对执行的影响。[1] 潘凌云、樊莲香和张文鹏认为,应直面政策执行的动态复杂性,将政策本身特点、执行主体、执行环境等变量以及变量间联系统一纳入考量,实现从单要素分析向体系化研究的转变。[2] 陈静、黄萃和苏竣强调,政策执行的有效性受执行结构特征、执行主体能力等因素的影响。[3] 胡业飞、孙华俊和傅利平将执行者个人特质与行动选择、科层制组织内部结构与制度视为政策执行组织系统的内部构成要素,其互动关系与作用发挥深受政策执行组织系统外部环境的制约。[4]

---

[1] 宋雄伟. 政策执行"梗阻"问题与作为治理的协商民主:一个诊断框架. 中国软科学, 2016 (12): 70-81.

[2] 潘凌云, 樊莲香, 张文鹏. 国际上学校体育政策执行研究述论:缘起、论域及启示. 首都体育学院学报, 2018, 30 (4): 341-345.

[3] 陈静, 黄萃, 苏竣. 政策执行网络研究:一个文献综述. 公共管理评论, 2020, 2 (2): 105-126.

[4] 胡业飞, 孙华俊, 傅利平. 政策执行研究"第三阶段"的核心议题与理论逻辑进路. 上海行政学院学报, 2020, 21 (3): 96-105.

专题六
人才住房政策实施评价与优化*

一、引言

二、文献综述

三、人才住房政策现状分析

四、人才住房政策成效与问题

五、人才住房政策优化路径

六、结论

---

* 本专题为中央高校基本科研业务费专项资金项目"国际人才发展战略比较研究"（项目编号：20720151203）研究成果，作者为严金海。

一、引言

知识经济的出现和发展使得个体的生产能力尤其是创造力得到空前释放。人才成为生产效率提升的关键要素。全球性的科技人才竞争不断加剧，甚至形成了国际化的"人才大战"。[①] 发达国家借助经济社会发展的优势和一系列引才政策吸引全球人才聚集。[②] 以美国为代表的人才流动目的地国家从人才净流入中获得了丰富的人力资本，人才聚集为其经济社会发展提供了强有力的支撑。[③] 新时代我国经济社会已进入高质量发展阶段，正处于转变发展方式、优化经济结构、转换增长动力的攻关期。要坚定实施科教兴国战略、人才强国战略和创新驱动发展战略，加快建设创新型国家、教育强国和人才强国。习近平总书记多次强调，"发展是第一要务，人才是第一资源，创新是第一动力。"

促进人才集聚是一项复杂的系统性工程，不仅要有适当的经济和产业结构，还要有突出的配套服务以及良好的引才环境。美国曼哈顿计划这一重要的科技与人才工程的成功经验就是目标意识强，人、财、物配套使用，尤其是为人才创造了良好的生活环境，建造住房和公寓单元，提供商店及其他生活设施等。[④] 德国萨克森州之所以能成为欧洲最大的"硅谷"，主要原因之一是政府推行了人才保障性住房政策，为新进人才设立了"应急性人才住房"政策。[⑤] 新加坡通过外来人口居住计划、改善居住环境规划为引才和留才提供可持续发展的外部条件。[⑥] 因此，制定和实施人才住房政策，提供满足人才需要的合适居住空间是在激烈的人才竞争中吸引和留住人才的必要前提。

由于人口、资本和产业的聚集，城市房价不断上涨，人才的住房问题是全球各个城市在人才竞争中所面临的重大困境。我国大中城市房价不断攀升，居

[①] 王辉耀. 人才战争. 北京：中信出版社，2009.
[②] Haupt A, Krieger T, Lange T. Competition for the international pool of talent. Journal of Population Economics，2016，29（4）：1113−1154.
[③] Chand M, Tung R L. Skilled immigration to fill talent gaps: a comparison of the immigration policies of the United States, Canada, and Australia. Journal of International Business Policy，2019，2（7）：333−355.
[④] 蓝志勇，刘洋. 美国人才战略的回顾及启示. 国家行政学院学报，2017（1）：50−55.
[⑤] 汉斯·于尔根·克房伯，王志成. 德国人才型保障性住房. 上海房地，2017（5）：55−59.
[⑥] 刘宏，王辉耀. 新加坡人才战略与实践. 北京：党建读物出版社，2015.

住成本过高已成为人才引进、人才居住、人才创新的重要瓶颈[1]，甚至导致了高层次人才的流失。[2] 自 2017 年以来，我国各城市开启了以提供各种补贴和优质服务为主要方式的"抢人大战"，不仅面向国内人才展开竞争，更是通过各种方式吸引全球高层次人才，深度参与全球化人才竞争。如何解决人才的住房保障问题成为各城市迫切需要解决的重大难题，各地区出台的一系列人才政策高度重视人才住房政策，力求通过实物分配、货币补贴、租住平衡等多种途径满足高层次人才的住房需求。

在此背景下，学术界针对人才住房政策的实施、影响、问题以及优化路径等进行了一定探索。但是，相关研究多是对某一城市的政策实施进行研究，并未对我国人才住房政策做全面、系统的梳理。由于我国各个城市的发展模式、阶段以及产业结构等具有较大差异，单一案例研究难以具备较高的外部效度，因此，本专题通过对主要城市人才住房政策进行系统梳理，明确各地人才住房政策的共性和特性，深入分析现阶段人才住房政策成效与存在的主要问题，提出针对性建议。本专题第二部分通过文献综述，梳理人才住房政策相关研究；第三部分通过对主要城市人才住房政策进行文本分析，明确政策目标、内容、工具等；第四部分分析现阶段人才住房政策取得的成效以及存在的主要问题；第五部分提出人才住房政策优化建议。

二、文献综述

人才是具有一定的专业知识或专门技能，进行创造性劳动并对社会作出贡献的人，是人力资源中能力和素质较高的劳动者。[3] 人才聚集对于提升城市经济生产效率、创造力和活力具有不可替代的作用。[4] 住房具有居住、归属、权利等多重属性，能够满足个体居住、消费等多种需求。[5] 因此，满足人才的住

---

[1] Lin X, Ren T, Wu H, et al. Housing price, talent movement, and innovation output: evidence from Chinese cities. Review of Development Economics, 2021, 25 (1): 76-103.

[2] 宋弘，吴茂华. 高房价是否导致了区域高技能人力资本流出?. 金融研究, 2020 (3): 77-95.

[3] 引自《国家中长期人才发展规划纲要（2010—2020 年）》。

[4] Peck J. Struggling with the creative class. International Journal of Urban and Regional Research, 2005, 29 (4): 740-770.

[5] 张传勇，罗峰，黄芝兰. 住房属性嬗变与城市居民阶层认同：基于消费分层的研究视域. 社会学研究, 2020, 35 (4): 104-127.

房需求是引进人才、留住人才的重要保障。人才住房就是指政府通过不同途径为经济社会发展所需要的高层次人才提供具有保障性质的住房。人才住房政策是一种积极的社会政策[1]，传统保障性住房是为了满足中低收入人群的住房需求，而人才住房政策的目标群体是住房市场上购买力和竞争力较强的中等或者中高收入群体。[2] 人才住房政策的实施是为了满足人才生存和发展、物质和精神等多层次需要，为提升人才的创造力提供必不可少的基础保障。人才住房政策发挥的不是社会"减震器"和"安全网"的作用，而是经济社会发展的"加速器"或"攻关网"的作用。[3]

研究发现，传统的住房空间分布和环境难以满足知识型人才的居住需求[4]，单调的住房设计和空间结构对新时代人才的吸引力较弱。[5] 因此，要发挥人才住房政策的作用需要考虑人才群体特殊的住房需求。人才作为社会精英对于住房及其环境的要求相对较高，职住平衡、公共服务配套设施是人才着重考虑的因素。[6] 同时，高层次人才对住房周边的文化氛围和休闲娱乐环境同样颇为关注，尤其是环境的安静程度。[7] 因此，人才住房政策的完善不仅要改善住房的"硬条件"，还要在医疗卫生、公共设施等方面优化服务，提升各类服务的便利性和可获得性，通过良好的"软条件"使人才全身心投入创新创业。[8] 另外，人才集聚的创新型地区由于在区域竞争中具有比较优势而吸引产业和人口集聚，从而推高地价和房价，较高的土地和住房成本则会显著增加企业成本和人才生

---

[1] Raco M. Key worker housing, welfare reform and the new spatial policy in England. Regional Studies, 2008, 42 (5): 737-751.

[2] 朱亚鹏，孙小梅. 政策学习与政策变迁：以人才住房政策为例. 广东社会科学, 2020 (5): 178-188.

[3] 田燚. 人才安居住房制度安排的理论与现实考量. 邓小平研究, 2018 (2): 123-129.

[4] Burfitt A, Ferrari E. The housing and neighbourhood impacts of knowledge-based economic development following industrial closure. Policy Studies, 2008, 29 (3): 293-304.

[5] Lee P, Murie A. The role of housing in delivering a knowledge economy. Built Environment, 2004, 30 (3): 235-245.

[6] 石忆邵，钱世芳. 上海人才住房政策：新定位与新策略. 同济大学学报（社会科学版），2017, 28 (3): 59-65.

[7] Van Oort F, Weterings A, Verlinde H. Residential amenities of knowledge workers and the location of ICT: firms in the Netherlands. Journal of Economic and Human Geography, 2003, 94 (4): 516-523.

[8] 张波. 上海高端人才空间集聚的SWOT分析及其路径选择：基于北京、深圳与上海的人才政策比较分析. 科学发展，2019 (2): 22-31.

活成本，甚至造成人才住房的可负担问题。[1] 因此，人才引进首先要减轻人才的住房负担。

住房的不可移动性以及土地资源的专用性意味着满足人才的细分需求存在较高的机会成本，这也为城市人才住房的供应和管理带来了挑战。莫里森（Morrison）研究发现，我国深圳市政府与房地产开发商在人才住房供给端存在博弈行为，政府主动降低地价希望增加人才住房供给，却难以对企业形成有效激励。[2] 较高的机会成本也造成城市人才住房房源筹集总量与人才增长速度不匹配、房源分布与人才集聚区域不契合的问题。[3] 空间分布不合理造成配套设施以及服务缺乏，现有人才住房实际上难以满足人才的居住需求。除了住房供应不足外，人才住房的分配也是一个重大问题。人才公寓存在人才认定困难、人才公寓缺乏多元供应政策配套、政府政策不利于人才流动等问题。[4] 有学者在总结我国人才住房的分配模式时发现地方政府、市场主体、住房建设及管理主体组成了一个分层的国有-市场混合结构，在政府-雇主模式（state-employer model）下，企业实际上成为政府分配人才住房的中介，由此可能导致繁文缛节和分配不公。[5]

还有研究关注人才住房政策的影响，人才住房保障是为了防止高房价造成人才流失，但是研究发现人才引进政策带来的"人力资本效应"和"政策导向效应"既吸引了当地人口流入，也吸引了更多的资本流入，由此进一步推高了人才引进城市的住房价格。[6] 同时，由于人才住房的对象与原有保障性住房的对象实际上是分开管理的，难以避免相对较高收入的人才群体对中低收入群体产生福利挤出效应，造成社会对人才住房政策公平性的质疑。[7] 因此，人才住房政策对于社会的影响以及其对人才引进的作用还有待深入研究。

---

[1] 高恒，张璐. 创新型地区人才住房需求特征及对策：以杭州为例. 城市发展研究，2020，27（11）：102-110.

[2] Morrison N. Building talented worker housing in Shenzhen, China, to sustain place competitiveness. Urban Studies, 2014, 51 (8): 1539-1558.

[3] 曾明星，薛琪薪，李安琪. 人才新政背景下上海人才居住困境及保障性住房机制研究. 中国人事科学，2020（9）：67-78.

[4] 钱运春. 建立健全上海人才公寓机制. 科学发展，2018（2）：36-41.

[5] Gong Y, MacLachlan L. Housing allocation with Chinese characteristics: the case of talent workers in Shenzhen and Guangzhou. Eurasian Geography and Economics, 2021, 62 (4): 428-453.

[6] 胡元瑞. 人才引进政策对城市住房价格影响研究：基于南京、武汉、西安三市的实证分析. 价格理论与实践，2019（4）：38-41.

[7] 杨虹. 深圳市人才住房制度改革公平性问题探析. 当代经济，2017（22）：16-17.

综上，学术界对于人才住房保障的作用、人才的住房需求、人才住房存在的困境以及造成的影响进行了探究。总体而言仍存在以下问题：第一，缺乏系统性的归纳，多是对某一城市进行案例分析，难以总结出一般性的规律；第二，多采取案例分析方法进行研究，对于城市人才住房保障政策的影响因素缺乏定量分析，现实中同一级别的城市可能对人才的重视程度完全不同，而这难以简单归纳为城市为了经济而展开的竞争；第三，针对人才住房政策的成效和影响分析较少，如上所述，人才住房与现阶段的保障性住房呈现双轨制的运作特征，有关人才住房对人才引进、人才创新以及社会公平的影响还有待进一步考察。

三、人才住房政策现状分析

（一）人才政策

本专题以我国四个一线城市为例说明城市人才政策的基本特征。

首先，人才竞争开启时间早，力度不断加大。虽然2017年我国各城市开启了异常激烈的"抢人大战"，但城市人才引进实际上在我国市场化改革早期就已经开始。北京市在1993年就制定了《北京市科技新星计划暂行管理办法》。上海市1994年就明确提出"构筑上海人才高地"的战略构想，人才高地建设作为一项跨世纪工程，开始成为上海市经济社会发展的新引擎、新动力。[①] 在人才引进的早期阶段以课题资金补助和培养经费补贴为主，补助相对较低，例如，2002年《北京市科技新星计划管理办法》规定"新星计划入选人员的培养经费资助额度为5万~8万元，科研项目的资助额度依实际情况确定"。随着经济发展，各城市补助力度不断加大，到2012年，《加快建设中关村人才特区行动计划（2011—2015年）》（京发〔2011〕8号）提出对符合条件的高层次人才给予100万元一次性奖励，还提供医疗、教育、住房等优先服务。

其次，具有较清晰的人才规划目标。各个城市的人才引进都是服务于城市经济社会发展战略的，从各城市人才发展中长期规划来看，北京市人才引进是为了更好地满足产业结构优化升级和企业发展的需要，推动"人文北京、科技北京、绿色北京"和中国特色世界城市建设。深圳市人才引进则是为了实现人

---

① 张子良. 上海人才高地的成长与崛起：改革开放40年上海人才工作的演进与升华. 中国人事科学，2018（11）：57-67.

才发展、产业转型、人口调控有机统一和相互促进，把深圳市打造成为亚太地区最具创新活力、最优创新环境、最具国际氛围的人才"宜聚"城市之一。同时，许多城市都在人才规划中给出了具体的人才引进目标，例如《广州市中长期人才发展规划纲要（2010—2020年）》分阶段明确了 8 个具体指标（见表 6-1），《上海市人才发展"十二五"规划》《上海市人才发展"十三五"规划》明确了 12 个指标，并注明了指标属性，人力资本投资占上海市生产总值比例、高层次创新型科技人才数、海外高层次创新创业人才数是严格的约束性指标，如表 6-2 所示。

表 6-1 广州市人才规划的主要指标

指标	2008 年	2012 年	2015 年	2020 年
人才资源中受过大专以上教育的人才总量（万人）	185.5	231	283	404
每万名劳动力中研发人员（人年）	80.4*	135	163	210
高技能人才占技能劳动者比例（%）	27	30	31	33
主要劳动人口受过高等教育的比例（%）	28	31	35	40
高级职称专业技术人才总量（万人）	8.4	10	12	15
累计引进海外留学人员（万人）	2	3	5	8
全社会 R&D（研究和开发）投入占地区生产总值的比例（%）	1.57	2.8	3.2	3.5
人才贡献率（%）	27.54	33	38	45

注：1. 标 * 号的数据为 2007 年数据。
2. 人才贡献率数据为区间年均值，其中 2008 年数据为 1998—2008 年的平均值，2012 年数据为 2008—2012 年的平均值，2015 年数据为 2008—2015 年的平均值，2020 年数据为 2008—2020 年的平均值。
资料来源：《广州市中长期人才发展规划纲要（2010—2020 年）》。

表 6-2 上海市人才发展规划主要指标

指标	属性	2015 年	2020 年
人才资源总量（万人）	预期性	539	—
每万名劳动力中研发人员（人年）	预期性	123	148
高技能人才占技能劳动者比例（%）	预期性	30	35
主要劳动人口受过高等教育的比例（%）	预期性	45	40
人力资本投资占上海市生产总值比例（%）	约束性	15	18

续表

指标	属性	2015 年	2020 年
人才贡献率（%）	预期性	50	54
知识型服务业人才占人才总量比例（%）	预期性	52	60
高层次创新型科技人才数（人）	约束性	5 600	9 000
引进海外高层次创新创业人才数（人）	约束性	1 000	2 000
在沪常住外国专家数（万人）	预期性	16	18
国内专利授予量（万件）	预期性	4	—
留学归国来沪人才数（万人）	预期性	12	17

资料来源：《上海市人才发展"十二五"规划》《上海市人才发展"十三五"规划》。

再次，许多城市尝试从多个方面优化人才服务。人才引进是系统性工程，物质财富固然对于人才具有重要的吸引力，但家庭、职业发展等因素也是人才流动着重考虑的因素。例如，广州市在 2010 年出台了《中共广州市委、广州市人民政府关于加快吸引培养高层次人才的意见》（穗字〔2010〕11 号），涉及 10 个配套实施办法，包括培养资助、创业发展、住房保障、子女教育、配偶就业以及专项扶持等多个服务措施。

最后，人才引进具有国际化视野，以创新创业人才为主。四个一线城市都针对海外高层次人才制定了专门的引进政策，如广州市出台了《关于鼓励海外高层次人才来穗创业和工作的办法》（穗字〔2008〕18 号）。这并不是我国一线城市特有的引才特征，许多二线城市甚至三线城市对于国际高层次人才同样重视，这也是我国城市发展深刻嵌入经济全球化的体现。

（二）人才住房政策

1. 政策目标

政策目标是政策执行预期可以达到的目的、要求和结果。我国人才发展总体目标是"培养和造就规模宏大、结构优化、布局合理、素质优良的人才队伍，确立国家人才竞争比较优势，进入世界人才强国行列，为在本世纪中叶基本实现社会主义现代化奠定人才基础"[1]。各个城市人才引进政策的目标在于为实现

---

[1] 引自《国家中长期人才发展规划纲要（2010—2020 年）》。

城市发展的战略规划和长期发展积累丰富的人力资本，打造具有吸引力和竞争力的"人才高地"，通过人才、资本、产业的集聚实现生产效率的提升。

人才住房政策总体目标与人才引进的总体目标一致，人才住房是为人才引进提供居住保障，通过降低购房租房的经济压力、保障人才住房的质量安全、完善人才住房的配套设施与服务、优化人才居住与工作的空间布局等具体方式，打造与人才需要最为匹配的住房供应结构，解决人才对住房问题的后顾之忧。例如，深圳市《关于完善人才住房制度的若干措施》（深发〔2016〕13号）进一步细化其人才住房建设的目标，提出"十三五"期间，新筹集建设人才住房和保障性住房40万套，其中人才住房不少于30万套；招拍挂出让的其他商品住宅项目用地应配建不少于总建筑面积10%的人才住房；利用产业园区配套建设人才公寓或宿舍总建筑面积不少于160万平方米；等等。

但是，由于各个城市发展阶段和产业结构存在较大差异，人才住房政策的具体目标仍有所不同。北京市、上海市等国家创新发展前沿城市，其人才住房政策目标在于吸引海内外高层次人才发展国家高端科技以及前沿产业，因此其人才住房具有中高端、国际化的特征，与传统保障性住房的目标截然不同。二线城市人才引进的目标是优化城市人才结构、提升城市文化底蕴并依靠国家发展战略促进城市繁荣，其人才住房政策目标多向一线城市看齐，朝着中高端、国际化迈进。而中小城市人才引进的目标主要是防止人口流失、保障基础型人才、促进中高端产业发展，其人才住房政策偏向传统保障性住房的目标，即为紧缺型人才提供基本的住房保障。

2. 政策工具

政策工具是人们为解决某一社会问题或达成一定的政策目标而采用的具体手段和方式。[1] 人才住房政策不仅需要政府制定面向人才端的政策，同时还需要制定面向住房端及管理端的政策。因此，本专题将人才住房政策工具分为住房供给、住房分配和住房管理三类，通过主要城市的政策文本分析三类政策工具，如表6-3所示。

首先，住房供给端。住房供给是指政府以何种途径供给人才住房，各城市政府运用多种政策工具筹集人才住房，包括直接兴建、要求配建、鼓励企事业

---

[1] 陈振明. 政策科学：公共政策分析导论. 2版. 北京：中国人民大学出版社，2003.

单位利用工业用地自建、向房地产开发商购买或租赁、鼓励房地产企业自主参与人才住房运营等。同时，对于各种方式筹集的房源还设定了硬性要求，比如，商品房项目强制要求配建一定比例的人才住房。因此，面向住房供给端的政策实际上采用了较为复杂多样的政策工具，包括直接的政府规制、合同外包、民营化、公私部门合作等。

其次，住房分配端。住房分配是指政府对人才住房的分配方式和标准，各城市大都采取住房配给、住房免租、购房优惠与补贴、租房补贴等方式，这与相关研究具有一致性。[①]其中较为特殊的是"房票"工具（人才住房券），这一方式相比提供优惠或现金补贴更严格地限定了购房或租房补贴的用途，有利于提高资金使用的专用性，同时给予人才自主选择住房的权利，实际上是将市场机制引入公共政策领域，保障了住房供给端的竞争。许多城市根据不同的人才等级制定了不同的分配标准，通常这一标准是严格约束的。例如，广州市规定高层次人才享受货币补贴的建筑面积标准为：杰出专家中的两院院士200平方米，其他杰出专家150平方米；优秀专家100平方米；青年后备人才85平方米。

最后，住房管理端。住房管理是政府如何进行人才住房分配的管理。有学者将我国人才住房的管理模式总结为政府-雇主模式，企业实际上是政府管理人才住房的中介。[②]我国各个城市的人才住房管理实践基本都采取这一模式。人才需要自行下载并填写相关申请材料，填写完毕后提交至所属单位，由单位初审后统一报送材料至住房保障管理部门，住房保障管理部门在一定时间内对材料进行正式审核，通过后经公示再向人才发放相关补贴或分配人才公寓。

表6-3 主要城市人才住房政策工具

城市	主要政策	住房分配	住房供给
北京市	《关于优化住房支持政策服务保障人才发展的意见》《关于优化人才服务促进科技创新推动高精尖产业发展的若干措施》	租购并举、以租为主；以配租公共租赁住房为主，配售共有产权住房、发放人才租房补贴为辅	通过新建、改建、长期租赁集体土地租赁住房，收购社会存量住房，调剂已有公共租赁住房等方式多渠道筹集房源；只租不售、循环使用

[①] 曾锡环，廖燕珠．海外高层次人才的政策工具选择配置及其功能实现分析：以深圳市为例．天津行政学院学报，2020，22（1）：28-37．

[②] Gong Y, MacLachlan L. Housing allocation with Chinese characteristics: the case of talent workers in Shenzhen and Guangzhou. Eurasian Geography and Economics, 2021, 62 (4): 428-453.

续表

城市	主要政策	住房分配	住房供给
深圳市	《深圳市人才住房和保障性住房配建管理办法》《深圳市人才住房和公共租赁住房筹集管理办法（试行）》《关于完善人才住房制度的若干措施》	实物配置包括免租金租住、产权赠与、租住公租房和购买安居型商品房等形式；货币补贴包括购房补贴和租房补贴等形式	城市更新、招拍挂用地配建人才住房；向住房租赁经营机构等市场主体租赁经改造后的房源，租赁未经改造的房源并自行改造作为人才住房；购买市场商品房筹集人才住房；鼓励自行建设筹集和供应人才住房；鼓励租赁或购买市场房源；探索支持人才住房租赁经营的融资渠道
上海市	《普陀区支持科技创新的若干政策意见（试行）》《闵行区关于加快引进海外高层次人才的操作细则》《关于进一步深化人才发展体制机制改革加快推进具有全球影响力的科技创新中心建设的实施意见》	人才租房补贴、人才公寓补贴、一次性购房补贴、安家费补贴、优惠价申购人才房、人才公寓免费入住；住房公积金适当放宽提取使用条件	加大保障房配建、集中新建、代理经租等公租房筹措力度；商品住房项目中配建不低于5%的保障房主要作为面向社会的公共租赁住房使用；鼓励利用自用存量工业用地建设人才公寓（单位租赁住房）等配套服务设施，人才公寓等配套服务设施建筑面积占项目总建筑面积的比例由7%提高到不超过15%
广州市	《广州市人才公寓管理办法》	人才购房补贴、人才租房补贴、人才公寓和公共租赁住房	人才公寓可以通过配套建设、集中新建等方式建设，也可以通过购买、租赁市场房源，接管、盘活政府存量房源，以及接受捐赠房源等方式筹集；人才公寓以各区主导建设和筹集为主，鼓励用人单位等社会力量通过直接投资、间接投资、参股等方式参与人才公寓建设、筹集、运营和管理
厦门市	《中共厦门市委办公厅厦门市人民政府办公厅关于完善我市高层次人才安居政策的补充通知》	免租10年的人才住房、无偿获赠所租住房、租购房补贴、人才住房优惠	利用产业园区周边和集体预留发展用地建设租赁住房、公租房；通过商品住房竞配建、地铁社区定向供应等方式筹集人才住房；高层次人才相对集中的区域，可筹建人才公寓

续表

城市	主要政策	住房分配	住房供给
嘉兴市	《嘉兴市本级人才房票实施办法（试行）》《嘉兴市住房公积金支持人才安居实施办法》《关于更高质量建设人才生态最优市的若干意见》	以人才房票的形式发放购房补贴；公积金额度上浮、贷款优惠	加大人才公寓相关配套服务设施建设力度；探索在特定区域新建商品房住房项目中配建不低于5%的人才安居住房；鼓励利用自用存量用地建设人才安居房及其配套设施；探索建立外国专家楼，为外籍人士来嘉兴工作提供便利
武汉市	《武汉市房票（人才住房券）使用管理办法（试行）》《武汉市高层次和高技能领军人才住房公积金支持政策暂行办法》	房票（人才住房券）指政府对达到相应标准的企业以及各类创新创业人才发放的用于租购房屋的补贴凭证	开发配套设施服务完善、宜居宜创的"长江青年城""青年社区"；鼓励利用自有土地、集体土地等建设大学毕业生租赁房；探索"竞地价"与"竞配建量"相结合的土地招拍挂方式；鼓励企业将自有商业用房、办公用房和员工宿舍等改造为大学毕业生租赁房；结合培育和发展住房租赁市场试点工作，通过租赁或购买市场房源的方式筹集人才住房

四、人才住房政策成效与问题

（一）成效

各地人才引进政策是综合性的，因此，本专题对人才引进的结构进行总体分析，基于总体规律评价人才引进政策以及人才住房政策的作用。

首先，本专题选择对部分省份（直辖市）的高新技术研发人员数量进行评估，高新技术研发人员是新兴产业发展的基础，其数量可以反映各地区人才引进总体情况。如图6-1所示，各地区高新技术研发人员数量总体不断增长，2012—2013年增长较快，这一时期是我国经济转型初期，也是2010年各地区人才发展规划落地的时期，因此，各地区的高新技术研发人员数量都有所增长，反映出经济结构转型和人才引进政策的双重作用。而在2017年各地区人才争夺

"加码"阶段,尽管其他地区也出台了力度很大的人才引进政策,包括各种住房补贴,但是除了广东、北京、上海外,其他地区的高新技术研发人员数量增长趋势不明显,这也说明人才和产业集聚的趋势在增强,直接增大了其他地区人才引进的压力;同时,各个地区的高新技术研发人员数量本身存在较大差异,以北京、上海、广东为代表的地区的高新技术研发人员数量长期高于其他地区,这也说明产业集聚对人才具有较大吸引力,特别是广东自2015年以来数量呈现爆发式增长,与其他地区拉开了较大差距。

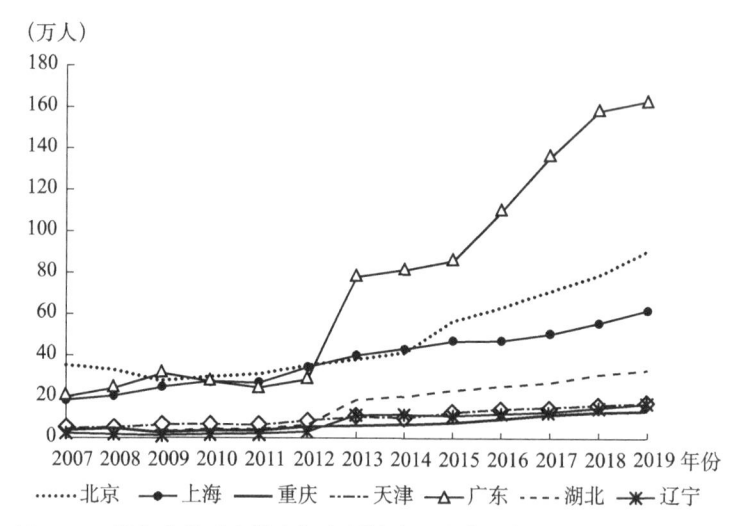

图 6-1 部分省份(直辖市)高新技术研发人员数量(2007—2019年)

资料来源:相关数据来自Wind科技部。

更进一步,本专题以深圳为例,对其高新技术研发人员数量变化情况进行分析,以此预计人才引进和人才住房政策的作用。如图6-2所示,深圳全市高新技术研发人员数量总体不断增长,2017年后增长速度明显加快,全市各类专业技术人员数量增长率在2019年超过10%,说明人才引进政策发挥了重要作用。同时,到2017年,深圳人才增长结构有明显变化,中级技术职称以上的专业技术人员数量增长率首次超过全市各类专业技术人员数量增长率,说明深圳人才结构向高端化调整,引才政策也偏向高端人才。深圳专业技术人员数量的增长变化与前述政策影响分析相一致,深圳在2016年出台并开始实施多项引才政策,包括《关于促进人才优先发展的若干措施》(深发〔2016〕9号)、《深圳市人才引进实施办法》(深人社规〔2016〕22号)、《关于完善人才住房制度的若干措施》(深发〔2016〕13号)等。如表6-4所示,自2016年起,深圳人才住房供应和补贴也有所增加,2016年全市供应人才住房约3.2万套,惠及人才及其家庭成员约9.57万人。[①] 毫无疑问,其人才住房政策服务于其经济发展结构和城市战略规划,并为人才结构调整发挥了重要作用。

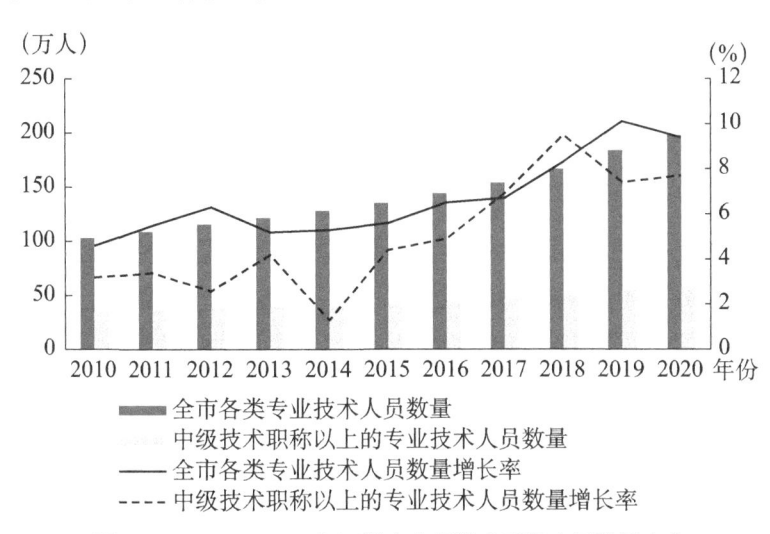

图6-2 2010—2020年深圳市高新技术研发人员数量变化

资料来源:相关数据来自深圳市历年国民经济和社会发展统计公报。

表6-4 2012—2019年深圳市人才住房供应数量和住房补贴额度

年份	定向配租配售住房数(万套)	补贴额度(亿元)
2012	0.12	
2013	1.8	10
2014	2.45	4.7
2015	0.8	3.97
2016	3.2	2.07
2017	3.6	
2018	1.7	5.4
2019	2.4	6.72

资料来源:相关数据来自2012—2019年深圳市住房发展年度实施计划。

---

① 我市今年供应人才住房3.2万套. http://sztqb.sznews.com/html/2016-12/08/content_3681627.htm.

总体而言，各地区的人才引进政策为当地的经济发展、人才结构调整起到了十分重要的作用。但是，人才集聚效应也十分明显，发达地区相对于欠发达地区仍具有吸引人才的天然优势，并且二者之间的差距有不断扩大的趋势，这也使得其他地区人才引进政策的边际效用减弱，人才竞争向白热化发展。

（二）问题

1. 有效供应不足

尽管一些城市推出了力度较大的人才住房政策，住房筹集和供应总量上有所增长，但相比于人才规模而言，住房供给缺口仍较大。不仅如此，人才住房分布不均，部分人才住房位于城市边缘区域，距离产业聚集区以及城市核心区过远，人才住房存在供需的结构性错配。以上海闵行区为例，闵行区人才引进数量逐年递增，仅 2017 年全区人才引进落户人数为 520 人，每年有近 4 000 名较高层次人才成为常住人口。而闵行区能够提供的人才保障房仅有 5 000 多套，其中市属 3 400 套，由市级层面统一调配，分配给该区人才居住的数量更为有限。其中，较大比例住房是以单位包租形式出租的，人才住房主要分布在中部区域的 12 个小区中，而闵行区人才集聚度较高的是闵行经济技术开发区、紫竹科学园区、莘庄工业区等，客观上形成了严重的"职住不平衡"。[①]

人才住房供应不足与我国城市房地产市场的发展特征密切相关。分税制改革后地方政府财政压力增大，预算外收入成为地方政府重要的收入来源，而在严格的土地管制下，土地财政成为地方政府缓解财政压力的重要手段。[②] 为了保障土地出让收入，地方政府采取"高价、少供"商住用地的策略，由此导致城市住房价格不断走高。[③] 而为了维持土地财政，地方政府需要保证房地产市场的持续发展，即维持高房价，在供应低于市场价格的住房时会特别考虑其对于房地产市场的影响，致使人才房、保障房供应不足或者住房分布不均，难以形成有效供给。另外，各大城市的房地产市场已经得到了繁荣发展，在人口、

---

① 曾明星，薛琪薪，李安琪. 人才新政背景下上海人才居住困境及保障性住房机制研究. 中国人事科学，2020（9）：67 - 78.
② 孙秀林，周飞舟. 土地财政与分税制：一个实证解释. 中国社会科学，2013（4）：40 - 59，205.
③ 周彬，杜两省. "土地财政"与房地产价格上涨：理论分析和实证研究. 财贸经济，2010（8）：109 - 116.

产业、资本集聚的情况下，城市房价短期内不会下跌，这使得房地产开发商对房地产市场长期看好，因此缺乏利润动机主动修建人才住房[1]，现实中政府往往通过"竞配建"的方式鼓励建设人才房，这实际上是在平衡政府与企业的利益。鉴于上述原因，政府和企业都缺乏强激励增加人才住房的供应，我国许多城市特别是大城市人才住房供给存在结构性短缺。

2. 周边配套较差

居住环境、周边治安情况、居民素质及邻里关系、个性化服务（如家政）和生活购物是否方便显著影响青年人才的居住满意度[2]，但是，多数地区人才住房并非是集中统一修建和管理的，而是与商品房、公租房、共有产权房等混合的，这造成人才住房的品质参差不齐，配套设施和服务难以满足人才的特殊需要。同时，人才住房的供应分布不均，多分布于城市核心区的外围，无论是交通基础设施、商业配套服务还是社区内部公共设施都难以满足人才的居住需求。人才住房并没有起到支持人才发挥创造力的作用，反而大大降低了人才的居住满意度。而相比于分散式的人才住房，集中的人才公寓由于物业管理和服务更加具有针对性，周边配套设施也相对完善，更有助于满足人才的居住需求。但人才公寓也存在布局不合理以及隐私保护不力等问题。[3]

人才住房质量与住房供应方式和政府监管密切相关。人才住房的筹集与供应是与保障性住房相混合的，而保障性住房的筹集主要有直接招标、委托代建、配建、购买以及长期租赁等模式。这些模式在一定程度上压低了市场价格。在配建模式下，房地产开发商的利润来源于商品房的销售，而保障性住房的成本被商品房均摊，因此，为了实现利润最大化，开发商可能选择降低保障性住房修建的成本，从而导致质量问题。而在购买以及长期租赁的模式下，由于存在逆向选择问题，政府以低于市场价格获得的住房可能存在一定的质量问题。实际上，我国保障性住房建设中已经暴露出各种质量问题。[4] 总之，我国许多城市虽然增加了人才住房的供应数量，但是住房质量仍有待提升，相关配套设施

---

[1] Morrison N. Building talented worker housing in Shenzhen, China, to sustain place competitiveness. Urban Studies, 2014, 51 (8): 1539-1558.
[2] 池宇杭. 南京青年人才租赁住房满意度及其影响因素研究. 上海房地, 2021 (1): 34-40.
[3] 王效容, 张建坤, 李灵芝. 大学毕业生保障房居住满意度调查: 以嘉兴人才公寓为例. 城市问题, 2014 (4): 95-101.
[4] 李泽华. 保障性住房工程质量管理与控制问题研究. 财经问题研究, 2014 (S2): 47-49.

与服务、政府监管还需要进一步完善。

3. 服务意识不够

首先，人才住房政策工具运用较多，但政府审批流程烦琐。政府在住房建设、供应、分配以及管理等活动中扮演着关键角色，并设置了严格的行政审批规则。例如，人才住房的建设需要由政府进行用地规划和审批；人才住房补贴和分配是由政府制定相应标准，并负责最终的审批，且涉及住房建设、国土规划、人力资源等多个行政管理部门。审批过程存在手续多、流程长等问题。以广州市为例，其人才住房解决的申请流程包括五步，第一步就需要申请人自行提供至少四份材料的原件与复印件。在经历初审、复核、公示公布后，最后还需要市人才工作协调小组审批申请，而资金的拨付还需由市财政部门拨付给市住房保障部门，由市住房保障部门按规定发放补贴，或安排人才入住。

其次，覆盖面有限。我国许多城市将人才划分为不同的等级，按照等级制定不同的人才住房补贴标准。在人才住房的分配模式中，政府将人才住房配租配售给相应的企业，这些企业往往是国有企业或"三高"（高技术、高成长、高附加值）企业，具有较强的创新能力、市场竞争力、抗风险能力和良好的发展前景，具有明显优势的市场地位。企业通常将补贴向较高层次的人才倾斜，这意味着高层次人才可以同时享受到政府、单位等的多项住房补贴，而较低层次的人才则普遍无法享受相关补贴，这使得不同人才群体之间的差距拉大，人才住房补贴形成了集中流向大企业、高层次人才的"马太效应"。相比而言，德国实施的人才保障性住房（talent affordable housing，TAH）政策则注重扶持中小企业发展，德国各级政府通过财政补贴、银行贷款、安家费资助、减免税收等多种手段落实扶持中小企业的人才保障性住房保障政策。凡是符合规定的中小企业，均可提出人才保障性住房的补贴申请，政府还以资助费用与条件承诺对有风险的项目和落后地区的新建项目提供人才安家与住房方面的担保。[①]

最后，针对性服务缺乏。信息技术的发展、经济生产方式的转变使得人才流动呈现出流动速度加快、流动的空间距离变长、流动频率增加、流动模式更为复杂多样等新的特征。如果缺乏针对性的服务措施，则会增加人才引进的困难。例如，德国的人才保障性住房政策设置了应急性人才保障性住房，这是为

---

① 王志成，恩里克·泽霍夫，汉斯·于尔根·克庹伯. 德国人才保障性住房发展势态（三）. 住宅与房地产，2017（11）：76-80.

符合人才保障性住房申请条件，但是暂无保障性住房可住的人才群体设置的。应急性人才保障性住房虽是部分人才群体的临时住所，但是居住设施一应俱全，还有老人房、残障人房间等，同时还提供社区服务和公共设施，如幼儿园、诊所、社区活动中心等。[①] 我国的人才引进措施目前缺乏类似的针对性措施，在这方面有待加强。

五、人才住房政策优化路径

（一）增加人才住房有效供给

1. 厘清人才住房与保障性住房的关系

在住房筹集方面，我国人才住房与保障性住房是一体的，许多城市并未单列人才住房的筹集数量目标。但是，人才住房与保障性住房在对象需求、住房作用、质量标准方面并不相同。因此，本专题认为有必要将人才住房的筹集与建设从传统保障性住房的筹集体系中分离出来，建立单独的人才住房筹集渠道。这一工作仍可由城市住房保障部门负责，但是工作的流程与内容需要与保障性住房分离。将二者进行区分后，政府可以根据城市人才存量、经济发展阶段等因素制定符合城市定位的人才住房规划，避免盲目跟风、恶性竞争；还可建立有关人才住房的信息统计、管理和运营体系，为专门的人才住房信息管理系统提供基本信息支持，针对每一套人才住房进行登记备案，确保房源登记真实、无误，并实时更新人才住房信息，实现动态调整；同时实现人才住房筹集、分配、管理等信息的实时共享。

2. 建立多渠道供给体系

人才住房供需矛盾仍较突出，各个城市都需采取多元化措施以增加人才住房的供给。首先，政府需要根据人才分布有效增加土地供应量，为城市土地用途制定一套严格的管制制度。人才分布与高科技产业、资本的分布高度相关，因此，政府需要根据人才聚集情况进行有针对性的土地供应，防止人才住房边

[①] 王志成，恩里克·泽霍夫，汉斯·于尔根·克房伯. 德国人才保障性住房发展势态（三）. 住宅与房地产，2017（11）：76-80.

缘化而造成资源的浪费。其次，通过财政补贴、减少行政审批手续等措施鼓励有条件的企事业单位、产业园区平台利用自用工业用地建设人才公寓。企业作为人才的需求方对于人才流动的信息更为敏感，一定程度放开工业用地转向住宅用地的限制有助于发挥市场的作用，但政府也需要采取有针对性的鼓励措施，使政策落于实处。再次，增加商品房项目中的人才住房配建比例或限价商品房数量，通过平衡政府收益和企业利润增加人才住房供给，并建立严格的验收制度，防止开发商为节约成本而降低住房质量。另外，政府可通过统一购买或租赁市场中的住房以增加供给，特别是城市核心区域土地紧缺、房价高企，政府可通过一次性大批量购买或租赁市场住房尽可能降低成本，同时避免因直接限价而扰乱房地产市场。政府还可通过提供优惠的贷款利率鼓励市场主体参与高端人才的住房建设与运营。高端人才公寓在前期投入相对较高，但是高端人才相对于普通人才支付能力较强，且对配套设施与服务要求较高，因此，市场主体可通过提供个性化服务获得长期稳定的收入，如果能够获得长期低息贷款，企业会有更大意愿参与住房建设与运营。最后，推进长租公寓健康发展，我国住房租赁市场还未完全成熟，通过长租公寓解决人才住房问题可实现双赢。长租公寓的发展主要有重资产和轻资产两种模式，重资产模式是指企业通过开发、购买等方式自持房产，将房产装修后投入运营的经营方式。这种模式对企业的资金实力要求较高，企业需要承担较高的建设成本、购置成本，但也能享受房屋的资产增值。轻资产模式是指企业通过与房屋所有人签订租赁合同，获得房屋的经营权和使用权，将房屋重新装修后出租的运营模式，但企业无法享受地产与房产的资产增值。通常而言，重资产模式偏向集中化运营，如市场占有率较大的万科泊寓、龙湖冠寓等，轻资产模式偏向分散化运营，如自如、蛋壳公寓等。长租公寓相比于房东直租、二房东租赁等形式具有专业化、规模化、统一运营的特征，其住房质量和配套设施与服务都较好，政府可以与长租公寓企业签订长期合同，利用长租公寓解决人才住房问题。

3. 推进标准化质量管理

当前人才住房供给存在较为严重的结构性问题，多数人才住房难以满足各类人才的需求。因此，政府需要建立严格的标准化人才住房质量验收机制，质量指标不仅需要考虑住房的面积，还需要考虑社区管理、房屋配套、周边设施以及公共服务等多种因素。德国规定人才保障性住房在建成入住前，必须得到专门的房价和房屋质量评估体系——"房屋质量明镜"颁发的房屋质量等级证书。其质量评估严格规定了住房安全与健康标准的评估体系,包括面积、生活设施、生理心理需求等多个评估标准,房屋质量明镜每年会发布现有与新建房屋质量等级的评估细则,而房屋质量等级的划分以房屋质量明镜年度公布的数据为准。[①] 因此,借鉴这一做法,各城市需要通过完善质量指标体系引导人才住房的建设和供应,推进人才住房建设转向人才社区建设,打造集商业购物、娱乐休闲于一体,具有综合服务性质的服务社区与集人才集聚、交流互动、培训孵化于一体的人才平台互动融合发展的创业型宜居社区。[②] 按照合适的指标体系将人才住房划分为不同等级,与不同等级的人才相匹配。当然,标准化质量指标体系的建立是动态调整的,特别是需要根据人才住房需求特征进行指标权重的设定。同时,这一标准体系不能局限于政府管理的人才住房,还包括纳入人才住房体系的企业自建住房等,即凡是人才住房都必须经过这一标准体系的评估分级,收紧人才住房供应的前端质量管理。

(二) 完善人才住房分配机制

1. 完善认定标准

人才住房分配的前提是明确什么是人才。我国国家中长期人才发展规划纲要将人才定义为具有一定的专业知识或专门技能,进行创造性劳动并对社会作出贡献的人,是人力资源中能力和素质较高的劳动者。各城市按照科研奖项、科研成果、荣誉称号等标准将人才进行等级和类别划分,通常以五年内的科学技术研究和创新创业成就为主要标准,同时对于文化艺术类、教育类、体育类等领域都有所涉及,如表 6-5 所示。不同城市对于人才的具体等级划分存在不同,三等级、四等级和五等级认定标准都存在。在人才认定的程序上,各城市的人才认定程序与前述人才住房申请程序类似,流程通常为个人填写申报材料、单位初审、人力资源部门核准并进行正式审批,通过审批后经公示发放人才等级证书。

---

① 王志成,恩里克·泽霍夫,汉斯·于尔根·克房伯. 德国人才保障性住房发展势态(三). 住宅与房地产,2017 (11): 76-80.

② 石忆邵,钱世芳. 上海人才住房政策:新定位与新策略. 同济大学学报(社会科学版),2017,28 (3): 59-65.

表6-5 我国一线城市高层次人才认定分类标准

城市	认定类型和标准
北京市	通过各种人才引进计划进行人才认定，如中关村高端领军人才聚集工程（"高聚工程"）、北京市科技新星计划等。以"高聚工程"为例，"高聚工程"将人才分为创新领军人才、领军企业家、创业领军人才、投资家、创新创业服务领军人才五类高端领军人才。
上海市	《上海市引进人才申办本市常住户口办法》（沪府规〔2020〕25号）明确将人才分为高层次人才、重点机构紧缺急需人才、高技能人才、市场化创新创业人才、专门人才和其他特殊人才。《上海市外籍高层次人才资格认定办事指南》明确将外籍人才分为外国高端人才、知名专家学者、科技创新人才、企业人才和青年人才。
广州市	《广州市高层次人才认定标准》（2017年）采取列举式的方法，按照取得的研究成果将高层次人才分为广州市杰出专家（例：诺贝尔奖获得者）、广州市优秀专家（例：享受国务院政府特殊津贴人员）和广州市青年后备人才（例：国家重点研发计划重点专项项目骨干）。主要以国家、广东省以及广州市的各种荣誉称号、科研奖项、科技成果为认定标准。
深圳市	国家级领军人才（例：人才计划特聘教授）、地方级领军人才（例：享受国务院特殊津贴人员）、后备级人才（例：教育部"新世纪优秀人才支持计划"入选者）。

总体上，各城市的人才认定标准和程序较为清晰，但存在过于看重荣誉称号、职称、资历的问题，因此，需要推进人才认定标准的完善，尝试构建更能直接反映人才能力的指标体系。例如，德国规定凡是非欧盟国家专业人才，只要能够在德国找到一份年薪超过48 000欧元的工作就可获得德国人才住房的保障，而理工科和自然科学领域的人才只需达到36 000欧元年薪即可。[①]

2. 优化审批制度

当前人才住房申请时间长、流程多，这与人才流动的新特征不符，因此，完善人才住房分配需要尽可能优化审批制度，减少不必要的审批流程，缩短审批时间。具体而言，可开辟网上审批通道，审批全程线上，审批进度实时更新。利用公安系统和个人信用系统建立"绿色通道"和"快捷通道"，针对有特殊情况的人才，如面临子女入学、无住所等问题的人才，在满足基本的信用条件后

---

① 王志成，汉斯·于尔根·克房伯，恩里克·泽霍夫. 德国人才保障性住房发展势态（一）. 住宅与房地产，2017（2）：131-135.

可走"绿色通道",优先解决其住房问题;而对于个人信用好的人才,可走"快捷通道",待公示后即可直接优先解决住房问题。还可建立顶尖人才"一人一议"机制,为引进急需的高层次人才提供个性化服务,尽可能满足其对于住房的合理需求。同时,尝试在人才认定程序上引入第三方评估、公众监督等,扩大人才认定信息公示公布渠道,进一步促进人才认定过程公平、公正、公开,使人才真正得到市场和社会的认可。

3. 构建多元化分配体系

当前政府人才住房政策采取实物配置和货币补贴相结合的方式。实物配置包括免租金租住、产权赠与、租住公租房和购买安居型商品房等形式;货币补贴包括直接发放现金补贴、房价优惠或折扣、发放房票、放宽住房公积金提取条件、贷款优惠等形式。实践中形成了较为多元的分配形式,需要注意的是,政府应将多元化人才住房分配体系的选择权利赋予人才,让人才能够自由选择实物配置还是货币补贴、租房还是购房以及居住的区位等,而政府则需要尽可能提供包括可租可售、以售为主、以租为主等多元化住房类型。另外,多元化人才住房分配体系要平衡各种分配方式,不管是何种分配方式,人才住房价格肯定需要比市场价格低,至于优惠的力度则受到前述多个因素的影响。例如,针对国内人才放宽住房公积金提取条件,针对国际人才放宽住房保障条件。现阶段人才流动具有速度快、频率高等新特征,多数流动性人才倾向于通过租房解决住房问题,这需要政府根据市场需求持续调整住房分配政策体系,以最快的速度、最好的服务、最优的质量完成人才住房的分配。

(三)优化人才住房管理与服务

1. 推进一体化管理

人才住房一体化管理是指对城市所有人才住房进行统一管理,采用统一的质量和服务标准进行运营,防止城市内部相同等级的人才住房存在过大的质量与服务差异。这并不是说所有人才住房都必须由政府进行分配、调度、管理和运营,而是指所有人才住房都需要在政府管理部门进行登记备案,纳入人才住房管理体系,并按照标准化指标体系进行分级,同时接受后续的运营监督,包括价格、入住情况、人才居住满意度等方面的监督。政府可通过委托运营、合同外包、成立国有企业等方式进行人才住房的管理与运营。

人才住房一体化管理可通过建立人才住房管理信息系统，将人才分布与需求、存量住房、在建住房、新增住房纳入信息系统，对各类住房信息（如申请状况、入住情况、周边配套设施等）进行实时更新，并定期检查住房实际状况，向社会公开。这既有助于政府住房管理部门掌握当前人才住房存量和质量状况，了解人才最关心的住房需求，为推进人才住房质量改进和规划发展提供基础的数据支撑，又有助于向社会公众公开人才住房分配、管理信息，提高社会监督力度，防止人才住房分配不公以及不正当流转等行为的发生。

2. 增强运营服务意识

首先，保障人才合法权益。人才住房主要是通过市场化的方式解决，人才需要与市场主体签订合同，如购房合同、租房合同，我国商品房购买合同与流程相对规范，但是租房合同的监督管理不够完善，这也导致住房租赁市场乱象丛生。因此，住房管理部门对于人才的租房权益要给予特别的关注，严厉打击"二房东"非法出租、人才住房流转的行为；人才住房进行严格的分级管理；有效推进人才住房合同网签备案；约定出租人和承租人的义务，如提前通知、告知工作单位等义务。

其次，构建合作化服务体系。人才住房管理不仅需要注重前端住房供应的管理，还需要做好人才入住后的服务保障工作，而与此最为直接相关的就是物业与社区管理。因此，人才住房管理部门可与社区、物业公司、非营利组织等主体建立稳定联系，一同致力于构建解决人才住房问题、满足居住需要的合作化服务体系，住房管理部门可通过各类主体了解人才入住后的状况，收集有关人才住房需求以及改进建议等信息，为人才住房的供应和规划提供有效信息。同时，可通过打造精品人才公寓、金牌物业等方式增强社会对于人才住房的认可，对人才住房运营优秀的企业、产业园区平台、物业等进行表扬、奖励，既提高优质运营企业的知名度，也提高城市人才住房对于人才的吸引力，推动形成尊重人才的社会风气，实现多方共赢。

3. 完善退出和监管制度

人才住房补贴通常有一定时限，对于已不满足人才住房补贴或租住条件的，人才住房管理部门应及时停止补贴发放或收回人才住房，暂停特有服务。这就涉及人才续租以及重新寻找住房的问题，相关人才住房运营主体应提前通知相关人才，对于需要续租的人才，提前做好相关事项的沟通，重新约定租住条件、价格；对于不续租的人才，可帮助其寻找住所，做好住房退出清理工作，并及时更新住房信息。

另外，住房管理部门以及运营主体需要加强人才住房的监督管理，防止出现自行转租等投机行为。人才住房政策的目的是为有需要的人才提供具有保障性质的住房，而利用人才住房进行投机会严重影响住房市场秩序，挤压紧缺的人才住房资源，浪费投入的财政资金。住房管理部门可利用人脸识别、指纹识别等方式加强人才住房的管理，并定期抽查、走访，一方面摸清人才住房现状，另一方面形成对相关人才的直接监督。

六、结论

随着知识经济的发展，人才成为企业区位决策的导向，是产业集群形成和演化的基础。[1] 人才、资本、产业的集聚有助于实现区域经济增长与转型，人才也成为国家和城市建立竞争优势的关键要素。[2] 在全球各大城市，人才住房政策已经成为人才引进与竞争的核心政策。我国城市人才争夺中，人才住房政策对于城市人才引进发挥着重要作用。各城市为了有效引进高层次人才采取以住房货币补贴和实物配置为主的人才住房问题解决办法，并在人才住房供给、分配和管理方面运用各种政策工具以实现人才引进的政策目标。本专题总结出各个城市人才住房政策的一般规律，即人才住房政策核心在于解决人才住房可负担问题，进而服务于城市的经济发展。

本专题认为，城市人才住房政策尽管有效促进了城市人才引进，但是仍存在不少问题，包括人才住房供应不足、供需不匹配、配套设施不足以及行政审批过多、覆盖面有限等。鉴于此，本专题认为需要从三个方面优化当前人才住房政策：第一，增加人才住房有效供给，单独建立以人才住房为核心的工作体系，做好相关信息统计；多渠道筹集人才住房；推进标准化质量管理。第二，完善人才住房分配机制，完善人才认定标准与程序；通过线上途径、开辟"绿色通道"和"快捷通道"等方式优化审批制度；打造相互平衡的多元化人才住

---

[1] Florida R. The economic geography of talent. Annals of the Association of American Geographers, 2002, 92 (4): 743-755.

[2] Serban A, Andanut M. Talent competitiveness and competitiveness through talent. Procedia Economics and Finance, 2014, 16: 506-511.

房分配体系。第三,优化人才住房管理与服务,推进分散化人才住房一体化管理,建立人才住房信息系统;完善人才住房的运营服务,充分保障其合法权益;完善人才住房退出以及流转监管机制。

人才竞争不能仅仅关注经济因素,还需要考虑人才发展、文化环境以及制度等非经济因素,从长期来看,这些因素对于吸引和留住人才同样重要。[1] 住房不仅是个体居住的物理空间,还具有社会文化以及精神层面的意义。房屋的设计背后蕴含着当地的文化特征[2],房屋的属性与位置具有社会地位的象征性意义[3],社区归属感更是住房与居住者形成的精神联结[4]。因此,我国城市人才住房政策还有进一步从物质层面向社会文化层面提升的空间。

---

[1] Harvey W S. Winning the global talent war: a policy perspective. Journal of Chinese Human Resource Management, 2014, 5 (1): 62 - 74.

[2] Ozaki R. Housing as a reflection of culture: privatised living and privacy in England and Japan. Housing Studies, 2002, 17 (2): 209 - 227.

[3] 魏万青, 高伟. 经济发展特征、住房不平等与生活机会. 社会学研究, 2020, 35 (4): 81 - 103, 243.

[4] Kasarda J D, Janowitz M. Community attachment in mass society. American Sociological Review, 1974, 39 (3): 328 - 339.

专题七
"一带一路"人才发展战略研究[*]

一、引言

二、文献综述

三、"一带一路"人才跨区域配置研究

四、"一带一路"人才库建设研究

五、"一带一路"人才培养战略研究

六、结语

---

[*] 本专题为中央高校基本科研业务费专项资金项目"'一带一路'人才发展战略研究"（项目编号：20720151201）研究成果，作者为魏丽艳。

一、引言

中国国家主席习近平于 2013 年 9 月和 10 月分别提出建设"新丝绸之路经济带"和"21 世纪海上丝绸之路"的合作倡议。该倡议是党中央、国务院根据全球形势深刻变化，统筹国际国内两个大局作出的重大战略决策。习近平总书记在党的十九大报告中指出，"积极促进'一带一路'国际合作，努力实现政策沟通、设施联通、贸易畅通、资金融通、民心相通，打造国际合作新平台，增添共同发展新动力"[1]。党的二十大把"推动共建'一带一路'高质量发展"作为"推进高水平对外开放"的重要内容。"一带一路"倡议对于构建开放型经济新体制，形成东中西互济、海陆统筹的全方位对外开放新格局，对于实现"两个一百年"奋斗目标，实现中华民族伟大复兴的中国梦，促进世界繁荣发展与和平稳定，具有重大而深远的意义。[2]《中华人民共和国国民经济和社会发展第十四个五年规划和 2035 年远景目标纲要》提出推动共建"一带一路"高质量发展，促进共建"一带一路"倡议同区域和国际发展议程有效对接、协同增效。这一要求的关键在于人才，作为一个宏伟的人才系统工程，"一带一路"人才发展战略涉及经济、社会、政治、文化、环境等方方面面。因此，本专题立足于"一带一路"发展目标，聚焦人才跨区域配置、人才库建设以及人才培养战略等环节，通过系统研究人才跨区域配置、人才库建设路径以及人才培养战略的选择等问题，为我国"一带一路"倡议的建设与发展，尤其是"一带一路"人才发展战略的制定与实施提供理论与实践参考。

二、文献综述

（一）"一带一路"人才发展战略研究

针对"一带一路"人才发展战略的研究，黄大周和农克忠提出，"一带一路"人才是国际合作的基础资源和强劲推力，我国应注重制定人才发展总体规

---

[1] 习近平. 决胜全面建成小康社会 夺取新时代中国特色社会主义伟大胜利：在中国共产党第十九次全国代表大会上的报告. 人民日报，2017 - 10 - 28（5）.
[2] 周谷平，阚阅. "一带一路"战略的人才支撑与教育路径. 教育研究，2015，36（10）：4 - 9，22.

划，拓展合作共赢人才机制。[1] 吴雪也指出，"一带一路"倡议的实施瓶颈不是资金和技术，而是人才。[2] "一带一路"项目应满足各个国家和地区不同的发展要求，需要多方之间的融合。而人才在融合过程中起到了重要的桥梁作用。人才在不同空间的流动加快了知识在不同群体之间的传播，从而促进技术进步、知识创造和区域经济发展。[3] 也有学者指出，人才流动能够加速优势地区产业集聚，有助于缩小社会贫富差距，增强社会稳定。[4]

（二）"一带一路"人才跨区域配置研究

"一带一路"涉及多领域、多地区，是一个具有规划性的中长期战略，必然涉及人才的跨区域流动。学术界在这方面开展了许多研究。候纯光等基于高等学校留学生流动数据来构建模型，对2000—2015年"一带一路"沿线国家或地区人才流动网络结构的演化进行研究，发现沿线人才流动网络规模迅速扩大，人才流动的数量和路径不断增加，人才流动网络呈现出"由中向西，自南到北"的空间格局特征，中亚地区的留学生主要向西流向俄罗斯、乌克兰等国，东南亚和南亚地区的留学生主要向北流向中国，中国和俄罗斯处于沿线人才流动网络的核心位置，东南亚、西亚和东欧部分国家处于边缘位置。[5] 有学者研究指出，我国目前的人才配置存在国别和区域覆盖不全的问题。2012年以前，我国的国别和区域研究人才培养主要聚焦在欧美及日韩等发达国家。2012年以来，教育部持续推动国别和区域研究基地的培育，人才培养的大国化趋势得到一定改善。[6] 学者张立则引入"一带一路"人才互通的概念，探讨了"一带一路"人才互通的模式，促进"一带一路"沿线国家和地区在人才库建设上的合作，

---

[1] 黄大周，农克忠． "一带一路"建设需不断拓展人才资源．人民论坛，2017（22）：94-95.

[2] 吴雪． "一带一路"战略的人才瓶颈与对策．金融时报，2017-06-02.

[3] 侯爱军，夏恩君，李森．区域人才流动知识溢出效应的实证研究．技术经济，2015，34（9）：7-13，20.

[4] Dabalen A, Parinduri R A, Paul S. The effects of the intensity, timing and persistence of personal history of mobility on support for redistribution in transition countries. Economics of Transition, 2015, 23（3）：565-595.

[5] 侯纯光，杜德斌，段德忠，等． "一带一路"沿线国家或地区人才流动网络结构演化．地理科学，2019，39（11）：1711-1718.

[6] 屈廖健，刘宝存． "一带一路"倡议下我国国别和区域研究人才培养的实践探索与发展路径．中国高教研究，2020（4）：77-83，97.

专题七　"一带一路"人才发展战略研究 | 225

提高人才使用效率。[1]

(三)"一带一路"人才库建设研究

已有研究主要集中于语言人才库、各行业专业人才库以及国际人才库的建设。国家一系列自贸协定的签署、"一带一路"倡议和"中国制造 2025"的实施，为国家及地区经济发展带来了前所未有的机遇，也给高校的外语教育带来了新的挑战。[2] 语言是交流的介质，而交流是合作的基础，因此许多学者针对"一带一路"沿线国家所涉及的语言人才培养进行了研究，如商务英语[3]、俄语[4]、阿拉伯语[5]等。此外，学者也积极研究各行业专业人才库，比如全球卫生人才库[6]、新媒体人才库[7]、法律人才库[8]。同时，邮政人才[9]、财务战略人才[10]、国际商务人才[11]等也是"一带一路"人才库建设研究中关注的专业人才类型。而复合型国际化人才是"一带一路"人才库建设的重点。陈海燕提出，国际人才库的建设需要高校与政府开展合作，同时需要重新思考国际化人才的文化内涵，为"一带一路"倡议的实施提供通晓外国语言、具备国际视野、能够进行跨文化沟通的国际化人才。[12]

---

[1]　张立. "一带一路"建设中的人才互通：模式、实施路径及存在的问题. 技术经济，2017，36 (12)：38-44.

[2]　刘川，黄华宪. 语言经济学视角下四川地方高校外语人才的培养. 教育与职业，2016 (23)：81-83.

[3]　Guo G, Jin H. Exploring business English talent training model under the background of the Belt and Road Initiative. Higher Education Studies. 2019, 9 (2)：124-130.

[4]　安巍，苗正达. "一带一路"国家发展战略背景下的法律俄语人才培养模式实践与研究. 中国俄语教学，2017，36 (1)：15-18.

[5]　许可峰，杨丰源. "一带一路"背景下宁夏阿拉伯语教育问题初探. 民族教育研究，2018，29 (1)：98-102.

[6]　Fu J, Jiang C, Wang J, et al. To establish a talent pool for global health in China: from political will to action. Global Health Action, 2018, 11 (1).

[7]　帖洪宇，高丽凤. 智媒时代新媒体人才库建设的短板与对策. 青年记者，2020 (30)：90-91.

[8]　刘红宇. 建设国际化法律人才库，积极应对国际战略挑战. 国际融资，2020 (6)：22-23.

[9]　陈佳欣，冉茂亮. "一带一路"战略下邮政人才培养研究. 现代营销（经营版），2018 (7)：57.

[10]　曹宇波，崔慧敏，徐晓婧，等. 基于"一带一路"的财务战略人才培养模式研究. 金融经济，2018 (10)：169-170.

[11]　许素青. "一带一路"背景下国际商务人才培养方针思考. 区域治理，2019 (45)：93-95.

[12]　陈海燕. "一带一路"战略实施与新型国际化人才培养. 中国高教研究，2017 (6)：52-58.

(四)"一带一路"人才培养战略研究

人才培养是"一带一路"人才互通的基础,其目的在于最大限度地整合"一带一路"沿线国家的教育资源,加强教育合作,提高教育效率,提升教育水平和人才培养质量,从而更好地为建设"一带一路"培养所需的各类人才。[①]姚威等从人才开发的角度提出,要进一步扩大教育合作,探索实施"人才本土化"战略[②];还有学者从国别资源差异的角度提出,应构建多元主体跨境高等教育运行体系,培养更多优质的国际化人才;潘(Pan)认为高校应承担培养国际化人才的使命,并提出高校国际化人才培养模式应注重创新创业、对外开放、增强人文情操[③];陈(Chen)提出跨地区、跨学校、跨学科研究机构的建设方向和教学模式,有利于促进复合型、综合型人才的发展[④];屈廖健等从国家、院校以及学科知识三个层面探讨了人才培养发展路径的构建,提出国家层面要开展多维度的政策支持与全面布局,院校层面要构建跨学科的人才培养体系,学科知识层面要强调多元化的学科知识与实践经历。[⑤] 语言人才培养是"一带一路"人才培养战略研究中最受关注的话题之一。有学者指出"一带一路"倡议对我国非通用语人才培养[⑥]、汉语国际化人才培养[⑦]提出了新的数量和质量要求,在国家和高校层面都要加强语言人才战略规划,以政策、制度等形式增加投入,形成多样化的人才培养模式。刘(Liu)还提出了校企合作建立"产教创

[①] 张立."一带一路"建设中的人才互通:模式、实施路径及存在的问题.技术经济,2017,36(12):38-44.

[②] 姚威,李恒."一带一路"沿线国家人才分布与交流开发战略:基于沿线65国人才质量和投资存量的分析.清华大学教育研究,2018,39(4):64-72.

[③] Pan D. Study on the innovation of international talents training in colleges and universities Under the Belt and Road Initiative. Advances in Social Science Education and Humanities Research, 2019.

[④] Chen J. Construction and teaching practice of inter-regional, inter-school and inter-disciplinary research institutions in the context of the Belt and Road. Educational Sciences: Theory & Practice, 2018, 18(6): 3329-3336.

[⑤] 屈廖健,刘宝存."一带一路"倡议下我国国别和区域研究人才培养的实践探索与发展路径.中国高教研究,2020(4):77-83,97.

[⑥] 孙琪,刘宝存."一带一路"倡议下非通用语人才培养现状与发展路径研究.中国高教研究,2018(8):41-46.

[⑦] 邢欣,宫媛."一带一路"倡议下的汉语国际化人才培养模式的转型与发展.世界汉语教学,2020,34(1):3-12.

业"实践基地的建议。①

综上所述，人才在"一带一路"发展中具有关键作用是学界共识，围绕"一带一路"人才跨区域配置、"一带一路"人才库建设以及"一带一路"人才培养战略的研究仍需从更深层次、更加多元、更可持续的角度进行。其中，人才跨区域配置的核心内容是跨国人才，人才库建设主要集中于语言人才库、各行业专业人才库以及国际人才库，而人才培养战略的实现需要提高共识，加强政府、高校、社会企业、跨国组织等多层面、多方位的合作。本专题正是在此基础上对"一带一路"人才跨区域配置、"一带一路"人才库建设以及"一带一路"人才培养战略研究的进一步补充和思考，期望能够为实现"一带一路"倡议目标提供人才支持和保障。

三、"一带一路"人才跨区域配置研究

要解决"一带一路"人才发展问题，一方面可以致力于人才培养，另一方面可以借助市场力量，通过人才跨区域配置促进"一带一路"沿线区域的人才集聚，更快捷地为"一带一路"积蓄人才。现有关于"一带一路"人才发展的研究多集中于人才培养，关于人才跨区域配置的研究较少。因此，本部分从"一带一路"人才跨区域配置的角度进行研究，通过借鉴各国人才资源配置与人才跨区域流动的优秀经验，充分发挥市场机制作用，有效打通体制内与体制外、科研事业单位与民间智库、市场组织之间的区隔，创新"一带一路"倡议下的人才集聚机制，为"一带一路"人才库建设奠定坚实的人才基础。

（一）"一带一路"人才跨区域配置的现状

我国"一带一路"倡议下的人才跨区域配置基本由政府主导，依靠政府的各项政策优惠条件吸引企业和人才聚集到"一带一路"沿线区域，属于政府扶持型人才集聚模式。虽然在政策扶持下形成了一定规模的人才集聚，但从人才数量、人才质量与人才结构的角度来看，仍无法满足"一带一路"发展的规划需求。

---

① Liu H. A study on the construction of college-enterprise collaborative "production-teaching-entrepreneurship" practice base of business english Major in the "Belt and Road" context. Advances in Social Science Education and Humanities Research，2018.

一方面，可以利用自身优势资源吸引外来人才集聚，但"一带一路"区域产业集聚仍处在初期阶段，尚未形成一个强大的人才集聚载体来充分发挥地区优势吸引人才；另一方面，可以通过人才跨区域配置，促进人才流通，形成人才集聚，但由于市场配置资源的优势作用没有得到完全发挥，人才开发市场化、社会化的体制机制尚未完全形成，"一带一路"人才跨区域配置在人才培养、人才引进、人才资源共享、人才自由流动等方面还存在着体制机制障碍。具体而言，"一带一路"人才跨区域配置主要存在以下不足：

1. 相关政策"重财轻才"

改革开放以来我国高速发展，已经成为世界经济大国和人才大国，这是提出和实施"一带一路"倡议的坚实基础。然而，在发展过程中，过分强调物质基础、轻视人才软实力的"重财轻才"现象在某些领域仍然存在，导致某些领域和区域人才吸引力不强。随着产业结构加快调整，某些产业生命周期短，产业发展后劲不足，一味重视财力集中投入而忽视人才配置，导致地区和产业结构之间发展不均衡，阻碍"一带一路"倡议的具体实施。因此，在"一带一路"建设过程中，如果只是盲目地投资而忽视了最关键的人才支撑，那么最后很可能"人财两空"。

2. 尚未形成人才集聚

人才集聚载体是指承接人才流入，为人才发挥价值提供保障，并促进人才集聚发展壮大的平台。[①] 人才集聚载体体系由主体载体、服务载体和保障载体构成。其中，主体载体是人才集聚的主要载体，服务载体是人才集聚的活力源泉，保障载体是人才集聚的重要保障，具体如图 7-1 所示。吸引人才流动的影响因素依附于特定载体而推动人才集聚。因此，人才集聚载体对人才集聚形成规模效应至关重要。

"一带一路"倡议作为我国全方位对外开放新格局下区域发展的关键，囊括了政府部门、企业、高等院校、科研院所等各种机构或组织。在政府部门方面，"一带一路"倡议涉及国家发展改革委、财政部、商务部、交通运输部、海关总署、国家能源局、外交部等多个政府部门；在企业方面，截至 2014 年底，国资委

---

① 李乃文，李方正. 基于人才集聚载体的人才吸引力研究：以辽西北地区为例. 人口与经济，2011 (6)：41-48.

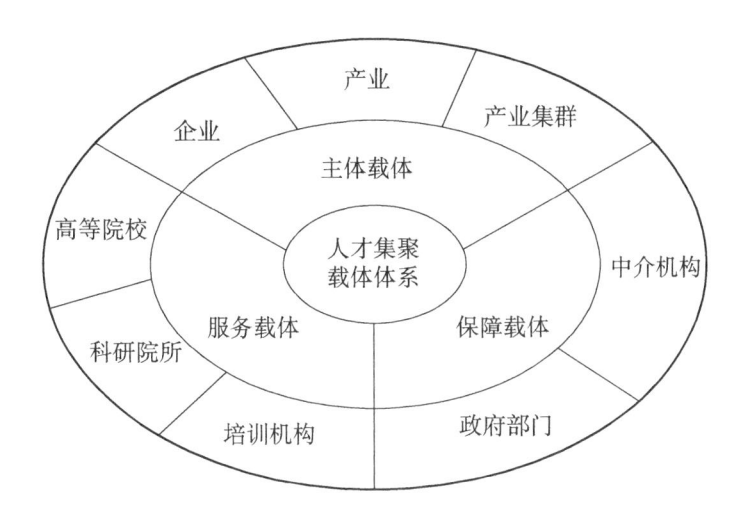

图 7-1 人才集聚载体体系图

资料来源：李乃文，李方正. 基于人才集聚载体的人才吸引力研究：以辽西北地区为例. 人口与经济，2011（6）：41-48.

监管的 110 余家央企中已有 80 多家在"一带一路"沿线国家设立分支机构[①]；在学术机构方面，2015 年 5 月 22 日，来自 22 个国家和地区的百余所大学共同加入由西安交通大学发起的新丝绸之路大学联盟。[②] 此外，还有许多民间组织也加入其中，共同致力"一带一路"人才集聚载体建设。

虽然在"一带一路"倡议的吸引下，许多政府部门、民间组织、企业和学术机构等参与其中，初步形成了"一带一路"人才集聚效应，但由于"一带一路"沿线区域广阔，新加入组织都处于零散状态，各自独立运作，特别是许多企业处于成长阶段，无法形成产业联盟；各个高校战略联盟也都处于成立初期，自身发展尚在探索阶段。政府部门、企业、学术机构间的互补合作难以开展，更无法联合形成强大的人才集聚载体，难以吸引世界各地优秀人才集聚丝绸之路经济带建设。因此，促进"一带一路"人才跨区域配置，因地制宜形成各领域的人才集聚效应具有重要意义。

---

① 央企"一带一路"路线图发布. 经济日报，2015-07-15.
② 西安交通大学发起成立"新丝绸之路大学联盟". （2015-05-22）. http://news.xjtu.edu.cn/info/1033/9991.htm，2015-05-22.

（二）建立"一带一路"人才跨区域配置新机制

要充分发挥政府和市场两种力量来克服"一带一路"人才跨区域配置的诸多障碍。一方面，充分发挥政府主导作用，推进共建"一带一路"教育行动，引导人才回流，为"一带一路"建设创造良好的人才集聚环境；另一方面，积极发挥市场机制作用，打破体制隔阂，形成高度市场化的人才资源配置机制，促进人才跨体制、跨行业流动。只有在政府和市场的共同努力下，才能使"一带一路"沿线区域成为强大的人才集聚载体，成为新的世界人才吸引中心。

1. 发挥政府主导作用

一要持续提供政策支持。为配合"一带一路"建设顺利推进，在《推动共建丝绸之路经济带和 21 世纪海上丝绸之路的愿景与行动》的指导下，结合"一带一路"沿线国家合作重点，积极出台各项支持政策，为共建"一带一路"保驾护航。政策内容涵盖财税支持政策、金融支持政策、投资贸易合作支持政策、海关支持政策、交通运输支持政策等方面。这些优惠政策为"一带一路"沿线区域提供了坚实的制度保障，创造了良好的发展环境，为建设"一带一路"沿线人才集聚新高地打下了良好的基础。

二要转变人才政策导向。政策引领人才聚集，人才引领高新产业，产业促进区域发展，政策的导向作用对区域发展至关重要。当前人才引进政策存在"重财轻才"倾向，过分强调物质基础，轻视人才软实力。而人才作为"一带一路"建设的支点和关键必不可少。因此，政策导向应从"重财轻才"向"财才并重"转变。在注重财力集聚的同时强调人才集聚，加强"一带一路"各领域合作发展过程中对人才的吸引，呼吁"一带一路"沿线区域重视人才、开发人才、招揽人才、利用人才，吸引人才跨区域向"一带一路"沿线集聚。

三要实施人才回流政策。《中国留学回国就业蓝皮书 2015》显示，我国每年的留学回国人数不断增加，但人才外流现象仍然存在。实施人才回流政策，减少人才外流，吸引国内外人才投身"一带一路"建设与发展具有关键意义。应与沿线国家政府加强合作，创造良好的"一带一路"人才环境，加强人才领域相关体系建设，为各国人才投身"一带一路"建设创造有利环境。

2. 发挥市场机制作用

一方面，要打破体制隔阂。体制隔阂是"一带一路"人才集聚的关键障碍，限制了"一带一路"人才跨区域配置。在"一带一路"发展建设中，要将市场的自由竞争机制引入人才的配置管理，突破体制内人才入口的局限性，积极吸纳体制外符合"一带一路"发展要求的高素质复合型人才，使更多高素质人才为共建"一带一路"发挥聪明才智。加强体制内外人才的沟通交流，打通体制内外人才流通渠道，让人才自由择业，人尽其才，为共建"一带一路"注入新的生机。

另一方面，要打破行业隔阂。打破行业隔阂才能促进跨行业人才流动。特别是要在已有人才资源的基础上完善"一带一路"人才市场服务平台，构建多层次、多功能、全方位布局的人才流动服务平台。同时，加快信息网络建设，运用现代信息技术加快完善人才流动的办法，实现人才流动市场由集市型向信息网络型转变，利用大数据、区块链等现代化技术促进行业间的人才流动。

3. 催生人才集聚载体

首先，要形成产业集群。在市场经济条件下，企业是研究开发、利益分配的主体，也是人才实现价值的主要载体，其自身具有吸引人才主动流入的天然优势。具有同一属性的企业集合形成产业，相关联的不同产业再形成产业集群，从企业到产业再到产业集群，人才吸引力不断壮大，形成人才集聚的主要载体，也是吸引人才集聚的主要力量。"一带一路"贯穿亚欧大陆，连接亚太经济圈与欧洲经济圈，涉及经济、社会、政治、文化、环境等方方面面，吸引各行各业的企业进入，从而形成多个产业集群，在能源、交通、制造、基建、金融、贸易、服务、文化等领域均有突出表现，形成巨大的人才需求市场。

其次，要加强智库建设。加强高等院校和科研院所等的智库建设，形成人才集聚服务载体，为"一带一路"建设输送高素质人才，形成更高层次的人才集聚。2015年4月8日，由中共中央对外联络部牵头，联合国务院发展研究中心、中国社会科学院、复旦大学成立了"一带一路"智库合作联盟[①]；2015年5月22日，由西安交通大学发起，来自22个国家和地区的百余所大学共同加入新丝绸之路大学联盟；2015年10月17日，复旦大学、北京师范大学、兰州大学和俄罗斯乌拉尔国立经济大学、韩国釜庆大学等47所中外高校在甘肃敦煌共同成立"一带一路"高校战略联盟。这些高校联盟、科研院所和智库联盟等都

---

① 国际展望联合会正式加入"一带一路"智库合作联盟．(2019-04-24)．http://china.chinadaily.com.cn/a/201904/24/WS5cbff59ea310e7f8b1578c03.html?from=singlemessage.

是"一带一路"人才集聚的服务载体，为"一带一路"人才集聚保驾护航。

最后，要孕育保障载体。在"一带一路"人才集聚过程中，除了企业和智库外，也不能忽视政府部门和社会组织在人才集聚中的作用。在理顺政府、市场和社会组织的关系与分工的基础上，挖掘人才集聚的保障载体，充分发挥好政府、市场和社会组织在人才培育和集聚全过程、全方位的保障作用。

（三）深化人才跨区域配置的对策

1. 深入实施人才优先发展战略

一要贯彻人才发展理念。树立人才优先发展理念，首先要在全社会尤其是各级领导干部和人才工作者中树立这一理念，可以通过举办人才工作者培训班、大力宣传典型经验和典型人才事迹等，进一步增强全社会的人才优先发展意识。

二要坚持党管人才原则。要始终从为党选才聚才的战略高度，认真落实党管人才原则，将人才发展摆在突出位置。在制定重大发展战略规划、研究重点工作布局时，应把人才工作作为重点内容进行部署。2012年中共中央办公厅印发《关于进一步加强党管人才工作的意见》并发出通知指出，"切实加强党对人才工作的领导，健全党管人才领导体制和工作格局，完善党管人才工作运行机制，创新党管人才方式方法，加强人才工作机构和队伍建设，不断提高人才工作科学化水平，为实现全面建成小康社会奋斗目标、加快推进社会主义现代化提供强有力人才保障"。同时，"一带一路"沿线区域要建立健全人才发展机制，不断提高党管人才的科学化水平。

三要加大人才投入力度。人才发展专项资金是国家或地方用以促进人才发展的专项资金。然而，部分地区并没有真正做到足额提取人才发展专项资金。因此，要建立资金利用督促检查制度，进一步提高人才发展专项资金使用效率。用人单位是人才引进、培养和使用的主体，人才本人也是贡献者和受益者，要注重调动这两个主体的积极性。政府在人才资金投入上要以"引"为先，注重发挥人才发展专项资金"四两拨千斤"的作用。人才发展专项资金的使用，要坚持结果导向，优先支持干成事的，积极支持想干事的，不予支持不干事的；要坚持跟踪管理，对入选人才跟踪培养，对培养经费跟踪问效，杜绝"给钱了事、入选了事"，违规使用资金的坚决追回、严肃追责、严肃处理。通过适当投入来撬动用人单位和社会将大量资金投入人才工作。

2. 加快推进人才发展的重点工作

构建更加开放、更加灵活、更有效率的人才发展体制机制，是人才优先发展的制度保证。2016年3月21日，中共中央印发了《关于深化人才发展体制机制改革的意见》，这为我国加快完善人才发展体制机制明确了方向和着力点。结合"一带一路"人才跨区域配置的要求，深化人才发展体制机制改革应重点关注以下方面。

首先，着力破解人才工作重点难点。面对新形势新任务对人才工作提出的新要求，必须大力解决各方面反映强烈、严重制约人才发展的重点难点问题。例如，人才管理体制上的官本位、行政化倾向问题，人才评价上的标准不健全、方法不科学问题，人才流动中的户籍、档案、身份、社会保障等体制性障碍问题，人才激励中的平均主义、"大锅饭"问题，人才项目、科技项目多头申报问题等。要创新工作机制，科学决策，把握人才成长规律，实现"一带一路"人才资源高效配置。

其次，要建设人才管理改革试验区。人才管理改革试验区作为人才政策和体制机制改革创新的重要载体，能发挥关键作用。[1] 加快人才管理改革试验区建设，要从三个方面寻求突破。一要解放思想。思想的解放程度决定了改革的深度。要把创新精神融入试验区建设，打破条条框框。二要整合资源。人才发展体制机制改革是一项系统工程，需要多方统筹和协调。因此，组织领导、跨区域协作以及多部门联动的作用突显。三要提供政策保障。要发挥政策的先导作用，探索一系列与"一带一路"人才发展相关的资金奖励、融资担保、人才落户、创业扶持等政策，打造良好的政策环境。

再次，要建立基层人才跨区域输送机制。最突出的矛盾和问题在基层，最坚实的力量支撑也在基层。抓基层、打基础是推进人才发展工作的长远之举和固本之策，但一直以来都存在基层人才不足的问题，特别是与经济社会发展和民生相关领域的人才十分短缺，难以满足基层工作的需要。要加强基层人才队伍建设，可以利用国家人才引流政策吸引高校优秀毕业生，或采取扩大基层自有高校的招生规模、制定特殊政策降低基层公务员招录门槛、单列重点人才工程等方式。完善制度，形成长效机制，尤其要探索运用现代化科技手段开展人

---

[1] 刘洋. 人才体制机制创新：以人才管理改革试验区为例. 行政管理改革，2017（10）：60-64.

才工作，确保基层人才队伍能跨区域流动，以更好地符合"一带一路"发展要求。

最后，为建设丝绸之路经济带核心区打造人才高地。第二次中央新疆工作座谈会要求新疆立足区位优势，建设好丝绸之路经济带核心区。不断创新人才发展体制机制，努力培养和造就建设大批区域性交通枢纽、商贸物流、金融、文化科教和医疗服务"五大中心"所急需的专门人才。通过改革创新，建立更加灵活开放的人才发展体制机制，更好地营造有吸引力和竞争力的人才环境，培养和吸引更多优秀人才投身于核心区的发展，更好地发挥人才在"一带一路"产业支撑、互联互通等方面的引领作用，打造与丝绸之路经济带核心区功能定位相适应的人才高地。

3. 推进人才结构战略调整

维护社会稳定，实现长治久安，推进丝绸之路经济带核心区建设，必然要求"一带一路"沿线省份的人才培养结构、能力素质结构、分布结构与之相适应。在当前人才结构失衡的情况下，必须对人才结构作战略性调整，突出重点，找准方向，精准发力。首先，研究制定丝绸之路经济带核心区人才支持计划，调整完善重点人才工程，努力实现项目实施精准化、项目落实精细化；其次，围绕重点地区、重点领域对紧缺人才的需求，实行更加开放的引才政策。利用高层次人才引进工程、重点高校特殊招录，以及国内大型人才招聘会，进一步拓宽人才引进渠道，吸引各类人才；再次，加强职业教育和技能培训体系建设，提高专业技术人才、企业经营管理人才、高端研发人才等高素质人才占比，提高人才队伍总体素质；最后针对基层，特别是艰苦边远地区实施政策倾斜，从资金投入、人才培养、人才输送等方面加大支持力度，进一步壮大基层人才队伍，不断优化人才分布结构。

4. 加大干部人才支援力度

"对口支援"政策最早于1979年提出，是中央为了支援边境地区与少数民族地区而作出的重大决策部署。作为一项具有中国特色的经济发达地区对经济欠发达地区实施援助的政策，其本质是为了解决地区间资源分布不均衡的问题，缩小地区发展差距，实现区域协调发展。人才是地区发展的重要资源之一，加大干部人才支援力度是解决部分地区人才短缺问题的有效举措，尤其是对于边境地区与西部地区。"一带一路"倡议的一个重要目标就是扩大西部地区的对外开放水平,促进西部地区的经济社会发展,缩小东西部差距。[①] 因此,要充分利用发达地区的资源优势,尤其是人才优势,增强府际交流,加大对西部地区的人才支援。一方面,可以建立东西部地区党政主要领导挂职制度,让优秀的干部人才走进西部,传播优秀的管理经验与发展理念;另一方面,可以将西部地区的主要干部派往东部发达地区,学习先进的管理方法。干部人才支援是当前"一带一路"国内东西部地区之间交流扶持的方式之一,在中央专项人才支援、对口支援、组团式支援等方式的带动下,不断推进人才跨区域配置工作向纵深发展。

5. 切实加强人才理论研究

理念是实践的先导,发展实践必须有科学的理念来引领,人才工作也不例外。在先进理念的指导下,运用科学方法加强人才理论研究,认真遵循人才发展规律,是提高人才工作科学化水平的重要抓手,更是推进人才工作的客观需要。这要求我们紧密围绕党和国家重大发展战略,总结人才工作实践经验。围绕长期困扰人才工作的重点难点问题,注重在人才发展体制机制改革上进行深入的理论研究,找出解决实际问题的突破口和对策措施。要加强对理论成果的应用,对拿得准的成果可以上升到政策层面,对拿不准的成果可以先进行试点探索,确保理论研究成果及时转化,释放效能。进一步整合现有的人才理论研究资源,统筹人才工作智库的建设与发展,大力推动"一带一路"人才研究队伍建设,探索建立人才理论研究激励机制,培养优秀理论研究骨干,加强"一带一路"人才发展的理论研究。

综上所述,加强"一带一路"人才跨区域配置,形成"一带一路"人才集聚是"一带一路"倡议发展的重要任务。要全面深化改革,打破原有的体制隔阂和产业隔阂,构建高度市场化的人才资源配置机制,利用内陆纵深广阔、人力资源丰富、产业基础较好的优势,尽快形成人才资源整合优势,尤其是有效打通体制内与体制外、科研事业单位与民间智库、市场组织之间的隔阂,建构聚才用才体制机制。同时要借助政府和市场力量催生"一带一路"人才跨区域集聚载体,让"一带一路"沿线区域成为新的世界人才吸引中心,真正做到"广开进贤之路,广纳天下英才"。

---

① 任维德. "一带一路"战略下的对口支援政策创新. 内蒙古大学学报(哲学社会科学版), 2016, 48(1): 5-10.

四、"一带一路"人才库建设研究

人才库的英文全称是 talent pool，原指企业等市场主体的人才储备，而后广泛应用于其他领域。人才库的主要功能之一是人才储备，旨在输入组织发展所需要的各类人才。最初的人才库只是将组织内优秀人员的基本信息存储在一个特定的地点，在信息技术普及之前，存储人才信息的主要手段是纸质文档。随着技术发展，信息化的存储手段代替了纸质文档，但是起初人才库的主要功能还只是单一的存储人才信息。计算机及网络交互技术的进步推动了人才库的升级，越来越多的组织使用网络平台、数据库平台来建设人才库，不仅能够满足信息存储的需要，还能够实现人才信息的分类、评估、检索等功能，甚至可以实现企业与人才之间的互动，这使得人才库成为储备与管理人才的有力工具。

（一）"一带一路"人才库建设的现有实践

1. 人才库的分类

按照人才的专业类型划分，可将人才库细分为科技人才库、影视文化人才库、外语人才库等。针对共建"一带一路"的需要，由于小语种人才匮乏，我国正在积极建设外语人才库。同样，为了满足"一带一路"行业创新需求，开展重点领域科技创新，加强急需人才引进培养，我国也在推动"一带一路"科技人才库建设。这种人才库的分类方式适用于规模十分巨大的组织，比如政府或巨型的企业集团。

按照人才的层次划分，可将人才库划分为高层次人才库、中层次人才库、基层人才库。不同的组织对人才层次的定义不同，可能会有不同的划分方法，但是依据的基本原理是一致的。这种划分方式更为直观便捷，目前有许多组织采用此类分类方式。

按照内外部划分，可将人才库划分为内部人才库与外部人才库。内部人才库指涵盖组织内部成员的信息管理库，一般的组织所建立的人才库均涉及内部人才库。外部人才库即针对组织外部的人才而建立的储备人才库。

2. 已有实践情况

人才库建设是"一带一路"人才发展工作中的重要任务，同时又是人才工作中的难点。在为沿线国家的人才引进搭建桥梁、集聚人才储备方面,国内人才库的研究与建设既是基础又是保障。因此,各层面的人才库建设迫在眉睫。

在中央层面,正在建设或筹建语言人才库、科技人才库、国际影视传播人才库、智库联盟等。2015年8月25日,在科技部主办的科技人才服务"一带一路"建设峰会上提出了建设"一带一路"科技人才智库,目的在于汇聚科技领域智慧力量,为沿线各地区"一带一路"发展的规划、布局、建设提供帮助。科技人才能够协助企业开展技术创新能力评估与咨询,帮助企业调整发展方向,进行市场开拓。2016年4月18日,由国务院新闻办公室发起,五洲传播中心主办的"一带一路"媒体传播联盟正式启动。① 同时,为有效地构建跨国播出网络、传播"丝路文化"、促进交流沟通、弘扬"丝路精神","一带一路"媒体传播联盟也正积极构建"国际影视传播人才库"。

在地方层面,地方政府依据自身定位与现实需要,有针对性地进行人才库建设。其中具有代表性的是青岛市的"一带一路"人才库建设方案。2015年10月,青岛市人力资源和社会保障局发布了《青岛市"一带一路"国际化人才战略行动方案》研究报告,提出计划用5年左右时间落实青岛市"一带一路"国际化人才战略行动方案,用10年左右时间建立完善青岛市"一带一路"国际化人才"选、用、育、留、引"的长效管理体制和运行机制,建成"一带一路"国际化人才高地。

除了政府层面,在市场层面也有许多"一带一路"人才库建设相关的举措。2016年1月18日,凤凰国际智库发布国别研究报告与千人专家数据库。凤凰国际智库依托媒体型智库的专业平台优势,组建并完善了国别研究团队与海外利益团队,根据"一带一路"政策的具体要求从1 500名专家中筛选出数百名人才进行专业的"一带一路"政策研究,以帮助构建"一带一路"全球人才网络,并为具体项目的推进提供智力支持。

从现有实践来看,可以发现当前人才库建设的一些不足。首先,人才库建设缺乏宏观层面的统一协调。无论是国家层面还是地方层面,尚未存在一个统一的指导框架。各建设主体各自为政,不利于资源的有效整合。其次、政府、市场、第三部门之间的合作尚不深入。各主体依据自身的优势与特长进行人才库建设,但不同主体之间的建设成果并未有效地互联互通,因此难以发挥合作

---

① 多国媒体联盟聚焦"一带一路". 人民日报海外版,2016-04-25(12).

共赢的最佳效果。最后,跨国、跨区域的人才库建设实践相对较少。"一带一路"倡议涉及诸多国家,仅靠一己之力提供人才并不能充分满足发展所需,有必要建设跨国、跨区域的人才库,改善人才供应不足的状况。

(二)"一带一路"人才库建设的模式选择与人才要求

建设"一带一路"人才库,首先应了解几种主要的人才储备模式,尤其是一些跨国性人才组织常用的模式。"一带一路"倡议跨越不同国家与地区,跨国性组织的人才储备与管理经验具有很大的借鉴、学习和推广价值。

1. 人才库的模式选择

学者珀尔马特(Perlmutter)基于管理导向,将跨文化的人才管理与储备模式分为三类,即民族中心模式、多元中心模式和全球中心模式。[1] 其他学者在此基础上又提出了地区中心主义等理论。本部分主要介绍民族中心模式、地区中心模式和全球中心模式。

一是民族中心模式。该模式在人员储备与来源上,主要从母国或母公司选拔与招聘,经过培训后派往海外重要管理岗位。二是地区中心模式。该模式指海外分(子)公司按地区进行分类,公司的管理职位可由驻在国的员工担任,人员在特定区域内流动,本土化程度进一步加深。[2] 三是全球中心模式。全球化的人力资源储备与管理,即从全球范围内寻找最合适的人,而不考虑国别因素。这是各类人才储备与管理模式中最具有综合性的。

"一带一路"人才库建设一般分为建设初期、建设中期及建设后期三个不同阶段。每个阶段采用的人才储备与管理模式因其阶段性特点不同而有所差异。

建设初期应当借鉴"民族中心模式"。"一带一路"人才库建设应重点储备国内有国际化背景的专业人才或高级管理人才,将其派遣到各项目所在国。来自总部或者母国的领导负责关键领域的决策,并行使主要权力以确保民族中心模式在各地实行。具体表现为三点:第一,东道国与母国之间的人力资源管理政策具备一致性;第二,东道国自身的人力资源管理权限较低,母国或总部

---

[1] Perlmutter H V. The turtuous evolution of the multinational corporation. Columbia Journal of World Business,1969,4(1):9-18.

[2] 林肇宏,薛夏斌,李世杰. 企业跨国经营中的人力资源管理模式选择及原因分析. 管理学报,2015,12(5):702-709.

掌握着中层以上人员的管理权；第三，东道国的人力资源管理体系不健全，往往由母国或总部的人力资源中心统一调配开展工作。[①]

建设中期应主要借鉴"地区中心模式"。随着跨国性组织对项目所在国劳动力市场的熟悉以及融入当地文化，雇用当地人员的成本与风险也逐渐下降。可以通过培训与选拔机制储备当地优秀的专业人才或高级管理人才，逐步发挥他们的主导作用。在"一带一路"人才库建设中期，应当重点储备当地人才，实现"就地取材"，这既能够更好地了解当地的语言文化环境以及政策法规环境，又能够有效地降低人才外派所带来的高额成本。

建设后期应主要借鉴"全球中心模式"。在本土化达到一定程度后，应当逐步转向全球中心模式。跨国性组织应当保持中低层工作人员的本土化，同时力求从全球范围内寻找高技术人才和高层管理人才，给整个组织带来文化融合与文化互补的氛围，保持组织的成长动力与挖掘可持续发展的人力资源潜力。因此，在"一带一路"人才库建设后期，应当重点在全球范围内储备国际化高层次人才，发挥鲶鱼效应，带动组织与地区发展。

2. 人才库的人才要求

"一带一路"倡议涉及沿线众多国家和地区，各国家、各地区情况各异，发展基础与发展目标参差不齐，因此，"一带一路"人才库建设需要着重关注国际化复合型人才的培养。

（1）国际化复合型人才的基本要求

"一带一路"倡议的贯彻落实既需要专家学者，也需要有全局视野的通才；既需要领军人才，也需要规模宏大的劳动力大军；既需要本土化人才，也需要国际化人才鼎力相助。总体来看，国际化复合型人才需要具备三方面的能力，分别是外语能力、专业能力、跨文化交际能力。外语能力确保人才能够顺畅地沟通，专业能力保证人才能够在专业领域内有效开展工作，跨文化交际能力确保人才能够有效融入当地环境，实现"民心相通"。

（2）国际化复合型人才的类型

从实现"五通"即政策沟通、设施联通、贸易畅通、资金融通和民心相通的角度来分析国际化复合型人才的类型，每种互联互通都需要与之相适应的国

[①] 陈振龙. 跨文化人力资源管理的理论基础. 商，2014（21）：30.

际化复合型人才来保障项目的落地运营。

"政策沟通"需要战略领导型的国际化复合型人才。政策沟通位于"五通"首位,是沿线各个国家与地区进行合作交往的重要保障,也是政府间或者民间进行友好交流的重要途径。随着"一带一路"倡议的持续推进,国际事务逐渐增多,在政策沟通领域需要有高层次的国际化人才。这类人才既要通晓所在国的语言与文化,也需要有优秀的沟通和决策能力。

"设施联通"需要高端技术型的国际化复合型人才。基础设施建设主要涉及航空航运、高速铁路、航海、输油输气管道、跨境光纤光缆等。这些领域需要的大量一线劳动者可以从当地获得,而涉及的关键技术性问题只能够依靠高端技术型人才。这一类人才以土木、建筑、交通、信息、航空、机械等领域的工程师为典型代表。

"贸易畅通"需要跨国经营型的国际化复合型人才。保证"贸易畅通"所需的国际化复合型人才要懂经济产业,有在跨国公司从事商贸管理工作的经验,通晓国际上通用的贸易规则,同时也了解所在国的贸易习惯以及风险,能够规避风险同时保证贸易进程顺畅。

"资金融通"需要金融领军型的国际化复合型人才。资金融通主要涉及稳定货币体系、完善投融资体系、推动双边货币互换、开放债券市场以及合作建设亚洲基础设施投资银行、金砖国家新开发银行等领域,需要高端的金融类国际化复合型人才提供支撑。国际化金融领域迫切需要高级管理人才、高级专业人才、高级金融服务人才、高素质的金融业领导人才。[①]

"民心相通"需要人文交流型的国际化复合型人才。要实现"民心相通",需要在教育、文化、旅游、医疗卫生、法律、就业等方面作出巨大投入。在教育方面可以重点推进孔子学院建设,帮助沿线的发展中国家和地区建设基础教育设施,增进当地人民对中国语言文化的了解,加强沿线国家的文化交流与合作。在医疗卫生等方面,需要一批有国际化背景的医务人员帮助沿线国家和地区开展医疗援助工作,加强沟通与交流,为国民健康做好坚实保障,增强人民健康福祉。例如,中华医药文化在向外推广的过程中,不断丰富自身理论,造福沿线国家和地区的人民。

---

① 许一帆. 金融国际化背景下高校金融人才培养模式探索. 教育理论与实践,2013,33(27):15-17.

(3) 我国国际化复合型人才供应现状

一方面，复合型人才供应不足。我国高校平均每年培养的合格外语专业毕业生有 20 余万，但是多数外语专业毕业生只具备外语沟通能力，较少具备处理国际事务的能力。在当前的人才供应结构中，能够适应国际化需求的应用型人才仍然较少，而且仅依靠当前国内人才的供应很难满足"一带一路"发展的需求。因此，目前我国需要一批具有国际视野、了解和熟悉国际事务规则、能参与国际交流和竞争、语言基本功扎实、知识广博、知识结构完善的新型外语人才。[1]

另一方面，国际化人才供应不足。现有人才储备多以适应西方国家要求为导向，缺乏熟悉中亚、西亚以及非洲的国际化人才。很长一段时间以来，我国实行改革开放的主要对象是西方发达国家，因此也就开启了向西方国家学习与转化的热潮。但需要注意的是，"一带一路"沿线国家大部分是亚非欧国家。因此，我国应与时俱进，大力培养和建设针对这些国家的人才库，尤其是国际化复合型人才库。

(三)"一带一路"人才库获取人才的主要途径

共建"一带一路"所需人才主要有三个获取途径，一是国内体制内部人才资源，二是国内体制外部人才资源，三是海外人才资源。在具体选择途径时应当突破体制界限与地域界限，为"一带一路"人才库储备最优秀的人才资源。

1. 整合体制内部人才资源

我国体制内的人力资源规模十分庞大，其中不乏满足"一带一路"人才需求的各类人才。应当对这些人才资源进行有效统筹整合，发挥体制内部人才资源的巨大作用。

一方面，整合公务员人才队伍。我国公务员绝对数量不小，公务员队伍中必然存在着数目可观的适应"一带一路"发展需求的人才。例如，要实现"政策互通"，从公务员队伍中寻找合适人才便是一个较好的选择。公务员本身了解政策，并且相较其他类型的人才有更高的政治敏感性。但是，这些人才资源分散在不同层级、不同部门，甚至是不同省市，难以实现有效整合。因此，需要

---

[1] 庄智象，韩天霖，谢宇，等. 关于国际化创新型外语人才培养的思考. 外语界，2011 (6)：71-78.

统筹建立政府部门的内部人才库,收集整理各级政府、各个部门的人才信息,最大限度地将公务员队伍中符合"一带一路"建设要求的人才纳入人才库建设体系。

另一方面,整合高校智库型人才。高校是培养人才的重要平台,承担着为"一带一路"建设提供人才储备和智力支持的重大使命。[1] 随着"一带一路"沿线国家和地区的不断发展与合作的不断深化,越来越多的学者产出"一带一路"相关的研究成果。因此,应充分调动高校与科研机构的人才积极性,加强对各领域人才的使用,使其更大程度地参与"一带一路"建设,进一步扩充"一带一路"人才队伍。

2. 发掘体制外部人才资源

一方面,建设专项人才信息共享机制。"一带一路"倡议的先行者是政府,而企业是推进"一带一路"具体项目运行的主力军。当前,国内涌现出许多出色的外贸企业,其中蕴含丰富的人才资源。与体制内部人才相比,体制外部人才在项目的经营管理、贸易关系的维护等方面有着突出的优势。如果能够打通体制内部与体制外部的壁垒,实现人才的自由流通,则能够在很大程度上丰富"一带一路"人才库的人才储备。可以考虑整合部分企业的人才资源,统一签署"一带一路"专项人才信息共享协定,推动相关企业与"一带一路"建设共享人才资源与发展成果。

另一方面,使用市场化手段来挖掘人才。挖掘体制外部人才可以考虑使用市场化的人才寻访手段,比如与人力资源服务机构合作,寻找并储备合适的外部人才资源。与专业机构进行合作,有助于提升"一带一路"人才库中储备人才的质量。可以将重点人才和关键人才的寻访委托给专业的人力资源服务机构。[2] 无论是政府还是企业都应力争多途径、全方位、多角度获取"一带一路"发展所需的高素质人才。

3. 充分利用海外人才资源

充分利用海外人才需要把握几个重要的渠道,分别是本土化人才、在华留学生、华人华侨、各地孔子学院学生等。

---

[1] 方光华. "一带一路"—高校助推新丝路建设的新自觉. 中国高等教育, 2015 (9): 6-8.
[2] 陈沛. 发挥猎头公司在高层次人才引进中的作用. 中国人才(上半月), 2010 (10): 64-66.

一是本土化人才。在"一带一路"倡议推进的过程中，要十分重视本土化人才的作用。对于助力他国发展的项目，从国内派遣人才首先面临的问题是不熟悉当地的语言、文化、风俗习惯、政策法规等，外派人员在短时间内难以融入当地的工作与生活；其次面临着比较高的人才培训、配置以及安置成本。而使用本土化人才不存在适应环境问题，招募与储备人才的成本也相对较小，而且本土化人才可以在当地长期发展，人才频繁变动的可能性较小。人才本土化战略也是目前跨国企业普遍采用的做法，我国的企业在"走出去"时也应重视采用此途径来储备人才资源。

二是在华留学生。"一带一路"沿线国家与地区每年都会有大量的留学生到中国学习和交流，沿线国家的留学生应当且有必要成为"一带一路"人才储备的重点对象。许多留学生毕业后会选择回国工作，与中国人才相比，他们更熟悉其母国的各种环境，同时通过在华学习也了解了中国的文化与发展情况，因而相比大部分本土化人才，他们具备更强的跨文化沟通与交流能力，应该考虑将其纳入"一带一路"人才库。

三是华人华侨。"一带一路"沿线国家的华人华侨是重要的人才来源。华人华侨对祖国有着强烈的情感认同与文化联系，同时由于在海外生活多年，已经融入当地社会并通晓当地的文化与规则，将优秀的华人华侨纳入人才库对于推动"一带一路"建设、促进"一带一路"人才发展战略的落地有非常重要的意义。

四是孔子学院学生。在推广汉语教育以及中国文化方面，孔子学院已作出巨大的贡献，而其培养的学生对中国文化和汉语都有一定程度的了解与掌握。大部分学生认同中国文化，并且能够用汉语进行交流，具备一定的跨文化交流能力，因此，有必要将孔子学院学生纳入人才库，充分发挥其在沿线国家文化沟通中的桥梁纽带作用。

（四）"一带一路"人才库建设的主要环节

"一带一路"人才库建设的主要环节包括：建立统一协调机构、全面评估人才需求、科学制定入库标准、合理设置人才库结构、完善人才库进出管理机制、开发人才库管理系统以及保证人才库信息的更新。

1. 建立统一协调机构

要确保"一带一路"人才库建设顺利进行，首先应做好组织保障。有必要由中央设置专门机构负责人才库建设。人才库建设是一个极其庞大的系统工程，必须由强有力的独立机构来统一协调不同区域、不同领域的人才信息共享与储备。只有建立统一协调机构，才能明确职能分工，加强协调跨地区、跨领域的人才交流，科学进行人才库的信息管理与共享交流，充分保障人才供给需求。

一方面，要协调跨区域人才。从人才的分布来看，东部沿海地区的国际化水平高，人才的国际化背景也更为深厚；且该地区经济发展水平较高，吸引了大量人才流入。而"一带一路"倡议较多覆盖中西部地区，要获得充足的人才储备，需要将东部沿海地区的人才纳入"一带一路"人才库。这就需要建立独立的人才储备统一协调机构来进行统筹，实现区域之间人才信息的共享与统一管理。

另一方面，要协调跨领域人才。政府、市场、第三部门所供应的人才各有所长。政府及其他公共部门的人才在实现"政策互通"方面有很大的优势，而市场领域的人才在实现"贸易互通"方面有专长，第三部门的人才在推进"民心相通"方面更加合适。"一带一路"倡议的"五通"并不是单独实现的，而是相辅相成、相互促进的。因此，不同项目的推进也必然需要不同领域的人才展开合作，要储备充足的人才，并对各类人才实现统一管理和协调。

2. 全面评估人才需求

在建设"一带一路"人才库之前，先要确定人才库具体需要哪些类型的人才、各类人才的稀缺程度、所需人才的数量以及每年所需人才增量，在对人才需求进行精准评估的基础上才能做到人才储备有的放矢。

一要确定具体类型与层次。首先应当对"一带一路"倡议所涉及的行业进行全面调查。"一带一路"需要复合型人才，即同时具备语言能力、跨文化沟通能力以及专业能力的人才。但是，需要通过具体的调查研究来确定具体语种与专业，分析研判后按照人才的专业类型与人才层次进行分类储备。

二要确定稀缺程度与重要程度。稀缺程度即某类人才在市场上需求大于供给的程度，而重要程度则指所需人才对各个项目发展的影响力大小。[①] 不同类型和层次的人才在"一带一路"倡议中所扮演的角色是有差异的，需要根据其稀缺程度与重要程度来确定储备的优先级。比如在"一带一路"建设过程中，

---

① 张君梅．"活水引渠"：浅谈企业备用人才库优化管理与建设．现代经济信息，2014（14）：167．

从事政策沟通与项目谈判的人才处于高稀缺程度和高重要程度的地位,就应当对其进行优先储备,而从事一线建设的劳动工人稀缺程度和重要程度相对较低,则人才储备的优先级相对较低。

三要确定人才数量及年度增量。随着"一带一路"的发展,沿线国家的合作越来越深入,覆盖范围越来越大,"一带一路"所需人才的总量以及各类人才所需数量不断增多。同时,人才正常流失与正常职位变动也要求一定时间内有新的人才来填补缺口,故需要测算每年所需的大致增量,力求保障人才库在数量和质量上的均衡发展。

四要选择评估人才需求的方法。评估人才需求,需要借助人力资源管理中专业的预测方法,包括定性预测方法与定量预测方法两种。定性预测方法主要包括现状预测法、经验预测法、工作研究预测法、德尔菲法等,根据实际情况也可将工作研究预测法与德尔菲法结合使用。定量预测方法主要包括趋势预测法、统计预测法等。科学评估"一带一路"人才需求应结合使用定性预测方法和定量预测方法。

3. 科学制定入库标准

"一带一路"人才库入库标准的制定需要遵循全面性、层次性、科学性、灵活性的原则。[1] 一是全面性,要全面地评估人才,从德、识、能、绩四个维度制定标准,避免在任何一个方面出现明显短板;二是层次性,针对不同类别、不同地区的人才库制定不同入库标准,使入库人才在无明显短板的基础上有专长,同时也符合各地区的实际情况;三是科学性,牢牢把握"一带一路"倡议的总体目标以及各个项目的具体目标,使制定的标准符合"一带一路"倡议发展需求;四是灵活性,不能落入教条主义,应当根据实际调查结果调整入库标准,要考虑到沿线众多国家与地区的实际情况。相同岗位在不同国家与地区对所需人才的要求会有比较大的差异,因此,在制定入库标准时要强化灵活性原则,根据各地的实际情况来设定相应的入库标准,实现入库标准的精细化与精准化,从而为相应岗位储备更多合适人才。

此外,国际化背景也是"一带一路"人才库建设要考虑的标准之一。国际化人才要求精通相关外语、熟悉国际规则、具有国际视野、善于在全球化竞争

---

[1] 张哲,吕世伟,轧铸. 人才库建设环节与问题. 解放军医院管理杂志,2009,16(6):572-574.

中把握机遇和争取主动。① "一带一路"所需人才的专业能力是最核心和最关键的能力，同时也是制定入库标准应当着重考虑的因素。教育部发布的《推进共建"一带一路"教育行动》指出，目前"一带一路"紧缺语言、交通运输、建筑、医学、能源、环境工程、水利工程、生物科学、海洋科学、生态保护、文化遗产保护等领域的人才。因此，"一带一路"人才库的入库人才应当具备上述专业背景，同时在其专业领域应有足够的经验积累和项目成果。

4. 合理设置人才库结构

第一，要进行人才库分级管理。"一带一路"人才库建设应当明确"一带一路"倡议的各个环节对人才的具体需求，设定储备人才的级别，如图7-2所示。依据稀缺程度和重要程度将人才库分为一到四级。

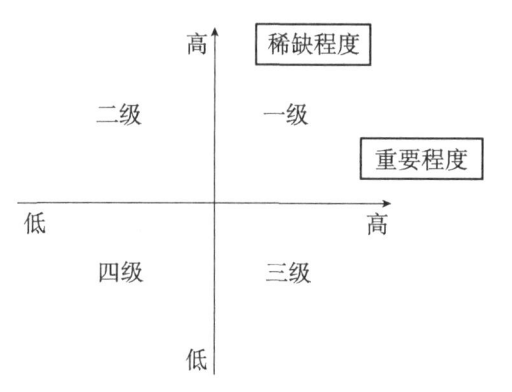

图 7-2 人才库分级管理示意图

第二，要建立人才储备预警机制。要保证各级人才库均有足量的人才储备，需要建立人才储备预警机制，在人才储备不足或者增量不足时，提前发出警告，以提醒人才库管理者提前采取应对措施。建立预警机制的一个关键是设置安全缓冲系数。② 安全缓冲系数类似于安全库存，是指为预防不确定因素导致更高的预期需求或更长的完成周期时的缓冲人才储备的倍数。③ 安全缓冲系数越大，出现岗位空缺的可能性越小；但安全缓冲系数太大会导致剩余人才的出现。应

---

① 辛越优，倪好. 国际化人才联通"一带一路"：角色、需求与策略. 国内高等教育教学研究动态，2017（9）：3.
② 某职位人才库储备数量＝[该职位的规划数量－目前该职位的现有人数×（1－预计离职率）]×安全缓冲系数
③ 俞瑗. 人才库建设：企业人才竞争的制胜之道. 中国人力资源开发，2008（11）：39-41.

根据不同职位、不同级别以及相关职能部门的要求，将安全缓冲系数设置在适当的水平上。

5. 完善人才库进出管理机制

一是人才入库管理。"一带一路"人才库需要重点关注人才盘点与人才评估两个环节。人才盘点是人才储备的重要依据，每隔一段时间，应对已有人才或人才库储备情况进行盘点，将关键信息梳理分类。在入库管理的评估阶段，主要判断已有人才资源是否符合"一带一路"发展需要，并结合个人职业生涯规划做好相应的分类储备与使用评估。人才入库管理可以借助信息化、数字化手段进行科学化评估、系统化分类、全流程监管。

人才评估的标准即入库标准，人才评估的内容可分为能力评估、匹配度评估和潜力评估。能力评估即对人才资源目前的能力，如专业能力、外语能力、人际交往能力、跨文化沟通能力等进行整体评估。匹配度评估即对人才与所在岗位之间的匹配程度进行评估，例如，是否有在相关国家的留学或者工作经验、是否了解岗位所在区域的风俗文化、是否具备岗位要求的技能。如果人岗不匹配，应当注意是否有其他岗位适合该人才。潜力评估即评估人才的发展前景与可塑性，即其能否通过培养快速具备胜任能力。人才如果能通过能力评估与匹配性评估，则应当直接纳入"一带一路"人才库，如果仅通过潜力评估，则应将人才纳入后备人才库，以备不时之需。如果三项评估均不通过，则不应将相关人员纳入人才库。

二是人才出库管理。出库管理一般有两种情况，一是表现优秀、经验丰富的人才晋升或被提拔到新的岗位；二是对经过培训和考察认定为不合格的人员进行调出。人才层次、结构、规模、数量与质量、胜任力等都是出库管理衡量的主要因素。在对已有人才进行评估之后，将匹配度高、能力强的人才纳入人才库，并制订相应的培养计划，进行人才跟踪，持续记录人才发展情况。在人才培养结束或者达到一定的工作年限后，应当对人才进行综合考评，进而对人才库的信息进行实时动态维护。

6. 开发人才库管理系统

（1）人才库管理系统现状

人才库管理系统，实际上是一个人才信息数据库，需要有便捷的人才数据管理功能和智能化的人才信息分析决策系统做保障。目前，已有许多企业从事人才库管理系统开发与维护，国际上较为知名的是 IBM 开发的智慧团队解决方案，国内东软集团、北森等公司开发的管理系统使用较为广泛。这些公司开发的系统多针对企业，即为企业内部的人力资源管理提供服务。企业人才库容量相对较小，但有许多精细化管理的功能，如使用模型对人才能力进行评估，以及跟进提醒具体任务等。而公共部门的人才库管理系统多以网站的形式展现，政府主持建立的人才库容量较大，一般不设置精细化管理的功能，仅满足人才信息存储、查询的基本功能，在某种程度上类似于线上的人才市场。

"一带一路"人才库不同于企业的内部人才库，一方面，其对人才容量的要求巨大，因而需要能够存储、管理海量的人才信息；另一方面，"一带一路"人才库管理系统应当能够对库内的人才信息进行精细化操作。目前市场上已有的人才库管理系统难以满足这两方面要求，需要开发专业的"一带一路"人才库管理系统。

（2）人才库管理系统开发要点

一是人才库管理系统的结构。从结构上来说，人才库管理系统应当具备人才信息数据库、专家知识库。人才信息数据库是将收集到的人才信息进行分类、筛选、存储后形成的数据库，是基础部分。专家知识库是一种智能计算机程序，运用知识和推理等步骤解决决策问题。专家知识库存储了大量丰富的决策经验和知识，并且这些知识能辅助使用者进行推论，作出智能化的决策建议。

二是人才库管理系统的功能。从功能上来看，人才库管理系统应当具备以下功能：人才信息存储与维护功能、人才信息检索与智能匹配功能、智能决策支持功能以及可视化功能，其中人才信息的存储与维护功能是基础功能。理想的人才库管理系统应当能够实现人才信息的便捷录入、整理、维护与删除。人才信息的检索与智能匹配功能允许数据库的直接使用人员能够方便地检索人员信息，同时保证输入关键词之后检索出的人员信息能够很好地匹配岗位需要。可视化功能又被形象地称为领导桌面系统，是针对领导层进行智能决策的应用系统。该系统可以按照决策者的需求直接整合数据库中的数据生成数据报表，也可以将决策支持系统产生的辅助决策信息直接推送给决策者，有利于帮助决策者避免复杂的操作流程而专注于决策。

三是人才库管理系统创新功能。"一带一路"人才库管理系统应当具备智能决策支持功能，这是多数已有的人才库管理系统所没有的功能。数据库本身并不能为智能决策提供有力的支持，而决策支持系统（decision support system，

DSS）基于对数据库中大量数据的分析与处理，能为智能决策提供有效的辅助决策信息。决策支持功能是面向智能决策的数据库系统的核心，主要帮助决策者处理半结构化问题以及非结构化问题，智能化与大数据技术的成熟使这一功能的实现成为可能，而"一带一路"人才库内的海量数据足以为数据挖掘提供足量的数据支撑。

7. 保证人才库信息的动态更新

保证人才库信息的动态更新，本质上是要求有源源不断的、新的人才信息入库，同时定期检查与评估已有的储备人才，将无法满足需求的人员信息淘汰出库，以此保证人才库的供给功能。对人才库信息的动态更新主要考虑以下几方面。首先是人才自身的变化。已经进入人才储备库的人才，在参与培训或工作之后，其价值观、工作能力等都会或多或少地发生变化，既有可能实现自身的发展，也有可能无法满足持续变化的工作需要，因此需要将不再匹配者淘汰出库。其次是认识的变化。真正符合需要的人才标准起初可能是较模糊的，随着"一带一路"倡议的不断推进、合作的不断深入以及实践经验的不断积累，人才观更加科学化、系统化，相应的人才标准也会得到校正，逐渐细化。最后是外部环境的变化。"一带一路"沿线国家与地区情况复杂，局势不断发生变化，需要根据宏观环境的改变作出人才储备的方向性调整。

（五）"一带一路"人才库建设需要注意的问题

"一带一路"人才库的建设直接影响沿线国家和地区合作与发展的成效，在建设过程中需要考虑很多问题，如人才数据的安全性、央地协同问题等。

1. 数据安全问题

"一带一路"人才库本质上还是一个数据库，因而面临着数据安全问题。要保障人才库的数据安全，就需要对其所处的网络环境进行规范，包括国内网络环境和国外网络环境。净化国内网络环境，既需要加强网络立法以及对黑客攻击行为的打击力度，也需要加强宣传教育，号召网民重视数据安全与国家信息安全；净化国外网络环境，需要加强政府间的合作以及民间的网络安全技术合作，通过合作来打造安全的国际网络环境。

2. 央地协同问题

从纵向来看，"一带一路"人才库建设需要由中央和地方协同进行。中央与地方各有优势，缺少任何一方的努力都难以达到理想的建设效果。

一方面，要发挥中央的协调优势。在"一带一路"具体的项目规划与执行中需要统一制定出台国家层面的人才发展与人才储备战略。中央在协调区域人才配置方面有着巨大的优势，地区人才各有特色，但可能会出现人才储备与流动障碍。在这种情况下就需要中央发挥统筹协调的作用，打破地区保护主义，将优秀的人才纳入人才库，或者推行新的政策来鼓励符合条件的人才进入人才储备库。

另一方面，要发挥地方的人才优势。地方在建设"一带一路"人才库的过程中也有其特色与优势。各个地区由于风俗文化、经济发展水平的差异，其人才也各具特点。如西部地区的人才更熟悉中亚等国的风俗文化与语言，而东部沿海地区的人才则更具有国际化素养，因而不同地区可以根据自身的人才特色制定相应的人才储备战略，但是应当注意与"一带一路"人才需求相衔接。

五、"一带一路"人才培养战略研究

随着"一带一路"倡议的深层推进，为深化沿线国家与地区的相互理解和支持，人才培养的重要性逐步显现出来。"一带一路"人才培养战略是服务于"一带一路"发展，为了培养人才、吸引人才、使用人才、发掘人才所作出的重大的、宏观的、全局性构想与安排。"一带一路"人才培养战略一直是学者密切研究的主题，但现有的关于"一带一路"人才培养的文献都是从微观角度，如"一带一路"视角下外语人才、会计人才等专业人才培养的意义和措施来谈论人才培养，而未能真正从宏观的、整体的、战略的角度来研究"一带一路"背景下的人才培养。因此，本部分主要运用SWOT分析对我国"一带一路"人才培养战略进行研究。

（一）"一带一路"人才培养战略基本情况分析

本部分采用SWOT模型，分析我国"一带一路"人才培养战略实施过程中的优势、劣势、机会和威胁，以期更好地研判"一带一路"人才培养战略。

1. 优势分析

（1）经济实力强劲

我国是世界第二大经济体，综合国力强劲。我国人才培养的主要方式是教育。2010年7月，《国家中长期教育改革和发展规划纲要（2010—2020年）》正式全文发布，明确提出"要健全以政府投入为主、多渠道筹集教育经费的体制，大幅度增加教育投入。提高国家财政性教育经费支出占国内生产总值比例"。2012年首次实现这一目标，2013年又略有增长。从表7-1、表7-2中可以看到，我国用于教育方面的财政支出不断上升，教育经费也呈逐年上升趋势，国家越来越重视对教育资源的投资。

表7-1　2010—2014年国家财政教育支出　　　　　　　单位：亿元

年份	2014	2013	2012	2011	2010
教育支出	23 041.71	22 001.76	21 242.10	16 497.33	12 550.02

资料来源：中国统计年鉴。

表7-2　2010—2014年我国教育经费　　　　　　　　单位：亿元

年份	2014	2013	2012	2011	2010
教育经费	—	30 364.718 2	28 655.305 2	23 869.293 6	19 561.847 1

资料来源：中国统计年鉴。

（2）国内人才储备较充足

中国作为世界人口大国，多年来一直致力于从人口大国向人口强国转变。国内人才资源较充足，高素质人才数量逐年提升。表7-3列出了2010—2014年我国普通高等学校毕业生数及研究生毕业生数。一般来说，国内普通高等学校的毕业生大多会选择在国内就业，可以作为我国国内的人才资源。从表7-3可以看出，我国普通高等学校毕业人数呈上升态势，间接反映出我国国内人才储备日益充足。

表7-3　2010—2014年我国普通高等学校毕业人数及研究生毕业人数　单位：万人

年份	2014	2013	2012	2011	2010
普通高等学校毕业生数	659.367 1	638.721 0	624.733 8	608.156 5	575.424 5
研究生毕业生数	53.586 3	51.362 6	48.645 5	42.999 4	38.360 0

资料来源：中国统计年鉴。

留学生群体巨大，越来越多的人选择回国发展。《中国留学回国就业蓝皮书2015》显示，到2015年底，我国累计出国留学人数已达404.21万人，年均增长率 19.06%。越来越多的人选择走出国门接受国际教育，这对于我国发展国际化人才是非常有利的。而且《中国留学回国就业蓝皮书 2015》显示，我国人才流失情况已经得到扭转，回国人数不断增加，"从 1978 年的 248 人，增加到 2015 年 40.91 万人，累计回国人数达到 221.86 万人，年均增长率 22.46%。年度回国人数与出国人数的差距逐渐缩小，年度出国与回国人数比例从 2006 年的 3.15∶1 下降到了 2015 年的 1.28∶1"（见表 7-4）。

表 7-4　2011—2015 年出国留学人数和回国人数

年份	出国留学人数（万人）	回国人数（万人）	未回国人数（万人）	出国人数/回国人数
2011	33.97	18.62	15.35	1.82
2012	39.96	27.29	12.67	1.46
2013	41.39	35.35	6.04	1.17
2014	45.98	35.48	10.50	1.30
2015	52.37	40.91	11.46	1.28

资料来源：《中国留学回国就业蓝皮书 2015》。

（3）沿线国家和地区的大力支持

教育在人才培养中具有基础性和先导性作用。为培养"一带一路"人才，我国教育部明确了"一带一路"沿线国家教育合作重点[1]，即各国开展教育互联互通合作、开展人才培养培训合作、共建丝路合作机制、对接沿线各国意愿、互鉴先进教育经验、共享优质教育资源、全面推动各国人才培养，得到了沿线国家和地区的响应。沿线国家和地区支持中国倡导的"一带一路"建设，期待"一带一路"所带来的福祉，也积极采取各种策略以促进"一带一路"人才培养战略的开展。以高校合作为例，"一带一路"沿线西亚北非大多数国家的官方语言为阿拉伯语，为了弘扬"一带一路"精神，培养更多更高级的阿拉伯语专业人才，应重视中阿地区的人才培养。

2. 劣势分析

（1）学科设置有待完善

适应"一带一路"发展需求的学科专业设置亟待加强。以小语种学科为例，

---

[1] 教育部："一带一路"沿线国家教育合作重点．(2016-09-19)．http：//www.xasya.cn/web/gjyj/? path=newsshow&newsid：1501．

"一带一路"涉及中亚、南亚、东亚、东南亚和中非等国的40多种语言，截至2016年中国只开设了20种语言学科，其中11种丝绸之路小语种的在读学生不足100人。语言不通则人心不通，不少企业机构表示在"一带一路"倡议实施中遇到小语种人才供给不足问题，不利于与相关国家开展经贸、文化往来。因此，小语种学科设置亟须强化，保障小语种人才库更好地服务于"一带一路"发展的需求。

（2）人才培养水平参差不齐

由于沿线国家和地区在历史传统、语言文字、社会制度和宗教信仰等方面存在巨大差异，"一带一路"人才培养不可避免地面临诸多问题和困难。其中，较迫切的问题是沿线各国人才培养模式差异大，主要体现在教学模式、课程设置、师资建设等方面，我国与沿线各国缺乏人才互通交流的机制与平台。这使得沿线国家和地区之间在人才交流与使用上存在着较大的不同。

此外，由于我国与沿线国家和地区的合作多在贸易领域，所以在人才培养方面，大多局限于国际合作会议上的交流，或是双方在合作过程中的业务接触，缺乏深入交流。即使在高校中存在互派留学生的方式，也是非常单一的，合作的广度和深度仍有待加强，从而使"一带一路"人才培养战略向纵深方向迈进。

（3）留学"一带一路"沿线国家的意愿较低

从我国留学生的出国去向来看，以"一带一路"沿线国家为留学目的地的数量很少。有数据显示，2014—2016年期间，国家公派及奖学金项目的合作国多以美国、法国、德国为主，而以"一带一路"沿线国家为目的地的项目较少。这期间最受欢迎的留学国家分别为美国、英国、澳大利亚，这三个国家吸引了约一半的留学生。其他主要留学国家还有加拿大、荷兰、韩国、新加坡等。虽然"一带一路"沿线各国留学竞争压力较小，政府也给予多种支持措施，但因经济发展缓慢等因素较少得到中国留学生的青睐。

3. 机会分析

（1）经济全球化程度加深

随着全球化不断深入，国家间的相互依赖不断深化，国际组织在世界政治经济的各个领域发挥着不同作用。中国是国际组织在全球治理和多边合作中的重要参与者、建设者和贡献者。得到国际社会高度关注的"一带一路"倡议更是为我国深化开展与国际组织的合作乃至建立新型多边合作机制提供了新的历史性机遇。当前，国家实力的博弈归根到底是人才的竞争。随着我国国家实力的不断增强，我国与国际组织的关系正在发生变化。中国已从国际规则的适应者逐渐变为国际规则制定的参与者。在实施"一带一路"倡议过程中，加强国际组织人才的培养，提高国际组织的参与度，有助于实现双方或多方的合作共赢。

（2）我国教育体制再创新

随着"一带一路"沿线国家和地区之间发展与合作的步伐逐步加快，我国教育体制也在不断地创新发展。近年来，我国始终围绕保障教育公平、优化调整教育结构和提升教育质量等关键内容不断深化教育综合改革。我国教育在立足"四个自信"的基础上面向世界，不断深入学习和借鉴先进的教育管理方法、课程评价方式、办学经验等，建设世界一流大学和一流学科。这种面向世界的教育理念的转变定会为"一带一路"人才培养战略输送更多具有国际化视野的高素质人才。

（3）人才强国战略作保障

人才强国战略是推动经济社会发展的三大战略之一，是实现国家富强的首要战略。应坚持问题导向，在提升人才培养、使用、激励和开发工作中深入落实人才强国战略。可以把"一带一路"人才发展战略与人才强国战略相结合，统筹规划，用好国内外人才资源。可以从人才建设的规模、结构、质量上着手，提升人才强国能力和水平，多角度全方位促使人才战略落地生根，高质量贯彻落实人才强国战略，为"一带一路"发展提供人才保障。

4. 威胁分析

（1）跨国人才培养经验不足

虽然我国已经颁布了《推动共建丝绸之路经济带和21世纪海上丝绸之路的愿景与行动》方案，但仍然缺乏对"一带一路"人才培养战略的顶层设计及长远规划，尤其在制度设计和政策安排方面还有待完善和细化。中国企业在跨国经营管理理念和经验方面也略显不足，更加需要国际专业化人才。因此，有针对性地解决我国目前国际人才供给能力和经验不足是今后一段时期需要关注的重点工作。同时，我国在人才培养和核心技术输出方面还存在较大缺口，人才培养能力和输出的竞争力有待进一步提高。

（2）跨国交流存在文化差异

"一带一路"沿线国家由于地理、民族、宗教、历史等的差异，形成了特有的文化与文明。文化塑造国家对利益的认知，从而影响沿线国家对倡议的理解和判断。在"一带一路"建设过程中，不同国家对"一带一路"人才培养战略有着不同的认知和理解，其中，由于文化差异导致的不信任可能成为"一带一路"人才培养战略发展所面临的主要障碍之一。

（二）"一带一路"人才培养战略的实施对策

通过对"一带一路"人才培养战略的优势、劣势、机会和威胁展开分析，我们对"一带一路"人才培养现状有了基本了解。本部分将从以下三个方面提出"一带一路"人才培养战略的实施对策。

1. 落实人才引进政策

一要继续推进一般性人才引进政策。如今，全球人才竞争越来越激烈，很多国家将人才战略提升为国家重点战略。一直以来，党中央和国务院都十分重视人才问题。早在"一带一路"提出之前，我国就不断探索和推动海外人才工作，出台了一系列激励项目和保障政策，吸引大批留学人才归国。这些政策和项目为我国引进高层次人才作出了贡献，为国家发展提供了强大的人才支撑。

二要加快落实西部人才引进计划。我国现有的人才资源分布较不均衡，西部地区人力资源稀缺问题突出。"一带一路"沿线的西部城市多为边境城市，地域环境复杂，既是我国的边防要塞又是连接西亚、东亚国家的重要关口，有着重要意义。因此"一带一路"人才培养战略要着重加强对西部人才引进的关注。在此方面，我国为"一带一路"人才培养战略量身打造了升级版的"西部之光"人才培养计划，为西部地区建设提供人才供给平台的同时，进一步推动了"一带一路"沿线地区和国家的人才队伍建设。

三要发挥沿线省市人才政策优势。"一带一路"沿线省市积极推出具有地方特色的海外人才引进政策，主要集中在国家高层次人才引进计划颁布前后。[①]表7-5展示了"一带一路"沿线17个重点省份海外人才引进政策基本概况。从政策发布时间来看，早在2008年，辽宁和吉林就出台了相关政策引进海外人才，随后重庆、黑龙江、陕西、甘肃等也陆续发布了相关政策。从政策实施周期来看，有10个省份计划用5～10年时间完成，与国家高层次人才引进计划实

---

① 朱军文，沈悦青. 我国省级政府海外人才引进政策的现状、问题与建议. 上海交通大学学报（哲学社会科学版），2013，21（1）：59-63，88.

施周期一致。内蒙古自治区计划以3~5年完成人才引进工作，重庆、辽宁等计划用5年左右的时间达成目标。从人才引进规模来看，除宁夏外，多数中西部省份引进规模在100名左右，上海计划引进的海外人才规模最大，目标是2 000人，其次是辽宁。

表7-5 省级海外人才引进政策基本概况

基本信息		省份
发布时间	2008年	辽宁、吉林
	2009年	重庆、云南、陕西、青海、宁夏、广东、甘肃、黑龙江
	2010年	上海、浙江、福建、内蒙古、广西
	2015年	海南、新疆
引进规模	100名	广西、重庆、青海、云南、海南、甘肃
	200名	宁夏、陕西
	300名	浙江、福建、吉林
	430名	新疆
	500名	广东
	1 000名	辽宁
	2 000名	上海
实施周期	3年	甘肃
	3~5年	内蒙古
	5年	重庆、辽宁、海南
	5~8年	广东
	5~10年	上海、浙江、福建、青海、宁夏、陕西、云南、吉林、黑龙江、新疆
	10年	广西

资料来源：各省、自治区、直辖市公布的相关人才政策。

注：以可获得政策文本的17个省级政府为对象，内蒙古自治区及黑龙江未明确"引进规模"。新疆、内蒙古、广西、陕西、吉林是面向"海内外"引进高层次人才。

地方政府人才引进政策为各省市在"一带一路"倡议中发挥区位优势起到了推波助澜的作用，通过引进高层次人才也为"一带一路"人才培养和发展战略的实施夯实了基础。

2. 促进高校合作互动

"一带一路"倡议贯穿欧亚非大陆，涉及国家众多，这一区域的互联互通和共同发展对人类未来命运具有决定性影响。一方面，要稳步推进"一带一路"沿线国家高校合作。高校汇聚知识、智慧和人才，是"一带一路"沿线不同文明互鉴的交流平台。由于受双方合作渠道、项目设置以及沿线国家大学开放程度等因素的影响，国内高校与"一带一路"沿线国家大学的合作与交流相对不足。当前，除了进一步开发与沿线高校的合作，更需使与已有高校间的良好合作向纵深发展。

另一方面，要强化推进"一带一路"高校联盟合作。2015 年复旦大学、北京师范大学、兰州大学和俄罗斯乌拉尔国立经济大学、韩国釜庆大学等 47 所中外高校共同成立了"一带一路"高校战略联盟。该联盟的成立为"一带一路"沿线高校融入国家发展搭建了良好的合作平台，是高等教育服务沿线各国发展的重大举措。该联盟共同为解决"一带一路"建设中存在的问题贡献智慧和力量，共同推进学科建设、人才培养和师资队伍的国际化发展，充分发挥高等教育在区域创新体系建设中的引领作用，为沿线国家文化和经济社会发展作出新的贡献。

3. 搭建文化教育平台

发挥孔子学院的平台优势。"一带一路"是不同民族、不同语言、不同文化的汇聚带，而孔子学院能够促进各国人民的相互理解和沟通。首先，孔子学院应作为加强中外合作的桥梁、促进所在地区与中国经贸发展的纽带。其次，习近平总书记在中非合作论坛上宣布帮助非洲培训 20 万职业技术人才，孔子学院要积极响应号召，把语言与技术的培训结合起来，为"一带一路"提供人才支持。最后，国内高校应认真研究孔子学院与"一带一路"倡议相结合的实现路径，把孔子学院作为重要平台，拓展高校对外的文化交流与合作。

发挥"一带一路"研究中心（院、所）的理论研究作用。随着《推动共建丝绸之路经济带和 21 世纪海上丝绸之路的愿景与行动》的发布与执行，"一带一路"建设相关的研究院所相继成立。通过研究中心搭建广阔的国际合作交流平台，以"一带一路"研究简报、"一带一路"蓝皮书、"一带一路"论坛、"一带一路"课题等形式服务沿线各国的发展，加深沿线国家了解，促进国际的交流与合作。研究中心（院、所）各自发挥具体领域研究的专业优势，且在学科建设、文化交流、贸易促进以及国际关系等方面发挥指导性作用。

六、结语

"一带一路"人才发展战略是一个多层次、多领域的复杂系统工程,需要多方的支持与努力。"一带一路"人才发展也一定会成为能量极强的"人才磁场",吸引国内外人才为构建人类命运共同体,为世界和平发展作出历史贡献。

本专题主要围绕以下三个部分。

第一部分是"一带一路"人才跨区域配置研究。资源的合理优化配置能够使目标的实现更加有效,不仅需要在经济、社会、政治、文化、环境方面加强资源交流、互补和整合,更需要实现人才资源的合理优化配置。在"一带一路"倡议的大框架内,现有的人才资源还难以实现区域内外、体制内外的有效互通与整合。本部分主要分析"一带一路"人才跨区域配置的不足与阻碍,提出发挥市场机制作用,有效打通体制内与体制外、科研事业单位与民间智库、市场组织之间的区隔,有效配置人才资源,建立人才向"一带一路"区域集聚的聚才用才机制;同时充分利用政府辅助作用,创造良好的人才集聚环境;继续利用已有的政策支持,营造良好的制度环境;转变政策导向,从"重财轻才"向"财才并重"转变;进一步深化人才发展体制机制改革,着重实施人才回流政策,减少人才外流的同时加大吸引国外人才的力度。

第二部分是"一带一路"人才库建设研究。通过梳理"一带一路"人才库建设的现有实践,系统地阐释"一带一路"人才库的模式选择及其使用策略:建设初期应当借鉴"民族中心模式",建设中期应当借鉴"地区中心模式",建设后期应当借鉴"全球中心模式"。"一带一路"人才发展战略亟需国际化复合型人才,但当前我国此类人才供应不足。获取国际化复合型人才的主要渠道有公务员队伍、高校与研究机构,"一带一路"专项人才信息共享机制,以及孔子学院、沿线国家来华留学生等。而人才库建设需要遵循以下流程:建立统一协调机构、全面评估人才需求、科学制定入库标准、合理设置人才库结构、完善人才进出库管理机制、开发人才库管理系统、保证人才库信息的动态更新;同时,在"一带一路"人才库建设过程中,也要确保数据安全以及做好中央与地方的协同建设。

第三部分是"一带一路"人才培养战略研究。本部分主要运用 SWOT 模型对我国"一带一路"人才培养战略进行研究。我国实现人才培养战略的优势突出：我国经济发展迅速，有开展人才培养战略的经济实力；我国人才储备较充足，有推进人才培养战略的基础；沿线各国积极配合培养"一带一路"倡议所需的人才。但劣势也同样明显：我国高校的学科设置不够完善，阻碍培养国际化复合型人才；各国人才培养模式差异大，我国与沿线各国缺乏人才互通的平台；国内学生前往"一带一路"沿线国家留学的意愿不高。"一带一路"人才培养战略机会和威胁并存。经济全球一体化程度加深、教育体制创新以及我国推行人才强国战略，都为"一带一路"人才培养战略提供契机。但是，经验上的不足和文化上的冲突仍不容忽视。为有效实现"一带一路"人才培养、实施"一带一路"人才战略，需要落实人才引进政策，加强学科融合，建立跨专业、跨学校、跨区域的人才教育体系，进而使"一带一路"人才培养工作可持续推进。

推进"一带一路"发展的关键是人才。作为一个宏大的系统工程，"一带一路"涉及经济、社会、政治、文化、环境等方方面面，需要大批各类人才参与其中。"一带一路"倡议既涉及基础设施建设、贸易投资、产业合作等硬实力，也涉及政策、文化、人才等软实力。人才是"一带一路"建设的支点和关键。本专题旨在通过系统研究推进"一带一路"建设的人才资源配置、人才交流合作、人才培养体系建设，为国家和地方提供有针对性的、有规划性的政策建议，助推人才在"一带一路"建设中持续迸发强大动力。

专题八
公务员使命效价与工作热情关系研究*

一、引言

二、理论回顾与研究假设

三、研究设计

四、实证结果与讨论

五、研究结论与启示

---

* 本专题为国家自然科学基金项目"中国情境下工会-管理层合作、高绩效工作系统对员工态度的跨层次影响机制研究"（项目编号：71402153）、国家自然科学基金项目"作为一种国家治理新方式的合约制：机制设计与有效性检验"（项目编号：71473210）研究成果，作者为林亚清、陈振明。本专题部分主要内容曾发表在《厦门大学学报》（哲学社会科学版）2018年第5期。

一、引言

公务员是我国一个特殊的人才群体，他们既是党的路线、方针、政策和国家法律法规的具体执行者，国家公务的履行者，又是行政权力的行使者，社会事务的管理者。[①] 公务员是政府面向公众的重要"窗口"[②]，提高公务员的积极性并且激发其工作热情，是我国推进人才战略实施的重中之重。所谓工作热情，是工作场所中的基本动机因素，具体表现为工作中充满活力的状态以及快速恢复精神的能力。[③] 研究发现，当个体充满活力、精力充沛的时候，他们会更加积极地投入和参与工作，并且更为出色地完成工作。[④] 所以，激发工作热情对于公务员这一特殊人才群体的激励与作用发挥至关重要。但是，以往关于公务员工作热情的研究大多停留在理论层面，鲜有研究围绕如何激发公务员的工作热情展开实证探索。

2017 年 10 月，中国共产党第十九次全国代表大会顺利闭幕，"不忘初心、牢记使命"成为激励全党和全国人民砥砺前行的强大动力。党的二十大又将"不忘初心、牢记使命"列为"三个务必"之一，使命的重要性被提升到了重要的战略位置。以往国外学者关于公务员使命的研究，主要采用使命效价这一概念，即以公务员对于政府使命重要性的感知程度为切入点。研究发现，使命效价能够有效地提升公务员的工作动机与绩效，是政府提高工作效率的关键。[⑤] 然而，针对中国情境下的公务员使命效价的理论与实证研究较为缺乏。鉴于此，基于我国现实背景，一个有趣而重要的研究问题是，公务员的使命效价是否有助于提高其工作热情呢？现有文献关于使命效价的研究主要集中于其与员工绩

[①] Zhang W, Chen H. The structure and measurement of the work values of Chinese civil servants: the case of Hangzhou city government. Public Personnel Management, 2015, 44 (4): 559 - 576.

[②] Vigoda-Gadot E, Eldor L, Schohat L M. Engage them to public service: conceptualization and empirical examination of employee engagement in public administration. American Review of Public Administration, 2012, 43 (5): 518 - 538.

[③] Schaufeli W B, Salanova M, González-Romá V, et al. The measurement of engagement and burnout: a two sample confirmatory factor analytic approach. Journal of Happiness Studies, 2002, 3 (1): 71 - 92.

[④] Carmeli A, Mckay A S, Kaufman J C. Emotional intelligence and creativity: the mediating role of generosity and vigor. Journal of Creative Behavior, 2014, 48 (4): 290 - 309.

[⑤] Pasha O, Poister T H, Wright B E, et al. Transformational leadership and mission valence of employees: the varying effects by organizational level. Public Performance & Management Review, 2017, 40 (4): 722 - 740.

效、角色外行为以及离职倾向的关系[1],未涉及其对于工作热情的影响,而这将成为本专题关注的重点。

本专题尝试基于资源保存理论的视角来探索使命效价影响公务员工作热情的机制与边界条件,原因如下:第一,工作热情作为一种充满活力的工作表现,受到个体所拥有的资源及其积累状态的影响。[2]资源保存理论假定人们总是努力获得和维持他们认为有价值的资源,以满足自身在工作中所需要的资源,弥补工作中的资源损耗,显然工作热情及与其对立的工作耗竭均可以用资源的获得和损耗两方面进行解释。[3]工作热情可以视为个体在资源富足情况下产生的工作状态,工作耗竭则相反。第二,以往研究指出,使命效价能够为个体的工作提供能量,本质上是一种能量资源;工作嵌入则是个体进行资源积累的结果。[4]因此,该理论为进一步厘清使命效价、工作嵌入与工作热情三者之间的关系提供了重要的理论依据,即工作嵌入这一资源积累的结果是使命效价影响工作热情的重要中介变量。第三,组织支持感与领导成员交换是个体工作生活中的两大组织情境,反映了组织、领导对于个体的支持。[5]基于资源保存理论的视角,组织支持感、领导成员交换均可视为环境条件,即保证其他资源传输的重要情境因素。[6]进一步地,在资源保存理论的框架下,除了环境条件资源,资源还可以分为实物、个体特征以及能量三类资源,上述四类资源的匹配程度会影响资源的积累状态。[7]因此,本专题将组织支持感、领导成员交换视为条

---

[1] Caillier J G. Toward a better understanding of the relationship between transformational leadership, public service motivation, mission valence, and employee performance: a preliminary study. Public Personnel Management, 2014, 43 (2): 218-239.

[2] Lu L, Lu A C C, Gursoy D, et al. Work engagement, job satisfaction, and turnover intentions: a comparison between supervisors and line-level employees. International Journal of Contemporary Hospitality Management, 2016, 28 (4): 737-761.

[3] De Cuyper N, Makikangas A, Kinnunen U, et al. Cross-lagged associations between perceived external employability, job insecurity, and exhaustion: testing gain and loss spirals according to the conservation of resources theory. Journal of Organizational Behavior, 2012, 33 (6): 770-788.

[4] Hobfoll S E. Stress, culture, and community. New York: Plenum, 1998.

[5] Erdogan B, Kraimer M L, Liden R C. Work value congruence and intrinsic career success: the compensatory roles of leader-member exchange and perceived organizational support. Personnel Psychology, 2004, 57 (2): 305-332.

[6] Hobfoll S E. Conservation of resource caravans and engaged settings. Journal of Occupational and Organizational Psychology, 2011, 84 (1): 116-122.

[7] Penney L M, Hunter E M, Perry S J. Personality and counterproductive work behavior: using conservation of resources theory to narrow the profile of deviant employees. Journal of Occupational and Organizational Psychology, 2011, 84 (1): 58-77.

件资源，进一步考察使命效价作为能量资源与它们的匹配性，借此深入讨论使命效价对工作嵌入的边界条件。

相比已有文献，本专题的研究贡献在于：第一，本专题不仅丰富了公务员使命效价对其工作热情的影响机制与边界条件的研究，而且推进了资源保存理论在公共部门人力资源管理中的运用。第二，本专题拓展了我国公务员态度与行为管理研究的视角，为政府机关强调公务员使命效价的重要性以及提升工作嵌入、工作热情提供了重要的实证依据。第三，本专题还具有一定的实践指导意义，为强化公务员人才激励、改善公务员工作状态、全面贯彻"不忘初心、牢记使命"和发展服务型政府的理念提供了有益的启示和借鉴。

二、理论回顾与研究假设

（一）使命效价与工作热情

组织使命是对组织在社会中所发挥的作用、承担的义务以及扮演的角色的阐述，其激励作用一直备受关注。[1] 应该指出，个体对于使命重要性的评价需要引入效价的概念。期望理论指出，效价是指个人关于期望产出的情感定位或是价值评价。[2] 雷尼（Rainey）和施泰因鲍尔（Steinbauer）将效价这个概念延伸到对公共机构使命价值的讨论，提出了使命效价的概念，该概念强调公务员对于所在机构的情感以及所感知到的使命对社会的"吸引力与价值"。[3] 他们假设当员工被雇用他们的机构目标或使命的重要性所吸引的时候，员工就会受到鼓励而努力表现。越来越多的研究针对使命效价的作用进行了实证检验。潘迪（Pandey）等通过实证发现，使命效价能够显著提升组织承诺。[4] 凯利尔（Caillier）通过实证研究表明，使命效价能够提升个体角色外行为并且降低旷工

---

[1] Goodsell C T. Mission mystique: belief systems in public agencies. Washington DC: CQ Press, 2012.
[2] Vroom V H. Work and motivation. New York: Wiley, 1964.
[3] Rainey H G, Steinbauer P. Galloping elephants: developing elements of a theory of effective government organizations. Journal of Public Administration Research and Theory, 1999, 9 (1): 1-32.
[4] Pandey S K, Wright B E, Moynihan D P. Public service motivation and interpersonal citizenship behavior in public organizations: testing a preliminary model. International Public Management Journal, 2008, 11 (1): 89-108.

率。① 显然，使命效价具有激励员工的积极作用。

工作热情这一概念最早源于心理学对于积极情感状态的研究探索，被认为是反映个体最佳心理状态的重要指标，是员工参与的重要表现。② 已有研究发现，个体对于工作环境中的事件、目标和情境等特定背景的评价是工作热情产生的重要影响因素。③ 这种评价会转化为一种内在动机，从而激发个体的工作热情。公务员使命效价即公务员感知的组织使命重要性，是他们对于组织使命的主观性评价，会转化成为一种内在动机报酬。④ 因此本专题认为，当公务员相信他们的工作使命很重要时，这种使命的重要性就会变成一种内在动机报酬发挥激励作用，从而提升公务员的工作热情。鉴于此，本专题提出假设1如下：

假设1：使命效价对工作热情具有显著的正向影响。

(二) 使命效价与工作嵌入

米切尔（Mitchell）等首先提出了工作嵌入这一概念，该概念的提出改变了以往离职研究的思路，即从讨论员工为什么要离职转变为探讨员工为什么要留在组织中。工作嵌入被定义为"个体在工作和社区中建立的多重依附关系"。具体而言，这种工作嵌入的依附关系主要体现在以下三个方面：（1）联系，即个体与其他人或活动的密切程度；（2）匹配，即个体与工作和社区的相似或匹配程度；（3）牺牲，即离开公司将要放弃的东西。⑤ 已有研究指出，员工考虑离职的过程中会受到组织情境的影响，如果个体在组织和社区中拥有多种关系并且感受到了很高的匹配程度，那么个体便会较深地"嵌入"工作，预期离职的成本就会较高。⑥ 实证研究发现，有效的人力资源管理实践、双赢和过度投资雇

---

① Caillier J G. Do transformational leaders affect turnover intentions and extra-role behaviors through mission valence？. American Review of Public Administration，2016，42（2）：226 - 242.

② Lyubomirsky S, Diener E, King L. The benefits of frequent positive affect：does happiness lead to success？. Psychological Bulletin，2005，131（6）：803 - 855.

③ Shraga O, Shirom A. The construct validity of vigor and its antecedents：a qualitative study. Human Relations，2009，62（2）：271 - 291.

④ Wright B E. Public service and motivation：does mission matter？. Public Administration Review，2007，67（1）：54 - 64.

⑤ Mitchell T R, Holtom B C, Lee T W, et al. Why people stay：using job embeddedness to predict voluntary turnover. Academy of Management Journal，2001，44（6）：1102 - 1121.

⑥ Ghosh D, Gurunathan L. Job embeddedness：a ten-year literature review and proposed guidelines. Global Business Review，2015，16（5）：856 - 866.

佣关系等能够促使员工进一步"嵌入"已有的工作，从而提升员工的工作嵌入。[①]

但是，关于使命效价与工作嵌入的关系的研究却鲜有涉及。理论上，公务员使命效价越高，即公务员所感知到的组织目标越重要，将越有助于提升其与组织之间的关联程度，提高两者之间的匹配程度，提升工作嵌入。反之，公务员的使命效价越低，即公务员所感知到的组织目标越不重要，从长远来看越会降低其与组织之间的关联程度，削弱两者之间的匹配程度，降低工作嵌入。因此，本专题提出假设2如下：

假设2：使命效价对工作嵌入具有显著的正向影响。

（三）工作嵌入在使命效价和工作热情关系中的中介作用

1. 工作嵌入与工作热情

已有研究发现，工作嵌入能够降低离职率以及离职倾向，提升员工绩效、组织公民行为等。[②] 但是，鲜有研究对工作嵌入与工作热情的关系进行探讨。工作热情是员工主动参与工作的积极状态，实质上是个体对工作的一种积极的心理响应与工作表现，需要大量资源进行支持和维持。[③] 惠勒（Wheeler）和哈里斯（Harris）则指出，工作嵌入的程度是员工资源积累程度的一种表现，一般而言，工作嵌入程度越高，员工获得的来自组织的支持和帮助就会更多，所以拥有的资源就越丰富。[④] 因此，本专题认为公务员的工作嵌入越深，其所拥有的资源就越富足，能够更迅速地补充其在工作中的资源损耗，及时地供给维持工作精力和恢复力所需的充足资源，从而正向影响工作热情。鉴于此，本专题提出假设3如下：

[①] Bambacas M, Kulik T C. Job embeddedness in China: how HR practices impact turnover intentions. The International Journal of Human Resource Management, 2013, 24 (10): 1933-1952.

[②] Lee T W, Mitchell T R, Sablynski C J, et al. The effects of job embeddedness on organizational citizenship, job performance, volitional absences, and voluntary turnover. Academy of Management Journal, 2004, 47 (5): 711-722.

[③] Salanova M, Agut S, Peiro J M. Linking organizational resources and work engagement to employee performance and customer loyalty: the mediation of service climate. Journal of Applied Psychology, 2005, 90 (6): 1217-1227.

[④] Wheeler A R, Harris K J. How do employees invest abundant resources? The mediating role of work effort in the job-embeddedness/job-performance relationship. Journal of Applied Social Psychology, 2012, 42 (S1): 244-266.

假设3：工作嵌入对工作热情具有显著的正向影响。

2. 工作嵌入的中介作用

资源保存理论将资源定义为：个人所重视的实物资源、条件、个人特征与能量。[①] 资源存在于组织中的各个层面，具体表现为有助于实现工作目标、减少工作需求、降低生理和心理的成本以及促进个人成长、学习和发展的各种组织因素。[②] 最关键的是，资源具有激励作用，能够促使个人努力。[③] 因此，资源保存理论本质上是一种动机理论，可用以预测个人资源的积累、保护、投资和重置。然而，由于资源保存理论主要用于解释员工压力和工作耗竭产生的过程，所以其在其他领域的研究应用十分有限。[④] 也正因如此，已有关于资源保存理论的研究过于关注资源缺失的情况，而缺乏对资源保存理论投入机制以及资源富足情况的讨论。

在这种背景下，越来越多的学者开始基于资源保存理论视角研究工作嵌入。具体而言，这些研究将工作嵌入视为资源积累的状态，是个体各类资源积累的结果，代表资源富足的状态。[⑤] 因此，本专题提出这种资源积累是连接使命效价与工作热情的重要桥梁。一方面，根据资源保存理论，使命效价能够激励个体，帮助个体获得更多的资源（如心理资源等），所以它可以被视为一种能量资源，可以促进组织和个体的匹配程度，从而提高个体的工作嵌入，强化这种资源积累的状态。另一方面，这种资源积累有助于个体获取额外的资源（如时间和精力），从而更好地应对日常工作中所面临的资源损耗，促使个体在工作中充满激情并且保持积极的工作状态（包括工作热情）。另外，高工作嵌入的个体为了减少工作认知失调，也会更加努力地获取和保护已获得的资源，所以他们会表现出更为积极的工作状态去保护已经获得的资源。因此，本专题提出假设4如下：

[①] Hobfoll S E. Conservation of resources: a new attempt at conceptualizing stress. American Psychologist, 1989, 44 (3): 513-524.

[②] Kalshoven K, Boon C. Ethical leadership, employee well-being and helping: the moderating role of HRM. Journal of Personnel Psychology, 2012, 11 (1): 60-68.

[③] Boon C, Kalshoven K. How high-commitment HRM related to engagement and commitment: the moderating role of task proficiency. Human Resource Management Journal, 2014, 53 (3): 403-420.

[④] Hobfoll S E. The influence of culture, community, and the nested self in the stress process: advancing conservation of resources theory. Applied Psychology: An International Review, 2001, 50 (3): 337-421.

[⑤] Halbesleben J R B, Wheeler A R. The relative roles of engagement and embeddedness in predicting job performance and intention to leave. Work & Stress, 2008, 22 (3): 242-256.

假设 4：工作嵌入在使命效价对工作热情的影响过程中起到中介作用，即使命效价通过工作嵌入影响工作热情。

（四）组织支持感在使命效价与工作嵌入关系中的调节作用

资源保存理论指出，拥有充足资源的个体不仅更有能力获得资源，而且所获得的资源会产生更大的资源增量，以降低工作过程中资源损失所带来的负面影响，所以个体总是试图努力获取、培养和保护那些他们认为有价值的资源。[1] 在这种情况下，组织应该建立一种生态系统来为这些资源的运输、保护、培养、共享和聚合创造通道。实际上，这种通道就是支持、促进、丰富和保护个体资源的环境条件。当然，环境条件也可以是一种资源，而各种资源之间的匹配程度也是个体提高资源积累的关键。[2]

组织支持感和领导成员交换作为两大重要的环境条件资源，对个体资源的获取具有重要影响。其中，组织支持感被认为是个体对组织重视他们的贡献、关心他们的幸福程度的信念，这种信念受到组织政策和措施的影响。[3] 研究发现，高水平的组织支持感会引起个体对组织的信任、长期义务和组织认同感，从而提高个体对组织的忠诚度，并且激励个体参与实现组织目标的行动。[4] 领导成员交换则是指个体与其上级的交换关系的质量。[5] 一般而言，高质量的领导成员交换以喜爱、忠诚、尊重和具有贡献性的行为为特征。埃尔多安（Erdogan）和恩德斯（Enders）指出，在高质量的领导成员交换工作场景中，个体能够从上级那里获得更多的有形资产（如得到晋升机会、免受不公平待遇、获得更多公司资源以及负责特殊的任务等）和无形资产（如直属上级的理解和友好等）。[6]

---

[1] Halbesleben J R B, Wheeler A R. To invest or not? The role of coworker support and trust in daily reciprocal gain spirals of helping behavior. Journal of Management, 2015, 41 (6): 1628-1650.

[2] Mitchell T R, Lee T W. The unfolding model of voluntary turnover and job embeddedness: foundations for a comprehensive theory of attachment. Research in Organizational Behavior, 2001, 23 (1): 189-246.

[3] Eisenberger R, Huntington R. Hutchison S, et al. Perceived organizational support. Journal of Applied Psychology, 1986, 71 (3): 500-507.

[4] Rhoades L, Eisenberger R. Perceived organizational support: a review of the literature. Journal of Applied Psychology, 2002, 87 (4): 698-714.

[5] Dienesch R M, Liden R C. Leader-member exchange model of leadership: a critique and further development. Academy of Management Review, 1986, 11 (3): 618-634.

[6] Erdogan B, Enders J. Support from the top: supervisors' perceived organizational support as a moderator of leader-member exchange to satisfaction and performance relationships. Journal of Applied Psychology, 2007, 92 (2): 321-330.

进一步考察组织支持感、领导成员交换对于使命效价与工作热情的影响。在强组织支持感的条件下，个体能够获得更多的组织关心与帮助，这种条件能够促进个体和组织目标的一致性，不仅有助于提升个体的使命效价，而且能够更好地传导使命效价这一资源，从而增强使命效价对工作嵌入的影响；反之亦然。类似地，在强领导成员交换的条件下，个体能够获得更多来自领导对于自己的支持和帮助，这一条件能够更好地调整个体和组织目标的一致性，既能提升其与使命效价这一能量资源的匹配度从而提高个体使命效价，也保护了使命效价这一资源影响工作嵌入的通道；反之亦然。鉴于此，本文提出假设5和假设6如下：

假设5：组织支持感能够调节使命效价对工作嵌入的影响。组织支持感越高，使命效价对工作嵌入的影响越大；组织支持感越低，使命效价对工作嵌入的影响越小。

假设6：领导交换关系能够调节使命效价对工作嵌入的影响。领导交换关系越高，使命效价对工作嵌入的影响越大；领导交换关系越低，使命效价对工作嵌入的影响越小。

综上所述，本专题的研究模型可概括如图8-1所示。

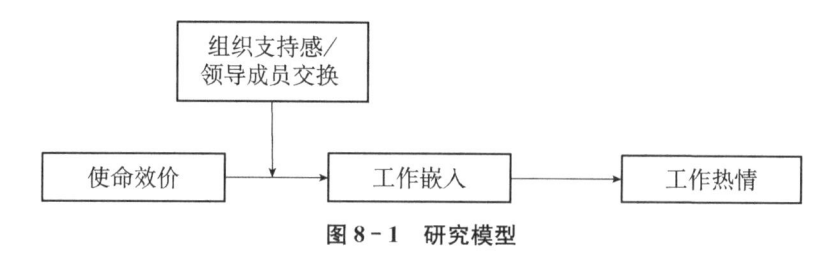

图 8-1 研究模型

三、研究设计

（一）研究程序与样本分布情况

本次调研随机选取了厦门市党政系统、政府职能系统等单位的500名公务员作为调研对象。之所以选取厦门市作为调研区域，主要原因在于厦门市是我国最早的四大经济特区之一，且为15个副省级计划单列市之一，其政府治理质量在全国位居前列，具有一定的典型性。问卷的发放主要采用现场发放以及与政府合作发放两种方式。具体而言，一种由课题组成员到现场亲自发放和回收问卷；另一种则是委托厦门市委组织部发放问卷，课题组将问卷放入调研信封，由市委组织部联系人收集后，课题组成员取回。

调研共回收了 421 份问卷，最终获得 294 份有效调研数据，问卷有效回收率为 69.8%。如表 8-1 所示，被调查者的性别有效百分比较为均衡，男性占 48.9%，女性占 51.1%；年龄有效百分比主要集中在 25～34 岁，占 50.3%，其余为 35～44 岁（占 25.9%）、45～54 岁（占 13.9%）、24 岁及以下（占 7.5%）与 55 岁及以上（占 2.4%）；受教育程度以本科为主，有效百分比为 77.1%，其余为硕士（占 15%）、大专及以下（占 7.2%）和博士及以上（占 0.7%）；工作年限以 5 年及以下最多，有效百分比为 36.4%，其余为 6～10 年（占 23%）、20 年以上（占 19.6%）、11～15 年（占 12%）和 16～20 年（占 8.9%）；职级以科员及以下为主，有效百分比占 48.1%，其余为正科（占 24.2%）、副科（占 16.3%）和副处级及以上（占 11.4%）；月收入以 6 000～6 999 元最多，有效百分比为 37.6%，其余为 7 000 元及以上（占 27.2%）、5 000～5 999 元（占 24.1%）和 4 999 元及以下（占 11%）；所在部门以党政系统为主，有效百分比为 49.1%，其余为政府职能系统（占 26.8%）、公检法系统（占 14.4%）和其他系统（占 9.6%）。基于以上分析，此次调研所覆盖的人群较广，样本具有较强的代表性。

（二）变量测量

本专题所使用的调查问卷均由国外较为成熟的测量量表组成，由精通英语的专业人士、公共管理专家、人力资源管理专家共同完成量表的适用性评估、调整与翻译工作。并且，在大规模调研之前，我们对被调研的相关政府部门的负责人及工作人员进行了充分访谈，以确保问卷条目在中国情境下的运用与我国政府的实际情况相符，最终形成了本专题的问卷。

对于使命效价的测量，采用赖特（Wright）和潘迪（Pandey）使用的量表，包含了"我所在的部门为社会提供有价值的公共服务"和"我认为我所在的部门对于社会的发展具有重要的作用"两个条目。[①] 对于工作嵌入的测量，采用

---

① Wright B E, Pandey S K. Public organizations and mission valence: when does mission matter?. Administration & Society, 2011, 43 (1): 22-44.

表8-1 问卷调查对象基本信息

统计项		人数	有效百分比(%)	统计项		人数	有效百分比(%)
性别	男	137	48.9%	工作年限	5年及以下	106	36.4%
	女	143	51.1%		6~10年	67	23.0%
年龄	24岁及以下	22	7.5%		11~15年	35	12.0%
	25~34岁	148	50.3%		16~20年	26	8.9%
	35~44岁	76	25.9%		20年以上	57	19.6%
	45~54岁	41	13.9%	职级	科员及以下	139	48.1%
	55岁及以上	7	2.4%		副科	47	16.3%
受教育程度	大专及以下	21	7.2%		正科	70	24.2%
	本科	226	77.1%		副处级及以上	33	11.4%
	硕士	44	15.0%	月收入	4 999元及以下	32	11.0%
	博士及以上	2	0.7%		5 000~5 999元	70	24.1%
所在部门	党政系统	143	49.1%		6 000~6 999元	109	37.6%
	政府职能系统	78	26.8%		7 000元及以上	79	27.2%
	公检法系统	42	14.4%				
	其他系统	28	9.6%				

注：(1) 所在部门中的党政系统包括宣传部、组织部、纪检监察等党政机构；政府职能系统包括工商、税务、海关等政府相关职能部门；公检法系统包括公安、法院、检察院等国家机关。(2) 月收入包括津贴、加班费和奖金等总收入。(3) 鉴于存在数据缺失的现象，不同组数据人数存在差异。

克罗斯利（Crossley）等开发的量表，包含"我对现在的工作很依赖"等七个条目。[1] 对于工作热情的测量，采用卡尔梅利（Carmeli）等使用的量表，包含"能够为工作做贡献"等五个条目。[2] 对于组织支持感的测量，采用艾森伯格（Eisenberger）等使用的量表，包含"公司重视我为它作出的贡献"等六个条

---

[1] Crossley C D, Bennett R J, Jex S M, et al. Development of a global measure of job embeddedness and integration into a traditional model of voluntary turnover. Journal of Applied Psychology, 2007, 92 (4): 1031-1042.

[2] Carmeli A, Ben-Hador B, Waldman D A, et al. How leaders cultivate social capital and nurture employee vigor: implications for job performance. Journal of Applied Psychology, 2009, 94 (6): 1553-1561.

目。① 对于领导成员交换的测量，则采用斯坎杜拉（Scandura）和格雷恩（Graen）所使用的量表，包含"我很清楚直属上司是否满意我的工作表现"等七个条目。②

最后，借鉴已有文献，本专题的控制变量主要包括性别、年龄、受教育程度、工作年限、职级、所在部门与月收入七个变量。其中，对性别、所在部门与职级这三个变量采用虚拟变量处理，1代表男、科员及以下以及党政系统，0代表女、其他职级以及其他系统；年龄从24岁及以下到55岁及以上划分为5个层次；受教育程度从大专及以下到博士及以上划分为4个层次；工作年限以员工在组织中工作的年数进行计算，从5年及以下到20年以上划分为5个层次；月收入由4 999元及以下到7 000元以上划分为4个层次。

四、实证结果与讨论

（一）问卷的信度与效度检验

为保证研究的可靠性和有效性，本专题首先对所使用的量表进行了信效度检验。采用Cronbach's α 系数来检验数据的信度，结果见表8-2。如表8-2所示，本专题所使用量表的内部一致性系数Cronbach's α 均超过0.8，这表明所使用的量表均具有较好的信度。由于使命效价、工作嵌入、工作热情、组织支持感与领导成员交换均属于单维变量，与以往研究一致，本专题对这五个变量的27个题项组成的五因子模型进行了结构效度检验。如表8-2所示，在五因子模型中所有因子载荷数值大多远远高于0.4的一般建议标准，这表示同一因子下的测量项目能有效地反映该构念。同时，如表8-3所示，该模型的拟合度相比与其他模型具有较好的结构效度，指标如下：$\chi^2/314=3.216$，$RMSEA=0.087$，$IFI=0.915$，$CFI=0.914$。综上所述，本专题的问卷数据具有较高的信效度，这为后续实证研究奠定了良好基础。

---

① Eisenberger R, Armeli S, Rexwinkel B, et al. Reciprocation of perceived organizational support. Journal of Applied Psychology, 2001 (1): 42-51.

② Scandura T A, Graen G B. Moderating effects of initial leader-member exchange status on the effects of a leadership Intervention. Journal of Applied Psychology, 1984 (3): 428-436.

表 8-2　验证性因子分析：信度与测量项目的因子载荷（$n=294$）

因子	测量项目	载荷值
使命效价 Cronbach's $\alpha=0.851$	我所在的部门为社会提供有价值的公共服务。	0.841
	我认为我所在的部门对于社会的发展具有重要的作用。	0.882
工作嵌入 Cronbach's $\alpha=0.915$	我对现在的工作很依赖。	0.787
	离开现在的单位对我来说是件艰难的事。	0.790
	现在的单位对我吸引力很大，我不愿离开。	0.882
	我感觉我与所在单位关系密切。	0.891
	我不能随便离开我目前的单位。	0.838
	对我来说，离开现在的单位很容易（R）。	0.401
	我和所在单位紧密联系在一起。	0.885
工作热情 Cronbach's $\alpha=0.960$	我能够为工作做贡献。	0.820
	我精力充沛。	0.943
	我很有活力。	0.940
	我有体力去完成我的任务。	0.912
	我很有精神。	0.940
组织支持感 Cronbach's $\alpha=0.937$	所在单位重视我为它作出的贡献。	0.788
	所在单位重视我个人的目标及价值观。	0.850
	当我在工作上遇到问题时，单位总能够提供帮助。	0.861
	所在单位关心我个人各方面的情况（如工作、家庭及身心健康等）。	0.845
	对于我在工作上的成就，单位会引以为傲。	0.875
	所在单位尽量使我的工作有趣味。	0.848
领导成员交换 Cronbach's $\alpha=0.938$	我很清楚直属上司是否满意我的工作表现。	0.801
	我的直属上司很了解我在工作上的问题及需要。	0.861
	我的直属上司会运用他/她的职权来帮我解决工作上的难题。	0.825
	我的直属上司会牺牲自己的利益来帮助我摆脱困境。	0.703
	我很信任我的直属上司，即使他/她不在场，我仍会维护和解释他/她所作出的决策。	0.852
	我和我直属上司的工作关系很有成效。	0.906
	我很清楚直属上司是否满意我的工作表现。	0.872

注："Cronbach's α"为内部一致性信度系数；"R"表示该条目为反向计分条目，在数据录入中将进行反向处理。

表8-3 验证性因子分析：区分效度（$n=294$）

模型	因子	χ^2	df	χ^2/df	RMSEA	IFI	CFI
五因子模型	MV；JE；JEE；POS；LMX	1 009.758	314	3.216	0.087	0.915	0.914
四因子模型	MV；JE；JEE+POS；LMX	1 850.512	318	5.819	0.128	0.813	0.811
三因子模型	MV；JE+JEE+POS；LMX	2 514.048	321	7.832	0.153	0.732	0.730
二因子模型	MV+LMX；JE+JEE+POS	2 600.918	323	8.052	0.155	0.721	0.720
单因子模型	MV+LMX+JE+JEE+POS	2 917.999	324	9.006	0.165	0.683	0.681

注："MV"表示变量"使命效价"，"JE"表示变量"工作嵌入"，"JEE"表示变量"工作热情"，"POS"表示变量"组织支持感"，"LMX"表示变量"领导成员交换"，"+"表示2个因子合并为一个因子。

（二）描述性统计与相关性分析

本专题主要变量的平均值、标准差和相关系数如表8-4所示。从表8-4可以看到，使命效价与工作热情显著正相关（$r=0.704$，$p<0.001$），这表明使命效价对工作热情具有正向影响。同时，使命效价与工作嵌入具有很强的正相关关系（$r=0.649$，$p<0.001$），而工作嵌入与工作热情也具有较强的相关性（$r=0.593$，$p<0.001$）。整体而言，上述相关性分析结果初步支持了本专题的研究假设1~3。此外，组织支持感与使命效价、工作嵌入以及工作热情也有较强的正相关关系，相关系数分别为0.624、0.652和0.653，显著性水平都在0.001以下。与此同时，领导成员交换与使命效价、工作嵌入以及工作热情也有较强的正相关性，相关系数分别为0.741、0.698和0.707，显著性水平都在0.001以下。当然，上述单变量分析结果并未控制其他因素的影响，为获得更为稳健的实证证据，接下来我们将进行多元回归分析。

表8-4 主要变量的描述性统计与相关系数分析（n=294）

变量	平均值	标准差	1	2	3	4	5
1. 使命效价	5.278	1.344	0.851				
2. 工作嵌入	4.681	1.185	0.649***	0.915			
3. 工作热情	5.177	1.262	0.704***	0.593***	0.960		
4. 组织支持感	4.815	1.365	0.624***	0.652***	0.653***	0.937	
5. 领导成员交换	4.964	1.274	0.741***	0.698***	0.707***	0.763***	0.938

注：*** 表示 $p<0.001$，** 表示 $p<0.01$，* 表示 $p<0.05$，双尾检验。

（三）主要变量现状分析

进一步，本专题采用独立样本 t 检验和单因素方差分析方法，考察使命效价、工作嵌入、工作热情、组织支持感、领导成员交换等主要变量在性别、职级、所在部门、年龄、受教育程度、工作年限、月收入等控制变量不同组别中的差异。[①]

1. 公务员使命效价的测量

本专题先通过描述性统计对调研对象的使命效价程度进行整体分析。在表8-5中，按照李克特量表对使命效价的评价可知，公务员使命效价的均值为5.278，标准差为1.344，整体超过了中等水平，说明综合来看，公务员的使命效价评价情况良好。

表8-5 公务员使命效价基本情况

变量	样本量	最小值	最大值	均值	标准差
使命效价	286	1.00	7.00	5.278	1.344

（1）使命效价的独立样本 t 检验

根据表8-6，性别与使命效价的独立样本 t 检验 p 值为0.051，大于0.05，

[①] 其中，由于使命效价、工作嵌入、工作热情、组织支持感、领导成员交换等主要变量与性别、职级、所在部门、年龄、受教育程度、工作年限、月收入等控制变量均存在缺失值，因此涉及独立样本 t 检验和单因素方差分析结果的表8-5至表8-42中，样本量与总样本存在差异。

说明性别对使命效价的方差为齐性。在假设方差相等时，p 值为 0.773，大于 0.05。据此可知不同性别群体的使命效价的均值差异也不显著。

表 8-6 使命效价在不同性别组的 t 检验

因变量	性别	均值	样本量	平均数相等的 t 检验				
				F 值	p 值	是否方差相等	t 值	p 值	是否显著
使命效价	男	5.283	138	3.843	0.051	假设方差相等	0.289	0.773	否
	女	5.330	135			假设方差不等	0.290	0.772	

如表 8-7 所示，在分析个体使命效价的职级差异时，根据 p 值为 0.036，小于 0.05，可知是否科员及以下对个体使命效价的方差不是齐性。进一步地，在假设方差不等时，p 值为 0.011，小于 0.05，可知职级情况对个体使命效价的均值差异表现显著，即是否科员及以下对公务员使命效价影响显著。

表 8-7 使命效价在不同职级组的 t 检验

因变量	职级	均值	样本量	平均数相等的 t 检验				
				F 值	p 值	是否方差相等	t 值	p 值	是否显著
使命效价	科员及以下	5.067	134	4.419	0.036	假设方差相等	2.541	0.012	是
	科员以上	5.473	147			假设方差不等	2.558	0.011	

随后，本专题进一步分析了使命效价在不同部门组的差异。据表 8-8 所示，p 值为 0.407，大于 0.05，可知是否科员及以下对个体使命效价的方差为齐性。进一步地，在假设方差相等时，p 值为 0.087，大于 0.05，可知所在部门对个体使命效价的均值差异也不显著，即是否在党政系统工作对公务员使命效价的影响不显著。

表8-8 使命效价在不同部门组的 t 检验

因变量	所在部门	均值	样本量	\multicolumn{5}{c}{平均数相等的 t 检验}
				F 值	p 值	是否方差相等	t 值	p 值	是否显著
使命效价	党政系统	5.415	141	0.690	0.407	假设方差相等	−1.719	0.087	否
	非党政系统	5.141	142			假设方差不等	−1.719	0.087	

(2) 使命效价的单因素方差分析

进一步地，本专题运用年龄等其他人口特征变量对使命效价的影响进行了单因素方差分析，结果如表8-9所示。

表8-9 使命效价的单因素方差分析

因变量	控制变量	F 值	p 值
使命效价	年龄	6.407	0.000
	受教育程度	0.462	0.709
	工作年限	7.067	0.000
	月收入	6.248	0.000

①使命效价在不同年龄组的方差分析

根据表8-9的分析结果可知，不同年龄组的公务员使命效价间存在显著差异（$F=6.407$，$p<0.05$）。为进一步分析使命效价在不同年龄组组别间的差异，本专题进行事后多重比较分析。考虑到在未报告的方差齐性检验中，p 值为0.425，大于0.05，即方差没有显著差异，本专题采用最小显著差异法（即LSD法）进行多重比较分析，结果如表8-10所示。

表8-10 使命效价在不同年龄组的多重比较分析（LSD）

变量	年龄（I）	年龄（J）	均值差（$I-J$）	p 值
使命效价	24岁及以下	25~34岁	0.024	0.937
		35~44岁	−0.540	0.099
		45~54岁	−1.038**	0.004
		55岁及以上	−0.143	0.802

续表

变量	年龄（I）	年龄（J）	均值差（I－J）	p值
使命效价	25～34岁	24岁及以下	－0.024	0.937
		35～44岁	－0.564**	0.002
		45～54岁	－1.062***	0.000
		55岁及以上	－0.167	0.739
	35～44岁	24岁及以下	0.540	0.099
		25～34岁	0.564**	0.002
		45－54岁	－0.498	0.051
		55岁及以上	0.397	0.439
	45～54岁	24岁及以下	1.038**	0.004
		25～34岁	1.062***	0.000
		35～44岁	0.498	0.051
		55岁及以上	0.895	0.093
	55岁及以上	24岁及以下	0.142	0.802
		25～34岁	0.167	0.739
		35～44岁	－0.397	0.439
		45～54岁	－0.895	0.093

注：*** 表示 $p<0.001$，** 表示 $p<0.01$，* 表示 $p<0.05$，双尾检验。

通过多重比较分析发现，就使命效价因变量而言，"35～44岁"组群体的均值显著高于"25～34岁"组群体；"45～54岁"组群体的均值显著高于"24岁及以下"组和"25～34岁"组群体。

②使命效价在不同受教育程度组的方差分析

如表8-9所示，在受教育程度与使命效价的单因素方差分析结果中，F值为0.462，且p值为0.709，大于0.05。所以，受教育程度不同的公务员群体的使命效价不存在显著差异。

③使命效价在不同工作年限组的方差分析

由表8-9的分析结果可知，不同工作年限组的公务员具有显著差异的使命效价水平（$F=7.067$，$p<0.05$）。为进一步分析使命效价在不同工作年限组组别间的差异，本专题进行事后多重比较分析。由于在未报告的方差齐性检验中，p值为0.625，大于0.05，即方差没有显著差异，本专题继续采用最小显著差

异法进行多重比较分析，结果详见表 8-11。

表 8-11 使命效价在不同工作年限组的多重比较分析（LSD）

变量	工作年限（I）	工作年限（J）	均值差（I−J）	p 值
使命效价	5 年及以下	6~10 年	0.018	0.929
		11~15 年	−0.358	0.162
		16~20 年	−0.520	0.067
		20 年以上	−1.029***	0.000
	6~10 年	5 年及以下	−0.018	0.929
		11~15 年	−0.376	0.167
		16~20 年	−0.538	0.072
		20 年以上	−1.047***	0.000
	11~15 年	5 年及以下	0.358	0.162
		6~10 年	0.376	0.167
		16~20 年	−0.162	0.630
		20 年以上	−0.671*	0.017
	16~20 年	5 年及以下	0.520	0.067
		6~10 年	0.538	0.072
		11~15 年	0.162	0.630
		20 年以上	−0.509	0.097
	20 年以上	5 年及以下	1.029***	0.000
		6~10 年	1.047***	0.000
		11~15 年	0.671*	0.017
		16~20 年	0.509	0.097

注：*** 表示 $p<0.001$，** 表示 $p<0.01$，* 表示 $p<0.05$，双尾检验。

通过多重比较发现，就使命效价因变量而言，"20 年以上"组群体的均值显著高于"5 年及以下"组、"6~10 年"组和"11~15 年"组群体。

④使命效价在不同月收入组的方差分析

根据表 8-9 的分析结果可知，不同月收入组的公务员对使命效价的评价显著不同（$F=6.248$，$p<0.05$）。为进一步分析使命效价在不同月收入组组别间的差异，本专题进行事后多重比较分析。考虑到在未报告的方差齐性检验中，p

值为 0.324，大于 0.05，即方差没有显著差异，本专题继续运用最小显著差异法进行多重比较分析，结果如表 8-12 所示。

表 8-12　使命效价在不同月收入组的多重比较分析（LSD）

变量	月收入（I）	月收入（J）	均值差（I-J）	p 值
使命效价	4 999 元及以下	5 000～5 999 元	0.252	0.380
		6 000～6 999 元	0.205	0.450
		7 000 元及以上	-0.552	0.052
	5 000～5 999 元	4 999 元及以下	-0.252	0.380
		6 000～6 999 元	-0.047	0.818
		7 000 元及以上	-0.804***	0.000
	6 000～6 999 元	4 999 元及以下	-0.205	0.450
		5 000～5 999 元	0.047	0.818
		7 000 元及以上	-0.757***	0.000
	7 000 元及以上	4 999 元及以下	-0.552	0.052
		5 000～5 999 元	0.804***	0.000
		6 000～6 999 元	0.757***	0.000

注：*** 表示 $p<0.001$，** 表示 $p<0.01$，* 表示 $p<0.05$，双尾检验。

通过多重比较分析发现，就使命效价因变量而言，"7 000 元及以上"组群体的均值显著高于"5 000～5 999 元"组和"6 000～6 999 元"组群体。

综上可知，公务员的使命效价在不同职级、年龄、工作年限和月收入等变量上存在显著差异。

2. 公务员工作嵌入的测量

本专题通过描述性统计对调研对象的工作嵌入进行分析。在表 8-13 中，按照李克特量表对工作嵌入的评价可知，公务员工作嵌入的均值为 4.510，标准差为 1.020，整体超过了中等水平。简言之，公务员的工作嵌入程度较高。

表 8-13　公务员工作嵌入基本情况

变量	样本量	最小值	最大值	均值	标准差
工作嵌入	289	1.86	6.57	4.510	1.020

(1) 工作嵌入的独立样本 t 检验

根据表 8-14，性别与工作嵌入的独立样本 t 检验 p 值为 0.226，大于 0.05，说明性别对工作嵌入的方差为齐性。在假设方差相等时，p 值为 0.967，大于 0.05。据此可知不同性别群体的工作嵌入差异不显著。

表 8-14 工作嵌入在不同性别组的 t 检验

因变量	性别	均值	样本量	F 值	p 值	是否方差相等	t 值	p 值	是否显著
工作嵌入	男	4.520	140	1.471	0.226	假设方差相等	−0.041	0.967	否
	女	4.515	135			假设方差不等	−0.041	0.967	

如表 8-15 所示，在分析个体工作嵌入的职级差异时，根据 p 值为 0.178，大于 0.05，可知是否科员及以下对工作嵌入的方差是齐性的。进一步地，在假设方差相等的时候可以看到 p 值为 0.002，小于 0.05，可知是否科员及以下对公务员工作嵌入的影响是显著的。

表 8-15 工作嵌入在不同职级组的 t 检验

因变量	职级	均值	样本量	F 值	p 值	是否方差相等	t 值	p 值	是否显著
工作嵌入	科员及以下	4.306	138	1.823	0.178	假设方差相等	3.179	0.002	是
	科员以上	4.685	147			假设方差不等	3.187	0.002	

随后，本专题进一步分析了工作嵌入在不同部门组的差异。如表 8-16 所示，p 值为 0.023，小于 0.05，可知是否科员及以下对个体工作嵌入的方差不为齐性。在假设方差不等时，可知 p 值为 0.259，大于 0.05，所以是否在党政系统工作对公务员工作嵌入的影响不显著。

表 8-16 工作嵌入在不同部门组的 t 检验

因变量	所在部门	均值	样本量	F 值	p 值	是否方差相等	t 值	p 值	是否显著
工作嵌入	党政系统	4.576	141	5.220	0.023	假设方差相等	−1.130	0.259	否
	非党政系统	4.439	145			假设方差不等	−1.132	0.259	

（2）工作嵌入的单因素方差分析

此后，本专题运用年龄等其他人口特征变量对工作嵌入的影响进行单因素方差分析，结果如表 8-17 所示。

表 8-17 工作嵌入的单因素方差分析

因变量	控制变量	F 值	p 值
工作嵌入	年龄	4.399	0.002
	受教育程度	0.016	0.997
	工作年限	5.384	0.000
	月收入	8.743	0.000

①工作嵌入在不同年龄组的方差分析

根据表 8-17 的分析结果可知，不同年龄组的公务员的工作嵌入存在显著差异（$F=4.399$，$p<0.05$）。为进一步分析工作嵌入在不同年龄组组别间的差异，本专题进行事后多重比较分析。考虑到在未报告的方差齐性检验中，p 值为 0.809，大于 0.05，即方差没有显著差异，本专题采用最小显著差异法进行多重比较分析，结果如表 8-18 所示。

表 8-18 工作嵌入在不同年龄组的多重比较分析（LSD）

变量	年龄（I）	年龄（J）	均值差（I−J）	p 值
工作嵌入	24 岁及以下	25～34 岁	0.009	0.685
		35～44 岁	−0.250	0.303
		45～54 岁	−0.580*	0.029
		55 岁及以上	−0.502	0.275

续表

变量	年龄（I）	年龄（J）	均值差（I−J）	p值
工作嵌入	25～34 岁	24 岁及以下	−0.093	0.685
		35～44 岁	−0.343*	0.017
		45～54 岁	−0.672***	0.000
		55 岁及以上	−0.595	0.153
	35～44 岁	24 岁及以下	0.250	0.303
		25～34 岁	0.343*	0.017
		45～54 岁	−0.330	0.093
		55 岁及以上	−0.252	0.552
	45～54 岁	24 岁及以下	0.580*	0.029
		25～34 岁	0.672***	0.000
		35～44 岁	0.330	0.093
		55 岁及以上	0.077	0.859
	55 岁及以上	24 岁及以下	0.502	0.275
		25～34 岁	0.595	0.153
		35～44 岁	0.252	0.552
		45～54 岁	−0.077	0.859

注：*** 表示 $p<0.001$，** 表示 $p<0.01$，* 表示 $p<0.05$，双尾检验。

通过多重比较分析发现，就工作嵌入因变量而言，"35～44 岁"组群体的均值显著高于"25～34 岁"组群体；"45～54 岁"组群体的均值显著高于"24 岁及以下"组和"25～34 岁"组群体。

②工作嵌入在不同受教育程度组的方差分析

如表 8-17 所示，在受教育程度与工作嵌入的单因素方差分析结果中，F 值为 0.016，且 p 值为 0.997，大于 0.05。所以，受教育程度不同的公务员群体的工作嵌入不存在显著差异。

③工作嵌入在不同工作年限组的方差分析

由表 8-17 的分析结果可知，不同工作年限组的公务员具有显著差异的工作嵌入水平（$F=5.384$，$p<0.05$）。为进一步分析工作嵌入在不同工作年限组组别间的差异，本专题进行事后多重比较分析。由于在未报告的方差齐性检验

中，p 值为 0.898，大于 0.05，即方差没有显著差异，本专题继续使用最小显著差异法进行分析，结果详见表 8-19。

表 8-19 工作嵌入在不同工作年限组的多重比较分析（LSD）

变量	工作年限（I）	工作年限（J）	均值差（$I-J$）	p 值
工作嵌入	5 年及以下	6～10 年	0.120	0.438
		11～15 年	−0.148	0.444
		16～20 年	−0.406	0.064
		20 年以上	−0.617***	0.000
	6～10 年	5 年及以下	−0.120	0.438
		11～15 年	−0.268	0.197
		16～20 年	−0.525*	0.024
		20 年以上	−0.736***	0.000
	11～15 年	5 年及以下	0.149	0.444
		6～10 年	0.268	0.197
		16～20 年	−0.257	0.321
		20 年以上	−0.468*	0.030
	16～20 年	5 年及以下	0.406	0.064
		6～10 年	0.525*	0.024
		11～15 年	0.257	0.321
		20 年以上	−0.211	0.374
	20 年以上	5 年及以下	0.617***	0.000
		6～10 年	0.736***	0.000
		11～15 年	0.468*	0.030
		16～20 年	0.211	0.374

注：*** 表示 $p<0.001$，** 表示 $p<0.01$，* 表示 $p<0.05$，双尾检验。

通过多重比较分析发现，就工作嵌入因变量而言，"16～20 年"组群体的均值显著高于"6～10 年"组群体；"20 年以上"组群体的均值显著高于"5 年及以下"组、"6～10 年"组和"11～15 年"组群体。

④工作嵌入在不同月收入组的方差分析

根据表 8-17 的分析结果可知，不同月收入组的公务员对工作嵌入的评价具有显著差异（$F=8.743$，$p<0.05$）。为进一步分析工作嵌入在不同月收入组组别间的差异，本专题进行事后多重比较分析。考虑到在未报告的方差齐性检验中，p 值为 0.127，大于 0.05，即方差没有显著差异，本专题继续运用最小显著差异法进行分析，结果如表 8-20 所示。

表 8-20　工作嵌入在不同月收入组的多重比较分析（LSD）

变量	月收入（I）	月收入（J）	均值差（I-J）	p 值
工作嵌入	4 999 元及以下	5 000～5 999 元	0.295	0.162
		6 000～6 999 元	0.008	0.967
		7 000 元及以上	-0.520**	0.013
	5 000～5 999 元	4 999 元及以下	-0.295	0.162
		6 000～6 999 元	-0.287	0.060
		7 000 元及以上	-0.815***	0.000
	6 000～6 999 元	4 999 元及以下	-0.008	0.967
		5 000～5 999 元	0.287	0.060
		7 000 元及以上	-0.529***	0.000
	7 000 元及以上	4 999 元及以下	0.520*	0.013
		5 000～5 999 元	0.815***	0.000
		6 000～6 999 元	0.529***	0.000

注：*** 表示 $p<0.001$，** 表示 $p<0.01$，* 表示 $p<0.05$，双尾检验。

通过多重比较分析发现，就工作嵌入因变量而言，"7 000 元及以上"组群体的均值显著高于"4 999 元及以下"组、"5 000～5 999 元"组和"6 000～6 999 元"组群体。

综上可知，公务员的工作嵌入在不同职级、年龄、工作年限和月收入等变量上存在显著差异。

3. 公务员工作热情的测量

本专题运用描述性统计方法对公务员的工作热情程度进行整体分析。在表 8-21 中，按照李克特量表对工作热情的评价可知，公务员工作热情的均值为 5.177，标准差为 1.262，均值大于 5 处于中等偏上的水平。所以，可以说调研对象的工作热情较高。

专题八 公务员使命效价与工作热情关系研究

表 8-21 公务员工作热情基本情况

变量	样本量	最小值	最大值	均值	标准差
工作热情	291	1.00	7.00	5.177	1.262

随后，本专题综合运用单因素方差分析和独立样本 t 检验分析均值是否具有差异。

（1）工作热情的独立样本 t 检验

根据表 8-22，性别与工作热情的独立样本 t 检验的 p 值为 0.034，小于 0.05，说明性别对工作热情的方差不是齐性的。进一步地观察性别对工作热情的影响，在假设方差不相等时，p 值为 0.900，大于 0.05。据此可知不同性别群体的工作热情差异也不显著。

表 8-22 工作热情在不同性别组的 t 检验

因变量	性别	均值	样本量	F 值	p 值	是否方差相等	t 值	p 值	是否显著
工作热情	男	5.192	142	4.560	0.034	假设方差相等	0.125	0.901	否
	女	5.210	136			假设方差不等	0.125	0.900	

在分析个体使命效价的职级差异时，由表 8-23 可知方差的 p 值为 0.029，小于 0.05，可知是否科员及以下对工作热情的方差不是齐性的。进一步地，在假设方差不相等时的 p 值为 0.002，小于 0.05，可知是否科员及以下对公务员工作热情的影响显著。

表 8-23 工作热情在不同职级组的 t 检验

因变量	职级	均值	样本量	F 值	p 值	是否方差相等	t 值	p 值	是否显著
工作热情	科员及以下	4.941	138	4.795	0.029	假设方差相等	3.034	0.003	是
	科员以上	5.389	148			假设方差不等	3.055	0.002	

随后，本专题进一步分析了工作热情在不同部门组的差异。如表 8-24 所示，独立样本 p 值为 0.557，大于 0.05，可知是否科员及以下对个体工作热情

的方差为齐性。在假设方差相等时,能看到 p 值为 0.046,小于 0.05,所以可知是否在党政系统工作对公务员工作热情的影响是显著的。

表 8-24 工作热情在不同部门组的 t 检验

因变量	所在部门	均值	样本量	F值	p值	是否方差相等	t值	p值	是否显著
工作热情	党政系统	5.325	141	0.346	0.557	假设方差相等	−2.009	0.046	是
	非党政系统	5.027	147			假设方差不等	−2.009	0.046	

(2) 工作热情的单因素方差分析

本专题运用年龄等其他人口特征变量中的连续变量对工作热情的影响进行了单因素方差分析,结果如表 8-25 所示。

表 8-25 工作热情的单因素方差分析

因变量	控制变量	F值	p值
工作热情	年龄	6.014	0.000
	受教育程度	0.622	0.602
	工作年限	6.251	0.000
	月收入	8.616	0.000

①工作热情在不同年龄组的方差分析

根据表 8-25 的分析结果可知,不同年龄组的公务员工作热情存在显著差异($F=6.014$,$p<0.05$)。为进一步分析工作热情在不同年龄组组别间的差异,本专题进行事后多重比较分析。考虑到在未报告的方差齐性检验中,p 值为 0.742,大于 0.05,即方差没有显著差异,本专题采用最小显著差异法分析,结果如表 8-26 所示。

通过多重比较分析发现,就工作热情因变量而言,"35~44 岁"组群体的均值显著高于"24 岁及以下"组和"25~34 岁"组群体;"45~54 岁"组群体的均值显著高于"24 岁及以下"组、"25~34 岁"组和"35~44 岁"组群体。

表 8-26 工作热情在不同年龄组的多重比较分析（LSD）

变量	年龄（I）	年龄（J）	均值差（I-J）	p 值
工作热情	24 岁及以下	25～34 岁	-0.157	0.574
		35～44 岁	-0.624*	0.036
		45～54 岁	-1.098**	0.001
		55 岁及以上	-0.161	0.761
	25～34 岁	24 岁及以下	0.157	0.574
		35～44 岁	-0.467**	0.007
		45～54 岁	-0.941***	0.000
		55 岁及以上	-0.004	0.993
	35～44 岁	24 岁及以下	0.624*	0.036
		25～34 岁	0.467**	0.007
		45～54 岁	-0.475*	0.048
		55 岁及以上	0.462	0.339
	45～54 岁	24 岁及以下	1.098**	0.001
		25～34 岁	0.941***	0.000
		35～44 岁	0.475*	0.048
		55 岁及以上	0.937	0.062
	55 岁及以上	24 岁及以下	0.161	0.761
		25～34 岁	0.004	0.993
		35～44 岁	-0.462	0.339
		45～54 岁	-0.937	0.062

注：*** 表示 $p<0.001$，** 表示 $p<0.01$，* 表示 $p<0.05$，双尾检验。

②工作热情在不同受教育程度组的方差分析

如表 8-25 所示，在受教育程度与工作热情的单因素方差分析结果中，F 值为 0.622，且 p 值为 0.602，大于 0.05。所以，受教育程度不同的公务员群体，其工作热情不存在显著差异。

③工作热情在不同工作年限组的方差分析

由表 8-25 的分析结果可知，不同工作年限组的公务员具有显著差异的工作热情水平（$F=6.251$，$p<0.05$）。为进一步分析工作热情在不同工作年限组

组别的差异，本专题进行事后多重比较分析。由于在未报告的方差齐性检验中，p 值为 0.689，大于 0.05，即方差没有显著差异，本专题继续使用最小显著差异法进行分析，结果详见表 8-27。

表 8-27　工作热情在不同工作年限组的多重比较分析（LSD）

变量	工作年限（I）	工作年限（J）	均值差（I-J）	p 值
工作热情	5 年及以下	6~10 年	0.074	0.696
		11~15 年	-0.239	0.319
		16~20 年	-0.540*	0.044
		20 年以上	-0.866***	0.000
	6~10 年	5 年及以下	-0.074	0.696
		11~15 年	-0.314	0.221
		16~20 年	-0.614*	0.030
		20 年以上	-0.941***	0.000
	11~15 年	5 年及以下	0.239	0.319
		6~10 年	0.314	0.221
		16~20 年	-0.300	0.344
		20 年以上	-0.627*	0.018
	16~20 年	5 年及以下	0.540*	0.044
		6~10 年	0.614*	0.030
		11~15 年	0.300	0.344
		20 年以上	-0.327	0.258
	20 年以上	5 年及以下	0.866***	0.000
		6~10 年	0.940***	0.000
		11~15 年	0.627*	0.018
		16~20 年	0.327	0.258

注：*** 表示 $p<0.001$，** 表示 $p<0.01$，* 表示 $p<0.05$，双尾检验。

通过多重比较分析发现，就工作热情因变量而言，"16~20 年"组群体的均值显著高于"5 年及以下"组和"6~10 年"组群体；"20 年以上"组群体的均值显著高于"5 年及以下"组、"6~10 年"组和"11~15 年"组群体。

④工作热情在不同月收入组的方差分析

根据表8-25的分析结果可知,不同月收入组的公务员对工作热情的评价显著不同($F=8.616$, $p<0.05$)。为进一步分析工作热情在不同月收入组组别间的差异,本专题进行事后多重比较分析。考虑到在未报告的方差齐性检验中,p值为0.252,大于0.05,即方差没有显著差异,本专题继续运用最小显著差异法进行分析,结果如表8-28所示。

表8-28 工作热情在不同月收入组的多重比较分析(LSD)

变量	月收入(I)	月收入(J)	均值差($I-J$)	p值
工作热情	4 999元及以下	5 000~5 999元	0.421	0.108
		6 000~6 999元	0.301	0.221
		7 000元及以上	−0.483	0.060
	5 000~5 999元	4 999元及以下	−0.421	0.108
		6 000~6 999元	−0.120	0.525
		7 000元及以上	−0.904***	0.000
	6 000~6 999元	4 999元及以下	−0.301	0.221
		5 000~5 999元	0.120	0.525
		7 000元及以上	−0.784***	0.000
	7 000元及以上	4 999元及以下	0.483	0.060
		5 000~5 999元	0.904***	0.000
		6 000~6 999元	0.784***	0.000

注:*** 表示 $p<0.001$,** 表示 $p<0.01$,* 表示 $p<0.05$,双尾检验。

通过多重比较分析发现,就工作热情因变量而言,"7 000元及以上"组群体的均值显著高于"5 000~5 999元"组和"6 000~6 999元"组群体。

综上可知,公务员的工作热情在不同职级、所在部门、年龄、工作年限和月收入等变量上存在显著差异。

4. 公务员组织支持感的测量

本专题运用描述性统计方法对公务员的组织支持感程度进行整体分析。在表8-29中,按照李克特量表对组织支持感的评价可知,公务员组织支持感的均值为4.815,标准差为1.365,均值大于4可知高于中间值。可以说调研对象的组织支持感较高。

表 8-29　公务员组织支持感基本情况

变量	样本量	最小值	最大值	均值	标准差
组织支持感	292	1.00	7.00	4.815	1.365

随后，本专题综合运用单因素方差分析和独立样本 t 检验分析均值是否具有差异。

(1) 组织支持感的独立样本 t 检验

根据表 8-30，性别与组织支持感的独立样本 t 检验的 p 值为 0.203，大于 0.05，说明性别对组织支持感的方差是齐性的。进一步地观察性别对组织支持感的影响，在假设方差相等时，p 值大于 0.05。据此可知性别对组织支持感的影响不显著。

表 8-30　组织支持感在不同性别组的 t 检验

因变量	性别	均值	样本量	平均数相等的 t 检验					
				F 值	p 值	是否方差相等	t 值	p 值	是否显著
组织支持感	男	4.943	141	1.628	0.203	假设方差相等	−1.309	0.191	否
	女	4.731	137			假设方差不等	−1.310	0.192	

在分析个体组织支持感的职级差异时，由表 8-31 可知，方差的 p 值为 0.045，小于 0.05，可知是否科员及以下对组织支持感的方差不是齐性的。进一步地，在假设方差不等时的 p 值为 0.004，小于 0.05，可知是否科员及以下对公务员组织支持感的影响显著。

表 8-31　组织支持感在不同职级组的 t 检验

因变量	职级	均值	样本量	平均数相等的 t 检验					
				F 值	p 值	是否方差相等	t 值	p 值	是否显著
组织支持感	科员及以下	4.576	138	4.060	0.045	假设方差相等	2.922	0.004	是
	科员以上	5.040	149			假设方差不等	2.934	0.004	

本专题进一步分析了组织支持感在不同部门组的差异，如表 8-32 所示，p 值为 0.412，大于 0.05，可知是否科员及以下对个体组织支持感的方差为齐性。

在假设方差相等时,能看到 p 值为 0.162,大于 0.05,所以可知是否在党政系统工作对公务员组织支持感的影响不显著。

表 8-32 组织支持感在不同部门组的 t 检验

因变量	所在部门	均值	样本量	F 值	p 值	是否方差相等	t 值	p 值	是否显著
组织支持感	党政系统	4.928	141	0.674	0.412	假设方差相等	-1.401	0.162	否
	非党政系统	4.703	148			假设方差不等	-1.400	0.163	

(2) 组织支持感的单因素方差分析

本专题运用年龄等其他人口特征变量中的连续变量对组织支持感的影响进行单因素方差分析,结果见表 8-33。

表 8-33 组织支持感的单因素方差分析

因变量	控制变量	F 值	p 值
组织支持感	年龄	2.264	0.062
	受教育程度	1.645	0.179
	工作年限	1.986	0.097
	月收入	3.185	0.024

①组织支持感在不同年龄组的方差分析

根据表 8-33 的分析结果可知,年龄对组织支持感的 F 值为 2.264,p 值为 0.062,大于 0.05。因此,不同年龄组的公务员的使命效价不存在显著差异。

②组织支持感在不同受教育程度组的方差分析

如表 8-25 所示,在受教育程度与组织支持感的单因素方差分析结果中,F 值为 1.645,p 值为 0.179,大于 0.05。所以,受教育程度不同的公务员群体,其组织支持感不存在显著差异。

③组织支持感在不同工作年限组的方差分析

由表 8-33 的分析结果可知,工作年限对组织支持感的 F 值为 1.986,p 值为 0.097,大于 0.05。因此,不同工作年限公务员的组织支持感没有显著差异。

④组织支持感在不同月收入组的方差分析

根据表8-33的分析结果可知,不同月收入组的公务员对组织支持感的评价显著不同($F=3.185$,$p<0.05$)。为进一步分析组织支持感在不同月收入组组别间的差异,本专题进行事后多重比较分析。考虑到在未报告的方差齐性检验中,p值为0.127,大于0.05,即方差没有显著差异,本专题继续运用最小显著差异法进行分析,结果如表8-34所示。

表8-34　组织支持感在不同月收入组的多重比较分析（LSD）

变量	月收入（I）	月收入（J）	均值差（I-J）	p值
组织支持感	4 999元及以下	5 000～5 999元	0.225	0.436
		6 000～6 999元	0.249	0.362
		7 000元及以上	-0.326	0.252
	5 000～5 999元	4 999元及以下	-0.225	0.436
		6 000～6 999元	0.024	0.910
		7 000元及以上	-0.551*	0.014
	6 000～6 999元	4 999元及以下	-0.249	0.362
		5 000～5 999元	-0.024	0.910
		7 000元及以上	-0.574*	0.046
	7 000元及以上	4 999元及以下	0.326	0.252
		5 000～5 999元	0.551*	0.014
		6 000～6 999元	0.574*	0.046

注：*** 表示 $p<0.001$，** 表示 $p<0.01$，* 表示 $p<0.05$，双尾检验。

通过多重比较分析发现,就组织支持感因变量而言,"7 000元及以上"组群体的均值显著高于"5 000～5 999元"组和"6 000～6 999元"组群体。

综上可知,公务员的组织支持感在不同职级和月收入两个变量上存在显著差异。

5. 公务员领导成员交换的测量

本专题通过描述性统计对调研对象的领导成员交换程度进行整体分析。在表8-35中,按照李克特量表对领导成员交换的评价可知,公务员领导成员交换的均值为4.964,标准差为1.274,整体超过了中等水平,说明综合来看,公务员的领导成员交换评价情况良好。

表 8-35　公务员领导成员交换基本情况

变量	样本量	最小值	最大值	均值	标准差
领导成员交换	287	1.00	7.00	4.964	1.274

（1）领导成员交换的独立样本 t 检验

本专题综合运用单因素方差分析和独立样本 t 检验分析均值是否有差异。由表 8-36 可知，性别与领导成员交换的独立样本 t 检验 p 值为 0.002，小于 0.05，说明性别对领导成员交换的方差不是齐性。在假设方差不相等时，p 值为 0.253，大于 0.05。据此可知不同性别群体的领导成员交换的均值差异不显著。

表 8-36　领导成员交换不同性别组的 t 检验

因变量	性别	均值	样本量	F 值	p 值	是否方差相等	t 值	p 值	是否显著
领导成员交换	男	5.068	138	9.997	0.002	假设方差相等	−1.144	0.254	否
	女	4.894	135			假设方差不等	−1.147	0.253	

进一步地，本专题分析了领导成员交换的职级差异，由表 8-37 可知 p 值为 0.084，大于 0.05，可知是否科员及以下对个体领导成员交换的方差为齐性。进一步地，在假设方差相等时，p 值为 0.001，小于 0.05，可知是否科员及以下对公务员领导成员交换影响显著。

表 8-37　领导成员交换不同职级组的 t 检验

因变量	职级	均值	样本量	F 值	p 值	是否方差相等	t 值	p 值	是否显著
领导成员交换	科员及以下	4.707	135	3.001	0.084	假设方差相等	3.318	0.001	是
	科员以上	5.204	147			假设方差不等	3.337	0.001	

随后，本专题进一步分析了领导成员交换在不同部门组的差异。如表8-38所示，p值为0.391，大于0.05，可知是否科员及以下对个体领导成员交换的方差为齐性。进一步地，在假设方差相等时，p值为0.150，大于0.05，可知所在部门，即是否在党政系统工作对公务员领导成员交换的影响不显著。

表8-38　领导成员交换不同部门组的 t 检验

因变量	所在部门	均值	样本量	F值	p值	是否方差相等	t值	p值	是否显著
领导成员交换	党政系统	5.079	140	0.737	0.391	假设方差相等	−1.443	0.150	否
	非党政系统	4.860	144			假设方差不等	−1.442	0.151	

（2）领导成员交换的单因素方差分析

在此之后，本专题运用年龄等其他人口特征变量对领导成员交换的影响进行了单因素方差分析，结果如表8-39所示。

表8-39　领导成员交换的单因素方差分析

因变量	控制变量	F值	p值
领导成员交换	年龄	3.509	0.008
	受教育程度	0.004	1.000
	工作年限	4.605	0.001
	月收入	11.305	0.000

①领导成员交换在不同年龄组的方差分析

根据表8-39的分析结果可知，不同年龄组的公务员的领导成员交换存在显著差异（$F=3.509$，$p<0.05$）。为进一步分析领导成员交换在不同年龄组组别间的差异，本专题进行事后多重比较分析。考虑到在未报告的方差齐性检验中，p值为0.766，大于0.05，即方差没有显著差异，本专题采用最小显著差异法分析，结果如表8-40所示。

表 8-40 领导成员交换在不同年龄组的多重比较分析（LSD）

变量	年龄（I）	年龄（J）	均值差（I－J）	p 值
领导成员交换	24 岁及以下	25～34 岁	－0.005	0.986
		35～44 岁	－0.337	0.267
		45～54 岁	－0.796*	0.018
		55 岁及以上	－0.451	0.407
	25～34 岁	24 岁及以下	－0.005	0.986
		35～44 岁	－0.332	0.063
		45～54 岁	－0.791**	0.001
		55 岁及以上	－0.446	0.359
	35～44 岁	24 岁及以下	0.337	0.267
		25～34 岁	0.332	0.063
		45～54 岁	－0.459	0.064
		55 岁及以上	－0.114	0.818
	45～54 岁	24 岁及以下	0.796*	0.018
		25～34 岁	0.791**	0.001
		35～44 岁	0.459	0.064
		55 岁及以上	0.345	0.502
	55 岁及以上	24 岁及以下	0.451	0.407
		25～34 岁	0.446	0.359
		35～44 岁	0.114	0.818
		45～54 岁	－0.345	0.502

注：*** 表示 $p<0.001$，** 表示 $p<0.01$，* 表示 $p<0.05$，双尾检验。

通过多重比较分析发现，就领导成员交换因变量而言，"45～54 岁"组群体的均值显著高于"24 岁及以下"组和"25～34 岁"组群体。

②领导成员交换在不同受教育程度组的方差分析

如表 8-39 所示，在受教育程度与领导成员交换的单因素方差分析结果中，F 值为 0.004，p 值为 1，大于 0.05。所以，受教育程度不同的公务员群体，其领导成员交换不存在显著差异。

③领导成员交换在不同工作年限组的方差分析

由表 8-39 的分析结果可知，不同工作年限组的公务员具有显著差异的领导成员交换水平（$F=4.605$，$p<0.05$）。为进一步分析领导成员交换在不同工作年限组组别间的差异，本专题进行事后多重比较分析。由于在未报告的方差齐性检验中，p 值为 0.203，大于 0.05，即方差没有显著差异，本专题继续使用最小显著差异法进行分析，结果详见表 8-41。

表 8-41 领导成员交换在不同工作年限组的多重比较分析（LSD）

变量	工作年限（I）	工作年限（J）	均值差（I−J）	p 值
领导成员交换	5 年及以下	6~10 年	0.109	0.577
		11~15 年	−0.170	0.483
		16~20 年	−0.393	0.148
		20 年以上	−0.748***	0.000
	6~10 年	5 年及以下	−0.109	0.577
		11~15 年	−0.279	0.282
		16~20 年	−0.502	0.080
		20 年以上	−0.857***	0.000
	11~15 年	5 年及以下	0.170	0.483
		6~10 年	0.279	0.282
		16~20 年	−0.223	0.485
		20 年以上	−0.579*	0.030
	16~20 年	5 年及以下	0.393	0.148
		6~10 年	0.502	0.080
		11~15 年	0.223	0.485
		20 年以上	−0.355	0.226
	20 年以上	5 年及以下	0.748***	0.000
		6~10 年	0.857***	0.000
		11~15 年	0.579*	0.030
		16~20 年	0.355	0.226

注：*** 表示 $p<0.001$，** 表示 $p<0.01$，* 表示 $p<0.05$，双尾检验。

通过多重比较分析发现，就领导成员交换因变量而言，"20 年以上"组群体的均值显著高于"5 年及以下"组、"6~10 年"组和"11~15 年"组群体。

④领导成员交换在不同月收入组的方差分析

根据表 8-39 的分析结果可知,不同月收入组的公务员对领导成员交换的评价显著不同（$F=11.305$，$p<0.05$）。为进一步分析领导成员交换在不同月收入组组别间的差异,本专题进行事后多重比较分析。考虑到在未报告的方差齐性检验中,p 值为 0.413,大于 0.05,即方差没有显著差异,本专题继续运用最小显著差异法进行分析,结果如表 8-42 所示。

表 8-42　领导成员交换在不同月收入组的多重比较分析（LSD）

变量	月收入（I）	月收入（J）	均值差（I-J）	p 值
领导成员交换	4 999 元及以下	5 000～5 999 元	0.769**	0.003
		6 000～6 999 元	0.285	0.247
		7 000 元及以上	−0.378	0.139
	5 000～5 999 元	4 999 元及以下	−0.769**	0.003
		6 000～6 999 元	−0.484*	0.011
		7 000 元及以上	−1.148***	0.000
	6 000～6 999 元	4 999 元及以下	−0.285	0.247
		5 000～5 999 元	0.484*	0.011
		7 000 元及以上	−0.663***	0.000
	7 000 元及以上	4 999 元及以下	0.378	0.139
		5 000～5 999 元	1.148***	0.000
		6 000～6 999 元	0.663***	0.000

注：*** 表示 $p<0.001$，** 表示 $p<0.01$，* 表示 $p<0.05$，双尾检验。

通过多重比较分析发现,就领导成员交换因变量而言,"4 999 元及以下"组和"6 000～6 999 元"组群体的均值显著高于"5 000～5 999 元"组群体;"7000 元及以上"组群体的均值显著高于"5 000～5 999 元"组和"6 000～6 999 元"组群体。

综上可知,公务员的领导成员交换在不同职级、年龄、工作年限和月收入等变量上存在显著差异。

（四）使命效价与工作热情：工作嵌入的中介作用

如表 8-43 所示,在完全不考虑工作嵌入中介作用的情形下,模型 1 中使命效价对工作热情有显著正向影响（$\beta=0.690$，$p<0.001$），这说明使命效价越高，工作热情也越高，即本专题的假设1得到了实证支持。图8-2（a）报告了模型1的使命效价与工作热情的直接效应图。由于模型2与模型3为嵌套模型，此时可以根据$\Delta\chi^2$与Δdf的差异来比较两个模型的优劣。当$\Delta\chi^2$差异不显著时，应选择路径简洁的模型；而当$\Delta\chi^2$差异显著时，则应选择路径复杂的模型。由图8-2可知，模型3在模型2的基础上增加了使命效价对工作热情的路径，但其拟合程度的改善显著（$\Delta\chi^2=58.527$，$\Delta df=1$），因而应选择路径复杂的模型，即模型3的部分中介模型。基于以上实证结果，本专题发现工作嵌入在使命效价与工作热情的关系中起到了部分中介作用，即假设4得到了实证支持。图8-2（b）和8-2（c）分别显示了模型2与模型3的结构方程模型路径图。由图8-2（c）可知，使命效价对工作嵌入具有显著的正向影响（$\beta=0.688$，$p<0.001$），工作嵌入对工作热情也具有显著的正向影响（$\beta=0.203$，$p<0.001$）。可见，本专题的假设2与假设3也得到了实证支持。

表8-43 中介作用的结构方程模型比较

结构方程模型	χ^2	df	χ^2/df	RMSEA	IFI	CFI
模型1：直接作用模型	59.276	13	4.560	0.110	0.979	0.979
模型2：完全中介模型	321.335	75	4.284	0.106	0.939	0.938
模型3：部分中介模型	262.808	74	3.551	0.093	0.953	0.953

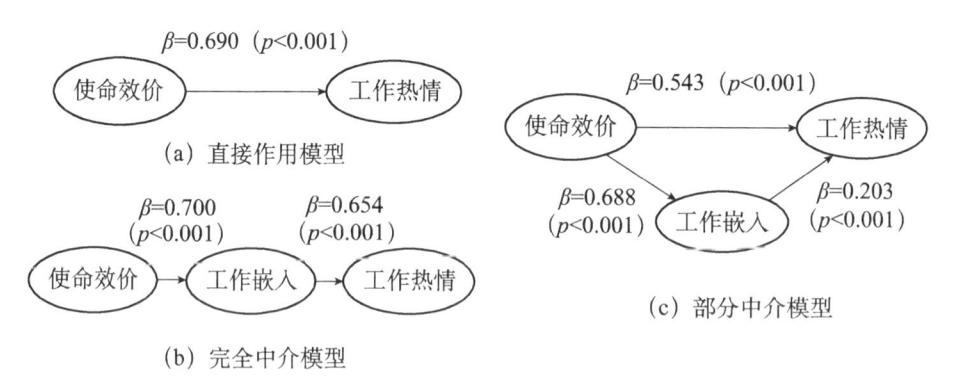

图8-2 中介作用的结构模型图

(五) 使命效价与工作嵌入：组织支持感与领导成员交换的调节效应检验

表 8-44 中的模型 2 研究结果显示，使命效价、组织支持感都对工作嵌入具有显著的正向影响，回归系数分别为 0.310（$p<0.001$）和 0.371（$p<0.001$）。在此基础上，表 8-44 的模型 3 中进一步加入了使命效价与组织支持感的交互项进行回归分析。实证结果表明，该交互项的回归系数显著为正（$\beta=0.180$，$p<0.001$），并且 $\Delta R^2=0.026$（$p<0.001$）。根据层次回归分析法，利用变量交互项的显著性判断调节效应是否存在，组织支持感在使命效价与工作嵌入二者关系中具有显著的正向调节作用，即本专题的假设 5 得到了实证支持。也就是说，当公务员的组织支持感较强时，使命效价对于工作嵌入的影响会明显增强。同样地，表 8-44 中的模型 4 显示，使命效价、领导成员交换对工作嵌入具有显著的正向影响，回归系数分别为 0.236（$p<0.001$）与 0.440（$p<0.001$）。在表 8-44 的模型 5 中加入使命效价与领导成员交换的交互项进行回归后，该交互项的回归系数显著为正（$\beta=0.137$，$p<0.01$），并且 $\Delta R^2=0.016$（$p<0.01$）。因此，本专题的假设 6 得到了实证支持，即领导成员交换在使命效价与工作嵌入二者关系中具有显著的正向调节作用。

表 8-44 使命效价与工作嵌入：组织支持感的调节作用检验（$n=294$）

变量	工作嵌入				
	模型 1	模型 2	模型 3	模型 4	模型 5
常数项	3.168***	0.020	−0.398	0.447	−0.007
1. 控制变量					
性别	−0.099	−0.110	−0.168	−0.122	−0.160
年龄	0.016	−0.028	0.009	0.034	0.068
受教育程度	0.094	0.136	0.174	0.026	0.066
工作年限	0.152	0.032	0.031	−0.020	−0.026
科员及以下	0.122	0.119	0.150	0.046	0.068
党政系统	0.105	0.030	0.000	−0.015	−0.046
月收入	0.219*	0.242***	0.206**	0.199**	0.174*
2. 自变量					
MV		0.310***	0.363***	0.236***	0.295***

续表

变量	工作嵌入				
	模型1	模型2	模型3	模型4	模型5
3. 调节变量					
POS		0.371***	0.376***		
LMX				0.440***	0.442***
4. 交互项					
MV×POS			0.180***		
MV×LMX					0.137**
R^2	0.098	0.554	0.580	0.539	0.555
ΔR^2	0.098***	0.456***	0.026***	0.441***	0.016**
F 值	3.818***	33.622***	33.544***	31.499***	30.115***

注：(1) "MV" 代表变量 "使命效价"，"POS" 代表变量 "组织支持感"。"LMX" 代表变量 "领导成员交换"；(2) *** $p<0.001$，** $p<0.01$，* $p<0.05$，双尾检验；(3) 表中回归系数均为非标准化回归系数。

为了更形象地阐述组织支持感、领导成员交换在使命效价与工作嵌入关系中所起的调节作用，本专题还根据艾肯（Aiken）和韦斯特（West）推荐的方法绘制了图 8-3 和图 8-4。① 如图 8-3 所示，无论是在组织支持感水平高还是低的情况下，使命效价都对工作嵌入具有显著的正向影响作用。并且，在高水平的组织支持感的样本组中，直线斜率要明显大于对照组。同样地，图 8-4 显示，不管领导成员交换水平是高还是低，使命效价都对工作嵌入具有显著的正向影响作用。并且，在高水平的领导成员交换的样本组中，直线斜率要明显大于对照组。上述结果说明，在组织支持感、领导成员交换水平较高的情况下，使命效价对于工作嵌入的积极作用更为明显。

五、研究结论与启示

本专题以资源保存理论为基础，以 294 名公务员为研究样本，实证研究发现：使命效价能够显著地提升工作热情，工作嵌入在其中发挥了部分中介作用；

---

① Aiken L S, West S G. Multiple regression: testing & interpreting interactions. Newbury Park, CA: Sage Press, 1991.

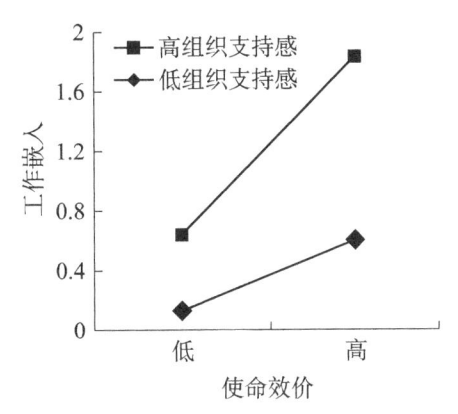

图 8-3 组织支持感在使命效价与工作嵌入关系中的调节作用

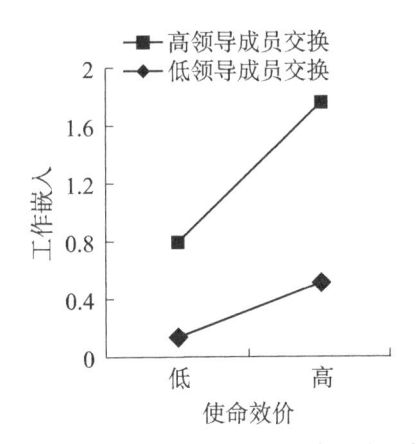

图 8-4 领导成员交换在使命效价与工作嵌入关系中的调节作用

组织支持感、领导成员交换在使命效价与工作嵌入的关系中具有显著的正向调节作用。上述结论丰富了公务员使命效价、工作嵌入、工作热情、组织支持感与领导成员交换等领域的研究成果，为资源保存理论在公共管理领域的应用提供了有意义的借鉴，具有一定的理论意义与实践启示。

(一) 理论意义

首先，本专题构建了公务员使命效价影响其工作热情的理论模型，采用实证方法对公务员使命效价的作用和效果进行了积极探索，不仅揭示了使命效价影响工作热情的内在机制，也在国内开拓了使命效价这一研究领域。其次，本专题首次将资源保存理论引入公务员使命效价影响工作热情的内在机制与边界条件的讨论，弥补了以往文献对于资源保存理论的投入机制以及资源富足情况缺乏深入讨论的不足，拓展了资源保持理论的研究视野。同时，本专题以资源保存理论为基础，将工作嵌入、组织支持感和领导成员交换整合到使命效价影响工作热情的过程中，也为该理论今后在公共部门人力资源管理的应用提供了重要启示，扩展了资源保存理论的应用边界。最后，本专题较早地将资源保存理论、工作嵌入、组织支持感以及领导成员交换等企业管理的研究热点引入公共管理研究领域，基于企业管理的视角去研究公共部门人力资源管理，这有助于深化已有的公共部门人力资源管理研究。可以说，本研究较早地践行了新公共管理理论所主张的"私营部门的先进管理理论与实践可以运用于公共部门"的观点，为新公共管理理论在公共部门人力资源管理研究中的应用提供了有益借鉴。

（二）实践启示

首先，政府部门应该加强政府使命的宣传和管理，提升公务员的使命效价。本专题研究表明，公务员使命效价可以增强工作嵌入，进而提升工作热情，上述研究结果凸显了使命在政府工作中的引领作用和重要价值。尤其是在当前深入贯彻落实党的二十大要求"务必不忘初心，牢记使命"的现实背景下，本专题的研究发现具有特别重要的实践价值。各级政府应该进一步深化对政府使命的宣传，强化对政府使命的管理，提升公务员的使命效价以及对政府使命的认同感，增强公务员的使命意识和责任感。让政府使命意识深深融入公务员的各项工作中，成为牵引和激励他们热情服务、无私奉献的强大动力，从而推动政府更充分地履行职责、提高服务效率。

其次，政府部门应该注重公务员工作嵌入的培养，激发工作热情。本专题研究发现，工作嵌入不仅直接影响公务员的工作热情，而且作为中介变量间接影响使命效价对于提升工作热情的积极作用。上述结果体现了工作嵌入在提升工作热情、增强使命效价效果方面扮演了重要角色，值得政府部门在干部队伍管理过程中高度重视。这就需要政府部门在日常工作中加强人力资源管理、组织氛围和组织文化等组织层面的建设，提升个体组织公平感、组织认同与心理授权等个体知觉，强化组织与个体的联系与匹配，增加个体离开组织的资源损失，从而提升公务员的工作嵌入，激励他们以更加积极的工作状态提供公共服务。

再次，政府部门应该进一步加强现有公务员组织支持感和领导成员交换与使命效价的匹配程度，重视对于组织支持感和领导成员交换的提升。本专题研究发现，使命效价作为一种内在动机能够提升工作嵌入，而组织支持感、领导成员交换作为调节变量能够增强使命效价对于工作嵌入的正向影响。这意味着政府在通过提升使命效价增加公务员工作嵌入的同时，还需要关注工作嵌入培养的环境，这一环境既包含组织支持感，也包含领导成员关系。政府部门可以分别通过加强公共人力资源管理等组织实践的投入以及重视政府领导与下属高质量交换关系的建立等实践活动，增强公务员的组织支持感和领导成员交换，从而促进使命效价积极作用的发挥。

最后，政府部门还应该合理借鉴私营部门的管理理念，提高公共部门人力资源管理水平。例如，在私营部门的管理理念中，工作热情等员工态度的形成不仅受个人因素的影响，也受组织环境的影响，其形成是一个较为复杂的过程。本专题的研究结论表明，上述管理理念不但适用于私营部门也同样适用于公共部门，这为政府部门提升公职人员的工作嵌入、工作热情提供了有益启示，也为我国构建服务型政府提供了重要借鉴。具体而言，政府部门应合理借鉴私营部门的一些先进管理理念，高度重视政府部门中个体的知觉、组织环境等因素在个体态度发展中的重要角色，更为全面地理解公务员工作热情塑造的过程，有针对性地对公共部门人力资源进行开发与管理，推进政府干部队伍的建设。

（三）研究局限与未来展望

本研究仍然存在一定的研究局限，这为未来的研究提供了方向。首先，本专题的研究样本 294 名公务员均来自厦门市，具有一定的局限性，未来的研究可以扩大地域调查的范围。其次，本专题的数据均来自调研对象填写的自我报告。尽管通过了区分效度检验，但是今后的研究中，可以采用直接上级领导或同事报告等形式获得相关变量。再次，本专题所使用的量表大多是西方成熟量表，未来可以根据我国实际情境开发本土化的量表进行更为深入的检验。最后，本专题所调研的数据均为横截面数据，只是代表调研对象某一时点的状态，未来可以综合案例研究与纵向研究的设计进行更为全面的考察。

后 记

  人才是国家发展第一资源，人才强国战略是国家重大战略。近年来，厦门大学公共政策研究院加强了对人才发展战略与政策的研究，将人才发展战略置于交叉学科领域进行研究，特别是2017年建立了福建省首批高校特色新型智库之一的厦门大学人才战略研究所，并将"人才发展战略与人才竞争力评价"列为厦门大学公共治理双一流学科建设的重点方向之一。

  本书汇集了公共政策研究院在人才发展战略与政策领域的部分研究成果，主要是所承担的各类项目（包括国家自然科学基金项目、省部级项目和地方委托课题）的研究成果，涉及高层次人才战略实施效果评估方法及应用、高层次人才战略实施效果评价体系建构、高层次人才战略实施的影响因素与优化策略、高校高层次人才引进的地区性差异研究、人才引进政策执行的理论建构、人才住房政策实施评价与优化、"一带一路"人才发展战略研究、公务员使命效价与工作热情关系研究等内容。

  本书为厦门大学人才战略研究所、厦门大学公共服务质量研究中心及厦门大学公共治理"双一流"学科建设项目成果，各专题的研究得到相关项目的资助。作为国家重大需求领域和交叉学科领域，人才发展战略研究迄今发展仍然很不充分，亟待加强。作者希望本书能抛砖引玉，推动该交叉学科领域的进一步发展。

陈振明
于厦门大学北村寓所